中等职业学校
课程改革新教材

Qiche Guzhang Zhenduan yu Jiance

汽车故障诊断与检测

（第3版）

主　　编　李学友　姚秀驰
副 主 编　谢可平　向朝贵　冯太刚
丛书总主审　朱　军

人民交通出版社股份有限公司
China Communications Press Co.,Ltd.

内 容 提 要

本书是中等职业学校课程改革新教材之一，主要内容包括：概述、发动机机械部分的故障诊断与检测、发动机电子控制系统的故障诊断与检测、底盘的故障诊断与检测、电气设备的故障诊断与检测、安全气囊系统的故障诊断与检测、噪声与排气污染物检测和汽车综合性能检测。

本书为中等职业学校汽车运用与维修专业的教材，也可供汽车维修及相关技术人员参考阅读。

图书在版编目(CIP)数据

汽车故障诊断与检测/李学友，姚秀驰主编. —3版. —北京：人民交通出版社股份有限公司，2019. 10(2025. 8重印)

ISBN 978-7-114-15461-4

Ⅰ. ①汽… Ⅱ. ①李… ②姚… Ⅲ. ①汽车—故障诊断—中等专业学校—教材 ②汽车—故障检测—中等专业学校—教材 Ⅳ. ①U472. 9

中国版本图书馆 CIP 数据核字(2019)第 205173 号

书　　名：**汽车故障诊断与检测**(第 3 版)
著 作 者：李学友　姚秀驰
责任编辑：戴慧莉
责任校对：刘　芹
责任印制：刘高彤
出版发行：人民交通出版社股份有限公司
地　　址：(100011)北京市朝阳区安定门外外馆斜街 3 号
网　　址：http://www.ccpcl.com.cn
销售电话：(010)85285911
总 经 销：人民交通出版社股份有限公司发行部
经　　销：各地新华书店
印　　刷：北京市密东印刷有限公司
开　　本：787 × 1092　1/16
印　　张：11.25
字　　数：252 千
版　　次：2010 年 10 月　第 1 版
2013 年 6 月　第 2 版
2019 年 10 月　第 3 版
印　　次：2025 年 8 月　第 3 版　第 6 次印刷　总第 14 次印刷
书　　号：ISBN 978-7-114-15461-4
定　　价：29.00 元

中等职业学校
课程改革新教材编委会

(排名不分先后)

第3版前言

本套“中等职业学校课程改革新教材”，自2010年首次出版以来，多次重印，被全国多所中等职业院校选为汽车运用与维修专业教学用书，受到了广大师生的好评。2012年根据教学需求，本套教材进行了修订，使之在结构和内容上与教学内容更加吻合，更注重对学生实践能力的培养。

为了体现现代职业教育理念，贴近汽车运用与维修专业实际教学目标，促进“教、学、做”更好地结合，突出对学生技能的培养，使之成为技能型人才，2018年8月，人民交通出版社股份有限公司吸收教材使用院校的意见和建议，组织相关老师，经过充分认真研究和讨论，确定了修订方案，再次对本套教材进行了修订。

《汽车故障诊断与检测》的修订工作，就是在本书第二版的基础上，吸收了教材使用院校教师的意见和建议，在会议确定的修订方案指导下完成的，教材的修订内容主要在以下几个方面：

(1)将单元一的“绪论”改为“概述”，并对常用工量具与检测仪器作了重新整理。

(2)单元二增加了冷却系统的大小循环路线图。

(3)更新了单元四的“车轮定位参数”表。

(4)对单元五和单元六的部分图形和陈述作了调整与更新。

(5)更新单元七“车外噪声参数”表值。

本书由贵阳市交通技工学校李学友、姚秀驰担任主编，贵阳市交通技工学校谢可平、郫县友爱职业技术学校向朝贵担任副主编，贵阳市交通技工学校舒周、张剑虹、崔雪情参加编写。

限于编者水平，书中难免有疏漏和错误之处，恳请广大读者提出宝贵建议，以便进一步修改和完善。

中等职业学校
课程改革新教材编委会
2019年2月

目录

单元一 概 述

学习目标

完成本单元学习后,你应该能:

1. 理解汽车检测技术、故障诊断的基本概念;
2. 了解汽车检测技术的发展状况,我国汽车故障诊断与检测标准;
3. 掌握汽车故障诊断的基本原则;
4. 灵活运用汽车故障诊断的基本方法;
5. 熟悉常用量具和检测仪器的使用。

建议学时:8 学时

汽车故障诊断与检测技术是指在整车不解体的情况下,确定汽车的技术状况,查明故障原因和故障部位的汽车应用技术,它包括汽车故障诊断技术和检测技术,也可统称为汽车诊断技术。

汽车在使用过程中,由于某一种或几种原因的影响,其技术状况将随行驶里程的增加而变化,其动力性、经济性、可靠性、安全性将逐渐或迅速下降,排气污染和噪声加剧。研究汽车故障的变化规律,定期检测汽车的使用性能,及时而准确地诊断出故障部位并排除故障,就成为汽车使用技术的一项重要内容。因此,汽车故障诊断与检测是延长汽车使用寿命的关键,也是汽车使用技术的中心环节。

一、汽车故障诊断与检测概要

(一)术语解释

(1)汽车故障是汽车部分或完全丧失工作能力的现象。

(2)汽车故障诊断是在不解体(或仅卸下个别小件)的条件下,为确定汽车技术状况或查明故障部位、原因而进行的检测、分析和判断。

(3)故障现象是故障的具体表现。

(4)汽车检测是为了确定汽车技术状况或工作能力进行的检查和测量。

(5)汽车技术状况是表征某一时刻汽车外观和性能参数的综合。

(6)诊断参数是供诊断使用的,是用于表征汽车总成及结构技术状况的量。

(7)诊断标准是对汽车诊断参数限值的统一规定。

(二)诊断与检测的目的

1. 安全环保检测

对汽车实行定期和不定期的安全运行和环保方面的检测,即在整车不解体的情况下,建立安全和无公害的检测体系,确保车辆具有符合要求的外观、良好的安全性能且保证排气污染不超标,从而保证其在安全、高效和低污染的状态下运行。

2. 综合性能检测

按照中华人民共和国交通运输部令 2016 年第 1 号《道路运输车辆技术管理规定》,道路运输车辆要保证符合规定的技术条件和按要求进行维护、修理和综合性能检测,其技术性指标应符合《道路运输车辆综合性能要求和检验方法》(GB 18565—2016)的规定。

为达到要求,车辆在进行技术管理时应按照周期和频次,委托符合《汽车综合性能检测站能力的通用要求》(GB 17993—2017)的汽车综合性能检测机构进行综合性能检测和技术等级评定。

3. 故障诊断

故障诊断是对发生故障的汽车进行诊断,是在汽车不解体(或仅拆卸个别小件)的情况下,查明运行车辆故障部位及原因而进行的检查、测量、分析和判断。故障被诊断出来后,将通过调整或修理的方法予以排除,从而确保车辆在良好的技术状况下运行。

(三)汽车故障诊断的基本原则和方法

1. 汽车故障诊断的基本原则

汽车电子控制系统是一个精密而又复杂的系统,其故障的诊断也较为困难。而电子控制系统不工作或工作不正常的原因,既可能由电子控制系统本身导致,也可能由电子控制系统之外的其他部分的问题引起,而且故障检查的难易程度也不一样。如果我们能够遵循故障诊断的一些基本原则,就可能运用比较简单的方法迅速找出故障所在。汽车故障诊断及排除的基本原则可概括为以下几个方面。

1)先外后内

在汽车出现故障时,先对电子控制系统以外的可能出现故障的部位予以检查,这样可以避免本来是一个与电子控制系统无关的故障,却对系统的传感器、电控单元、执行器及线路等进行复杂且又费时费力的检查。

2)先简后繁

能以简单方法检查的可能故障部位先予以检查。比如直观检查最为简单,我们可以用看、摸、听等直观检查方法将一些较为显露的故障迅速地查找出来。直观检查未找出故障,需借助于仪器、仪表或其他专用工具来进行检查时,也应对较容易检查的项目先予以检查,能就车检查的项目先进行检查。

3)先熟后生

由于结构和使用环境等原因,汽车的某一些故障现象可能是以某些总成或部件的故障最为常见,先对这些常见故障部位进行检查,若未找出故障,再对其他不常见的可能故障部位予以检查。这样可以迅速地找到故障,省时省力。

4)代码优先

电子控制系统一般都有故障自诊断功能,当电子控制系统出现某种故障时,故障自诊断系统就会立刻监测到故障并通过仪表警告灯等向驾驶员报警。但是对于有些故障,故障自诊断系统只储存该故障码,并不报警。因此,在对汽车做系统检查前,应先按制造厂提供的方法,读取故障码并检查和排除故障码所指的故障部位。待故障码所指的故障消除后,如果车辆故障现象还未消除,或者开始就无故障码输出,再对汽车可能的故障部位进行检查。

5)先思后行

对汽车发生的故障现象先进行故障分析,在了解可能的故障原因的基础上,再进行故障检查。这样,可避免故障检查的盲目性,既不会对与故障现象无关的部位做无效的检查,又可避免对一些有关部位漏检,从而能迅速排除故障。

6)先备后用

电子控制系统的一些部件性能好坏,电气线路正常与否,常通过其电压或电阻等参数来判断。如果没有这些数据资料,系统的故障检测将会很困难。所谓先备后用是指在检修该车辆时,应准备好维修车型的有关检修数据资料。除了从维修手册、专业书刊上收集整理这些检修数据资料外,另一个有效的途径是利用无故障车辆对其系统的有关参数进行测量,并记录下来,作为日后检修同类型车辆的检测比较参数。如果平时注意做好这项工作,会给以后的系统故障检查带来方便。

总之,现代汽车的各个部分都是比较复杂的系统,其故障远比传统汽车复杂,在诊断故障时需要掌握系统的检修步骤和方法。从原则上讲,在对现代汽车进行故障诊断时,需要首先全面系统地掌握电子控制系统的结构、原理和线路连接方法;明确电子控制系统中各部分可能产生的故障以及对整个系统的影响;运用科学的故障诊断方法对系统故障现象进行综合分析、判断;确定故障的性质与可能产生此类故障的原因和范围;制订合理的诊断程序进行深入诊断和检查,直到问题被圆满地解决,使汽车恢复应有的性能和技术指标。

2. 汽车故障诊断的基本方法

汽车故障诊断按诊断的深度可分为初步诊断和深入诊断。初步诊断是根据故障的现象,判断出故障产生原因的大致范围。深入诊断是根据初步诊断的结果对故障原因进行分析、查找,直到找出产生故障的具体部位。

现代汽车故障诊断按诊断故障所采用的手段,可分为:直观诊断、利用自诊断系统诊断、简单仪表诊断和专用检测仪器诊断等。

1)直观诊断

直观诊断就是通过人的感觉器官对汽车故障现象进行看、问、听、试、嗅等,了解和掌握故障现象的特点,通过人的大脑进行分析、判断,从而得出结论。

直观诊断方法也称经验诊断或人工诊断,它在传统汽车的故障诊断中,占有相当重要的地位。但随着科学技术的发展,汽车结构越来越复杂,尤其是电子技术在汽车上的广泛应用,直观诊断方法越来越不能满足汽车故障诊断的要求。另外,直观诊断方法的诊断效率和准确性与诊断者的工作能力、工作经验有相当大的关系。因此,这种单纯的直观故障诊断方法,在现代电控汽车故障诊断中运用得越来越少,而仪器诊断也有一定的局限性,对于某些故障,仪器诊断远不如直观诊断方法来得容易。直观诊断的主要内容有以下方面。

(1)看。看即目测检查,其目的是了解电控发动机的电子控制系统类型、车型,在进入更为细致的测试和诊断之前,能消除一些一般性的故障原因。

①看车型和电子控制系统类型:注意看故障车型是何公司、何年代生产的,采用何种电控汽油喷射类型。因为不同公司不同年代生产的汽车,电控燃油喷射系统的形式不同,其故障诊断方法也不同。

②检查滤清器、进排气管、真空管、油、水等容易产生泄漏故障,又易于发现问题的部位。

③检查电子控制系统线束的连接状况,传感器或执行器的插接器是否良好,传感器和执行器有无明显的损伤等。

(2)问。为了迅速地查找故障源,首先必须了解故障出现时的情形、条件,如何发生及是否已检修过等与故障有关的情况和信息。为此,必须认真听客户对故障现象的描述。最好的做法是在倾听客户的初步意见之后,进行一次初步诊断,随后询问一些有关的问题来帮助确定或否定初步诊断的结论,同时认真填写接车检查单(表1-1)。此表所含项目是发动机电子控制系统故障现象的写真记录,与诊断测试结果一起构成查找故障源的依据。

(3)听。听主要是听汽车工作时的声音,即有无振动、有无敲缸、有无失速、有无回火或放炮、异响等。

(4)试。试主要是维修人员根据前述检查,有针对性地试车,以便进一步确定故障部位。

2)利用随车故障自诊断系统诊断

随车自诊断是利用汽车上电子控制系统所提供的故障自诊断功能对汽车电控部分故障进行诊断,即利用故障自诊断系统调取汽车电子控制系统的有关故障码,然后根据故障码表的故障提示,找出故障所在位置。随着电子技术的发展与进步,汽车电子控制技术所占的比例越来越大,由于电量在测量方面的优越性,使得越来越多的电子控制系统在设计时已经考虑到故障诊断问题,即电子控制系统中设计有故障自诊断功能。这就为汽车故障诊断提供了极大的方便。

随车自诊断系统通常只能提供与电子控制系统有关的电气装置或线路故障的诊断结果,一般只能做出初步诊断结论,而具体故障原因,还需要通过直接诊断和简单仪器进行深入诊断。

3)利用简单仪表诊断

利用简单仪表诊断,就是利用以万用表和示波器为主的通用仪表,对汽车电控部分故障进行诊断。因为电子控制系统的各部件均有一定的电阻值范围,工作时有输出电压信号范围和输出脉冲波形,因此,用万用表测量元件的电阻或输出电压,用示波器测试元件工作时输出的电压波形,用万用表测量导通性等,可判断元器件或线路是否正常。

这种诊断方法的特点是:诊断方法简单、设备费用低,主要用于对电子控制系统和电气装置的诊断。因此,这种诊断方法可用于对故障进行深入诊断。其缺点是:对操作者的要求较高,在进行故障诊断时,操作者必须对系统的结构和线路连接情况有深入的了解,才可能取得理想的诊断效果。

接 车 检 查 单 表 1-1

<table>
<tr><td colspan="7">一汽-大众 FAW-VOLKSWAGEN　　接车检查单</td></tr>
<tr><td>车牌号</td><td></td><td>车型</td><td></td><td>接车时间</td><td colspan="2"></td></tr>
<tr><td>客户姓名</td><td></td><td>客户联系电话</td><td></td><td>车内无贵重物品</td><td colspan="2">是□ 否□</td></tr>
<tr><td>接车里程数</td><td>km</td><td>旧件是否带</td><td>是□ 否□</td><td>是否洗车</td><td colspan="2">是□ 否□</td></tr>
<tr><td>所属保险公司</td><td></td><td>保险截止日期</td><td></td><td>是否需要预检</td><td colspan="2">是□ 否□</td></tr>
<tr><td colspan="7">客户描述及预估维修项目(服务顾问填写)</td></tr>
<tr><td colspan="7"></td></tr>
<tr><td colspan="7"></td></tr>
<tr><td colspan="7"></td></tr>
<tr><td colspan="7">预检结果:</td></tr>
<tr><td colspan="6">关键项目检查(如异常,请备注)</td><td>油表位置</td></tr>
<tr><td>电子指示系统</td><td>正常□ 异常□</td><td></td><td>备胎及随车工具</td><td>正常□ 异常□</td><td></td><td rowspan="2"></td></tr>
<tr><td>车内功能键</td><td>正常□ 异常□</td><td></td><td>点烟器</td><td>有□ 无□</td><td></td></tr>
<tr><td>车身外观及内饰检查(外观凹凸、破损或划痕请用○标记在图中,内饰破损或脏污请用△标记在图中)</td><td colspan="6">
备注:车身多处划痕、凹坑,无法逐一记录 是□</td></tr>
<tr><td>服务顾问签名</td><td colspan="2"></td><td colspan="2">客户送车签名</td><td colspan="2"></td></tr>
<tr><td colspan="7">说明:本人同意一汽大众服务公司依据维修工单所列维修项目进行诊断和/或维修,同意该车辆在一汽大众汽车服务公司得到妥善保管。车内无现金、贵重物品。其他车内物品已得到妥善处理,如有丢失公司不需负责。</td></tr>
<tr><td colspan="7">建议维修项目及检查情况说明(主修技师填写)</td></tr>
<tr><td colspan="7"></td></tr>
<tr><td colspan="7"></td></tr>
<tr><td colspan="7"></td></tr>
<tr><td colspan="7"></td></tr>
</table>

4)利用专用检测仪器诊断

汽车的电子化促使对汽车故障的诊断手段不断变革,随着汽车电子化的进程,各种汽车专用检测仪器应运而生。这些专用检测仪器大多数为带有微处理器的电子计算机系统,对汽车故障的诊断十分有效,其中包括各种大大小小的电子故障分析仪、汽车综合分析仪,尤其以发动机电控单元分析仪所占比例最大,诊断效果最好。专用检测仪器根据其体积大小可分为台式电控单元分析仪、便携式电控单元分析仪和袖珍型电控单元分析仪等。

5)故障征兆模拟试验方法

在故障诊断中最困难的情形是有故障,但没有明显的故障征兆。在这种情况下,必须进行彻底的故障分析,然后模拟与客户车辆出现故障时相同或相似的条件和环境。无论维修人员经验如何丰富,也无论其技术如何熟练,如果对故障征兆不经过验证就进行诊断,则会在维修工作中忽略一些重要的东西。这里介绍几种常用的故障征兆模拟试验法。

(1)振动法。当振动可能是引起故障的原因时,可采用振动法进行试验。基本试验方法有以下几种。

①插接器。在垂直和水平方向轻轻摇动插接器,如图1-1a)所示。

②配线。在垂直和水平方向轻轻地摆动配线,如图1-1b)所示。

③零件和传感器。用手指轻拍装有传感器的零件,如图1-1c)所示,检查其是否失灵。切记不可用力拍打继电器,否则可能会使继电器开路。

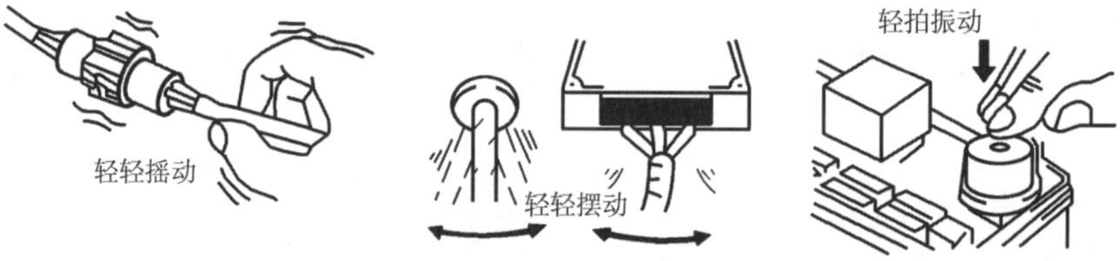

a) b) c)

图1-1 用振动法模拟故障

(2)加热法。当有些故障只是在热车时出现时,可能是因为有关零件或传感器受热引起的。可用电吹风或类似加热工具加热可能引起故障的零部件或传感器,并检查其是否出现故障(图1-2)。但必须注意,加热温度不得高于60℃(温度限制在不致损坏电子元器件的范围内),不可直接加热电控单元中的零件。

(3)水淋法。当故障是在雨天或高湿度的环境下产生时,可用水喷淋在车辆上,检查是否发生故障(图1-3)。但应注意,不可将水直接喷淋在发动机等电子控制的零件上,尤其应该防止水渗漏到电控单元内部,应喷淋在散热器前面,间接改变湿度和温度。

图1-2 用加热法模拟故障

图1-3 用水淋法模拟故障

小提示

如果汽车漏水,漏入的水可能浸入电控单元内部。所以,当试验车辆漏水故障时,必须特别注意。

(4)电气全接通法。当怀疑故障可能是因用电负荷过大而引起时,可接通车上全部电气设备(包括加热器鼓风机、前照灯、后窗除雾器等),检查其是否发生故障。

(四)汽车电控部分故障诊断检修程序

下面以电控发动机为例,说明汽车电控部分故障诊断检修的一般程序。

1. 电控发动机故障诊断的一般程序

电控发动机故障的诊断与排除,可按图1-4所示的一般程序进行。

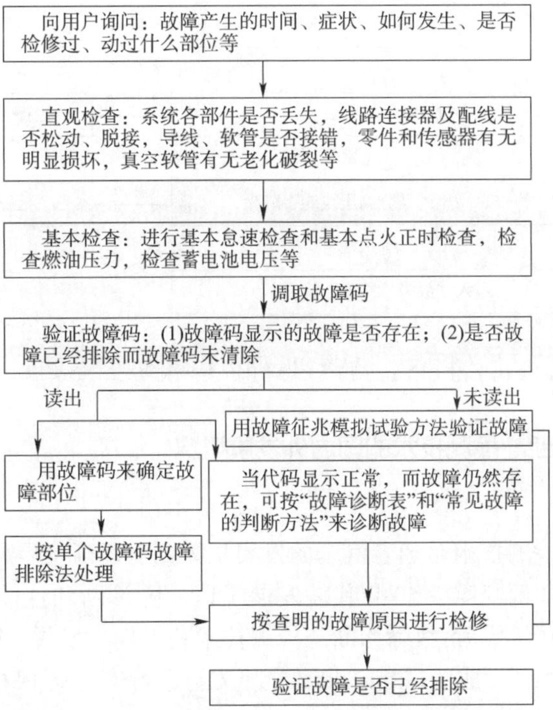

图1-4　电控发动机故障检修的一般程序

2. 电控发动机基本检查的程序

在进行电控发动机的故障诊断时,为了确定故障的性质和部位,在对发动机进行直观检查后,可按图1-5所示的程序进行基本检查。在进行基本检查时,必须使发动机冷却液温度达到正常的工作温度(80℃以上),同时关闭车上所有附加电气装置,如空调、除霜装置等,并且在冷却风扇未动作时进行检查调整,以免风扇动作的电源消耗影响检查的准确性。

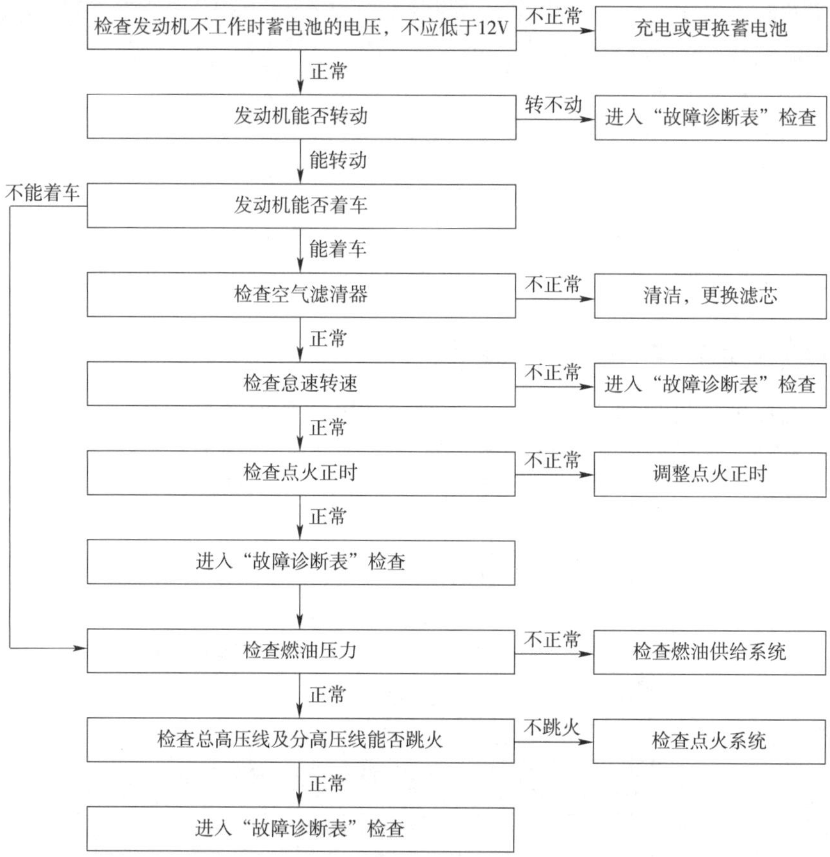

图 1-5 电控发动机基本检查的检修程序

(五)汽车故障诊断与检测技术的国内外发展概况

1. 国外发展概况

汽车故障诊断与检测技术是随着汽车的发展从无到有逐渐发展起来的一门技术。国外一些发达国家,早在 20 世纪 40 ~ 50 年代就发展了以故障诊断和性能调试为主的单项检测技术。进入 20 世纪 60 年代后,故障诊断与检测技术获得较大发展,逐渐将单项检测技术连线建站(出现汽车检测站),成为既能诊断维修,又能进行安全环保检测的综合检测技术。随着计算机技术的发展,20 世纪 70 年代初出现了检测控制自动化、数据采集自动化、数据处理自动化、检测结果自动打印的现代综合检测技术,其检测效率极高。进入 20 世纪 80 年代后,现代汽车故障诊断与检测技术已广泛应用,给交通安全、环境保护、节约能源、降低运输成本和提高运输能力等方面,带来了明显的社会效益和经济效益。

2. 国内发展概况

在我国汽车故障诊断与检测技术起步较晚。在 20 世纪 60 ~ 70 年代,国家有关部门虽然也从国外引进过少量检测设备,国内不少科研单位和企业对检测设备也组织过研制,但由于种种原因,该项技术一直发展缓慢。20 世纪 70 年代后,随着国民经济的发展,特别是随着汽车制造业、公路交通运输的发展和进口车辆的增多,我国的机动车保有量迅速增加,带来了一系列社会问题。如何保证这些车辆安全运行和尽量少地造成社会公害,被逐渐提到政府有关部门的议事日程上来,因而促进了汽车故障诊断与检测技术的发展,使之成为国家"六五"期间重点推广的项目,并被视为推进汽车维修现代化管理的一项重要技术措施。交通运输部门自 1980 年开始,有计划地在全国公路运输系统筹建汽车综合性能检测站,取得了很大成绩。公安部门在全国中等以上城市建成了许多安全性能检测站。可以说,20 世纪 90 年代末的中国,已基本形成了全国性的汽车检测网,汽车故障诊断与检测技术已初具规模。不仅如此,全国各地汽车维修使用的故障诊断和检测设备也日益增多。

随着公路交通运输企业、汽车制造企业和整个国民经济的发展,我国的汽车故障诊断与检测技术,在新的背景下必将获得进一步发展,而且会取得更加明显的经济效益和社会效益。

二、常用量具及检测仪器的使用

汽车维护和故障排除中使用的量具种类繁多,规格型号、精度也各有不同,在使用中必须正确选用量具和检测仪器。

(一)常用量具

1. 游标卡尺

1)用途和种类

游标卡尺是一种能直接测量工件内外直径、宽度、长度或深度的量具,如图 1-6 所示。按照测量功能可分为普通游标卡尺、深度游标卡尺和带表游标卡尺等,按照测量精度可分 0.10mm、0.02mm、0.05mm 等几种。

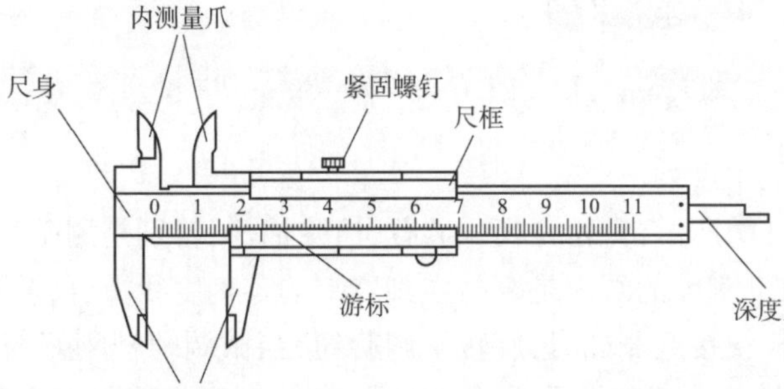

图 1-6　游标卡尺

2)使用注意事项

(1)使用前。先将量爪和被测物体表面擦干净,测定量爪的贴合状态;尺身、游标的量爪的平面必须完全贴合。内径测定用的量爪在贴合状态下,能够看到少许光线表示贴合良好;反之,如果穿透光线很多,则表示量爪贴合不佳。

(2)校零。当量爪密切贴合后,尺身和游标零点必须相互一致才是正确的。

(3)灵活性检验。移动尺框时,活动要自如,不应过松或过紧,更不能有晃动现象。用紧固螺钉固定尺框时,卡尺的读数不应有改变。在移动尺框时,不要忘记松开紧固螺钉,也不宜过松以免紧固螺钉松脱。

(4)测量操作。应把量爪张开到大于被测量工件表面的尺寸,量爪两测量面应垂直于被测量表面。量爪若放在错误位置上,将使测量结果比实际尺寸要大。如卡尺带有微动装置,在量爪与被测工件即将接触时,转动调节螺母,使量爪接触工件,再拧紧微动装置上的紧固螺钉,读数。不可把卡尺的两个量爪调节到接近甚至小于所测工件尺寸,把量爪强制挤进工件表面。这样做会使量爪变形,或使测量面受损。

(5)读数。视线应与刻线表面垂直,以免由于视线的不正造成读数误差。为了获得更精确的测量结果,可以多次测量。

(6)使用后。要擦净游标卡尺,并涂抹适量的工业凡士林后放回盒内保存。

2. 外径千分尺

1)种类和用途

千分尺又称螺旋测微器,是一种用于测量加工精度要求较高的精密量具,其测量精度可达到 0.001mm。常用的千分尺有 0 ~ 25mm、25 ~ 50mm、50 ~ 75mm、75 ~ 100mm、100 ~ 125mm 等几种规格,其结构如图 1-7 所示。

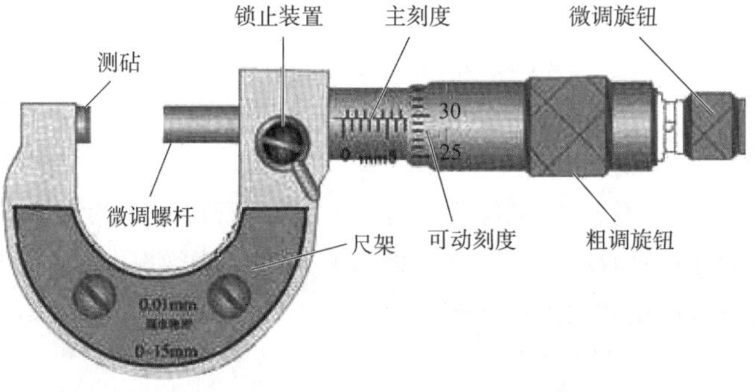

图 1-7 外径千分尺

2)使用注意事项

(1)校零。如图 1-7 所示,先松开锁止装置,清除油污,特别是测砧与微调螺杆间接触面要清洗干净。检查可动刻度的端面是否与主刻度上的零刻度线重合,若不重合,应先旋转粗调旋钮,直至微调螺杆快接近测砧时,旋转微调旋钮,当微调螺杆刚好与测砧接触时会听到"咔咔"声,这时停止转动。两零线重合的标志是:可动刻度的端面与主刻度的零线重合,且可动刻度的零线与主刻度的水平横线重合。

(2)测量。千分尺微调螺杆轴线应与工件中心线垂直或平行。如果歪斜,会影响测量的精度。若一次测量不准,可再次按上述方法测量,直到准确为止。

(3)使用后。涂抹适量的工业凡士林后放回盒内保存。

3. 汽缸压力表

1)种类和用途

汽缸压力表是用于检查汽缸内气体压力大小的量具,如图 1-8 所示。按其测量范围不同可分为0～980kPa和0～19600kPa；按其连接形式可分为推入式和螺纹式；按其指示形式可分为指针式和记录式。

2）使用注意事项

（1）起动发动机并运转到正常温度，旋下全部火花塞（汽油机）或喷油器（柴油机）。

（2）汽油发动机必须将节气门和阻风门完全打开，把汽缸压力表的锥形橡胶圈压紧在火花塞座孔上；柴油发动机必须采用螺纹接口式压力表，将汽缸压力表螺纹接口旋入喷油器座孔内。

（3）用起动机带动曲轴旋转3～5s，使发动机转速保持在150～180r/min（汽油机）或500r/min（柴油机），这时汽缸压力表所指示的压力值就是汽缸的压缩力。

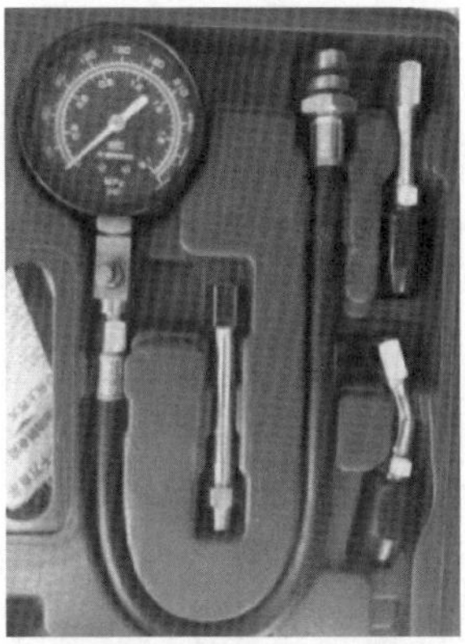

图1-8　汽缸压力表

（4）按下汽缸压力表上的放气阀，则压力表指针回零。

（5）在实际测量汽缸压缩力时，每个汽缸应重复2～3次。

4. 轮胎气压表

1）用途

轮胎气压表是专门用于测定轮胎气压的量具，如图1-9所示。

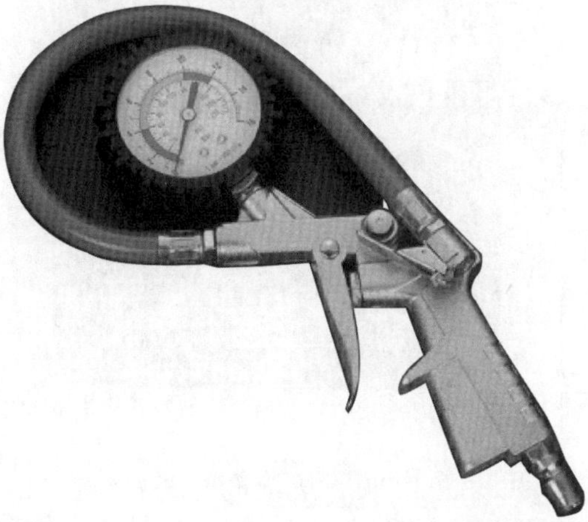

图1-9　轮胎压力表

2）使用注意事项

（1）使用前。观察车辆铭牌清楚轮胎正常胎压范围，在轮胎冷却后测量胎压。

（2）使用时。确保胎压表完好无损；将轮胎气压表的槽口与轮胎气门嘴对正并压紧在轮胎气门嘴上。

（3）测量后。一定要注意检查气门芯是否漏气，如有漏气应予以排除。

5. 万用表

万用表是一种能测量多种电量参数且多量程的便携式电测仪表，它能测直流电流、直流电压、交流电压、电阻等电量。常用的有模拟式和数字式两种。数字式测量仪表已成为电路电器测量的主流，因为数字式仪表灵敏度高，准确度高，显示清晰，过载能力强，便于携带，使用更简单。以 VC9802 型数字万用表为例,介绍其使用方法和注意事项,如图 1-10 所示。

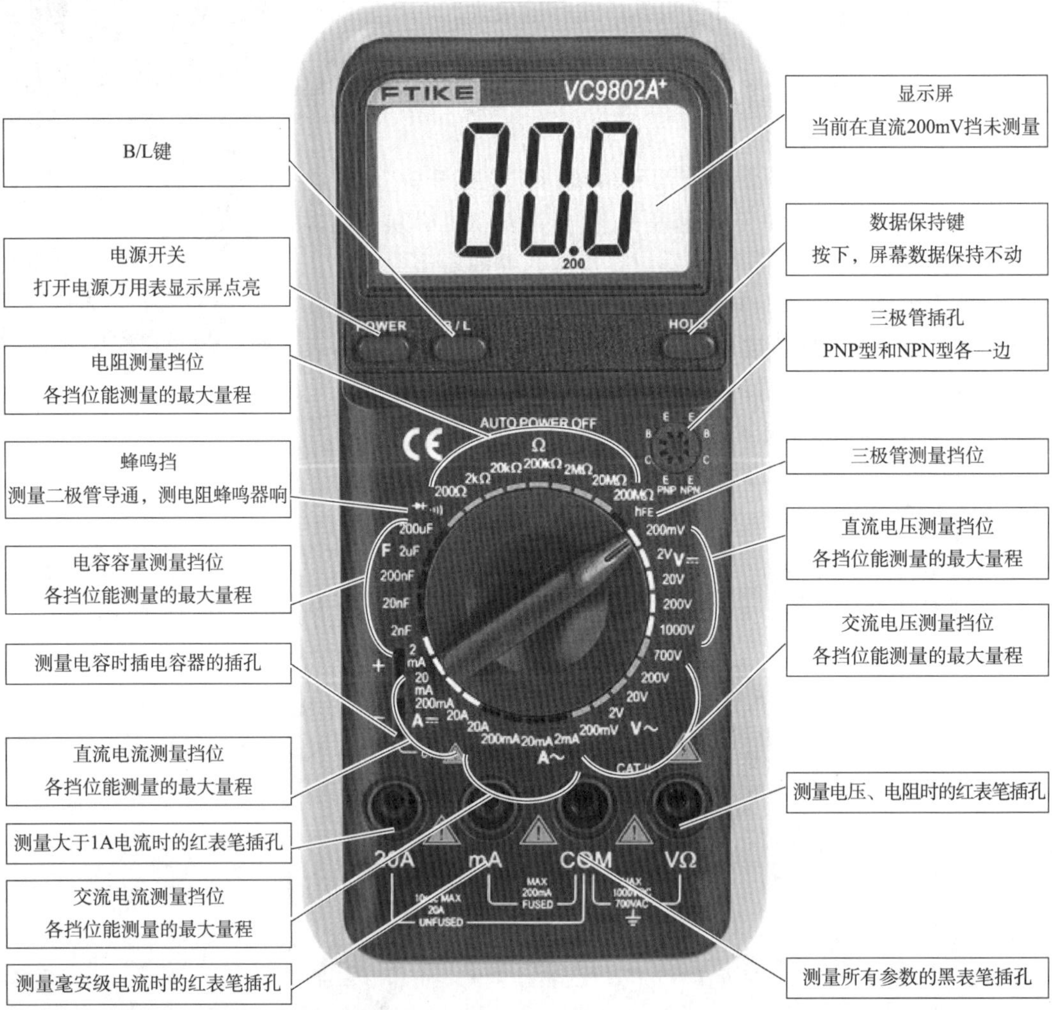

图 1-10　VC9802 型数字万用表

使用注意事项:

(1)使用前连接好表笔,并做好校表。

(2)测量时,按需要选择对应挡位;如果无法预先估计被测电压或电流的大小,则应先拨至最高量程挡测量一次，再视情况逐渐把量程逐渐减小到合适位置。

(3)测量完毕,应将量程开关拨到最高电压挡，并关闭电源。

(4)测量电压时,应将数字万用表红表笔探针接触被测电路正端,黑表笔探针搭铁或接负极,即与被测线路并联。

(5)测量电阻时,应关掉电路电源,并把电子电器元件或线束从电路中脱开。查看显示屏读数,注意确认选择和测量真实值的单位:欧姆(Ω)、千欧(kΩ)或兆欧(MΩ)。

(6)测量电流时,应将数字万用表串联到电路中,电路应接通后测量。

(7)测量电容时,将电容两端短接,对电容进行放电,确保数字万用表的安全。

(8)禁止在测量高电压(220V 以上)或大电流(0.5A 以上)时换量程,以防止产生电弧,烧毁开关触点。

(二)常用检测仪器

汽车故障诊断仪是在读码器的基础上发展起来的检测仪器,它除了具有读码、清码功能外,还具有显示诊断代码内容的功能,即具有解码功能。因此,使用汽车故障诊断仪无须再从汽车维修手册中查取诊断代码的含义,使用起来更为便捷。

1. 汽车故障诊断仪的功能

(1)可直接读取故障码,不需通过发动机故障报警灯的闪烁读取。

(2)可直接清除故障码,使发动机故障报警灯熄灭。

(3)能与汽车上的计算机直接进行交流,显示电控系统工作数据流,为诊断故障提供依据。

(4)能在静态或动态下,向电控系统各执行器发出动作指令,以便于检查执行器的工作状况。

(5)行车时可监测并记录数据流。

(6)有的具有示波器功能、万用表或打印功能。

(7)有的能显示系统控制电路图和维修指导,以供诊断时参考。

(8)可与计算机相连,进行资料的更新与升级。

(9)功能强大的专用汽车故障诊断仪,还能对车上 ECU 进行某些数据的重新输入和更改。

2. 汽车故障诊断仪的类型

汽车故障诊断仪可分为专用型和通用型两大类。

专用型汽车故障诊断仪,是汽车制造厂家为检测诊断本厂生产的汽车而专门设计制造的汽车故障诊断仪。世界上一些大的汽车厂家,如奔驰、宝马、大众、通用等,都有专用型汽车故障诊断仪。

通用型汽车故障诊断仪,是检测设备厂家为适应检测诊断多种车型而设计制造的汽车故障诊断仪。通用型汽车故障诊断仪存储有几十种甚至几百种不同厂家、不同车型汽车电控系统的检测程序、检测数据和故障码等资料,并配备有各种车型的检测接头,可以检测诊断多种车型,适合于综合型维修企业使用。

3. 汽车故障诊断仪的基本结构

以国产通用型博士 KT600 汽车故障诊断仪为例,介绍汽车故障诊断仪的基本结构,如图 1-11所示。

(1)主机由显示屏、操作键、上端 4 个功能接口、下端 5 个示波通道组成。上端 4 个接口,分别可以实现在线升级、外界输入设备、CF 卡插口、主机供电。

(2)配有线束包括:电源延长线、点烟器接头、鳄鱼夹、测试探针、示波延长线、1 缸信号夹、容性感应夹、示波连接线。

(3)KT600 有 4 种供电模式:交流电源供电;汽车蓄电池供电;点烟器供电;通过诊断座供电。

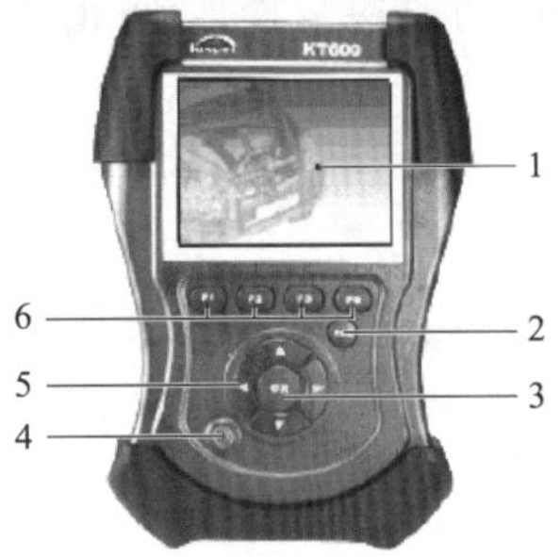

a)主机正面

#	项目	说明
1	触摸屏	TFT640×480 6.4寸真彩屏，触摸式
2	ESC	返回上级菜单、退出
3	OK	进入菜单、确认所选项目
4	⏻	电源开关
5	[▲] [▼] [▶] [◀]	方向选择键
6	F4 F1 F2 F3	多功能辅助键

b)正面功能键

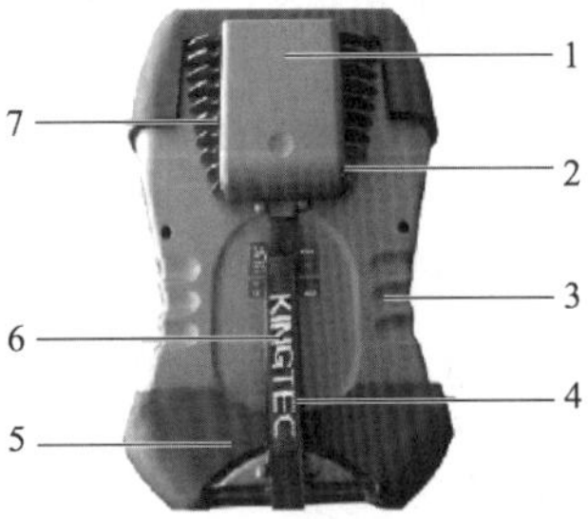

c)主机背面

#	项目	说明
1	打印盒	内装热敏打印机和2000mAh锂电池
2	打印机卡扣	按下打印机卡扣，滑出打印盒盖板，安装打印纸
3	手持处	凹陷设计更人性化，有利于手持使用
4	卡锁	锁住诊断盒(或示波盒)确保它们和仪器的连接
5	胶套	保护仪器，防止磨损
6	保护带	防止手持时仪器滑落
7	触摸笔槽	用于插装触摸笔

d)背面功能键

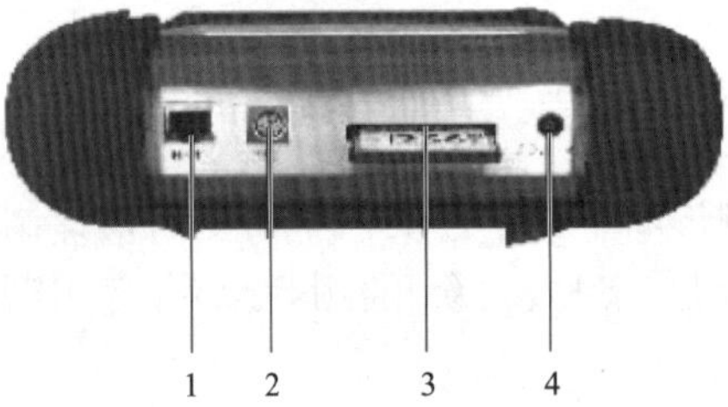

e)主机上接口

#	项目	说明
1	网口	直插网线可实现在线升级
2	PS/2	可外接键盘和鼠标，也可通过转接线转成串口和USB口
3	CF卡	CF卡插口
4	Power	接这个端口给主机供电

f)主机上接口功能

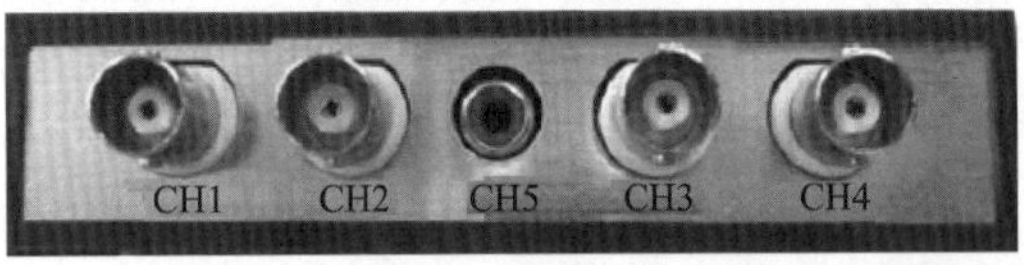

g)主机下接口

#	项目	说明
1	CH1	示波通道1
2	CH2	示波通道2
3	CH3	示波通道3
4	CH4	示波通道4
5	CH5	触发通道

h)主机下接口功能

图 1-11 博士 KT600 汽车故障诊断仪的结构

4. 汽车故障诊断仪的使用方法

不同类型的汽车故障诊断仪使用方法略有不同，以国产通用型博士 KT600 汽车故障诊断仪为例，通过对雪佛兰科鲁兹轿车的测试，介绍 KT600 汽车故障诊断仪的使用方法。

1)连接线束

(1)选择合适的诊断接口,通过专用数据线连接好诊断仪,如图1-12所示。

(2)找到车辆的诊断插座,OBD—Ⅱ在转向盘的下方,将诊断接口插入诊断插座中,如图1-13所示。

图1-12 连接好诊断仪

图1-13 将诊断接口插入诊断插座

小提示

在插入诊断接口之前,需确认点火开关处于断开(OFF)位置,这样可保护汽车故障诊断仪免受电流冲击。

2)选择车型

(1)打开点火开关到ON挡,不起动发动机;同时按下KT600诊断仪的电源开关。

(2)系统自检后进入诊断仪的初始界面(主菜单),如图1-14所示。

(3)选择"汽车诊断",按"OK"键,系统进入汽车图标界面。在弹出的汽车图标列表中找到并选择"通用",如图1-15所示。

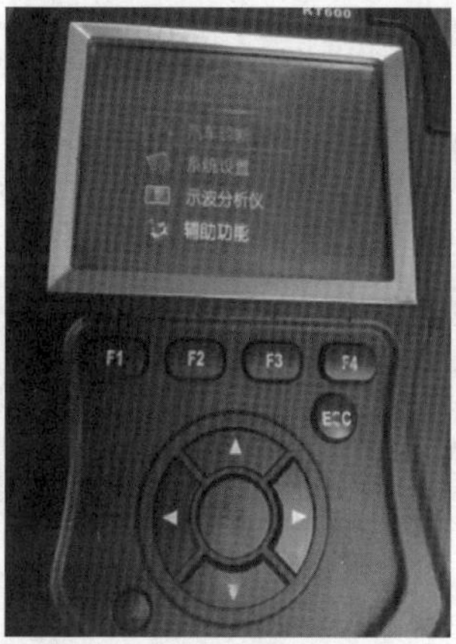

图1-14 初始界面

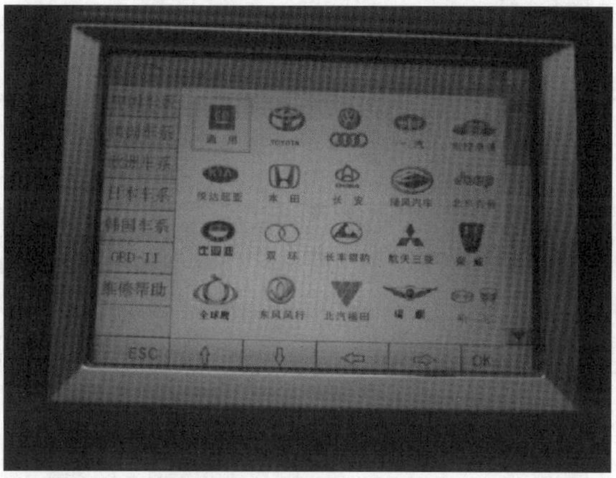

图1-15 汽车图标界面

(4)按"OK"键,系统进入车辆选择,在弹出的"选择年款"界面,选择"2013",如图1-16所示。

(5)按“OK”键,在弹出的“选择产品生产”界面,选择“雪佛兰”品牌,如图1-17所示。

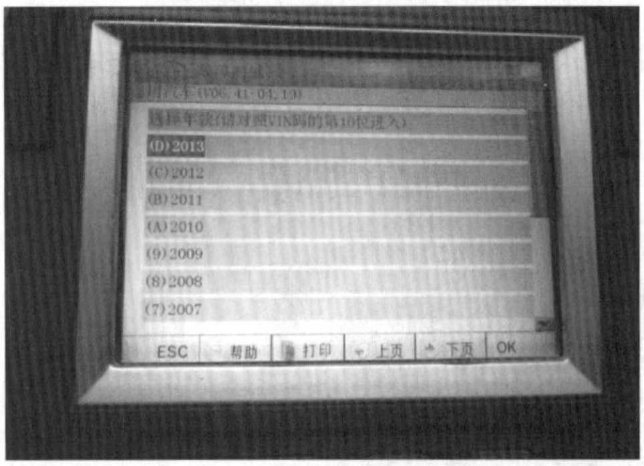

图1-16　选择年款界面

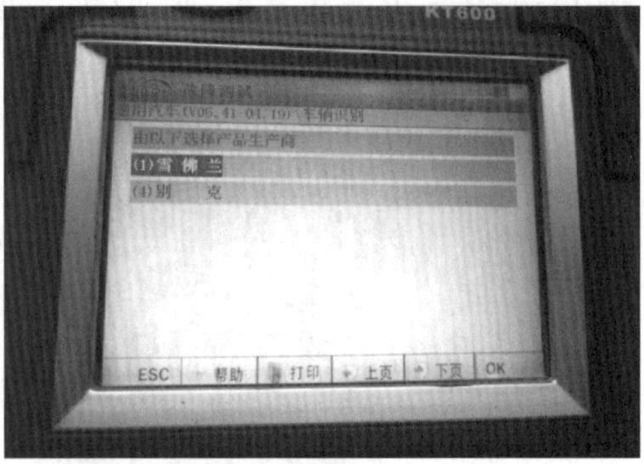

图1-17　选择产品生产界面

(6)按“OK”键,在弹出的“车型选择”界面,选择“科鲁兹”,如图1-18所示。

3)进入诊断

(1)选择“科鲁兹”按“OK”键,进入“选择系统”界面,选择“动力总成”,如图1-19所示。

图1-18　车型选择界面

图1-19　选择系统界面

(2)按“OK”键,在弹出的模块信息中,选择“发动机控制模块”,如图1-20所示。

(3)按“OK”键,弹出发动机类型信息,选择“1.6L　L4　LDE”,如图1-21所示。

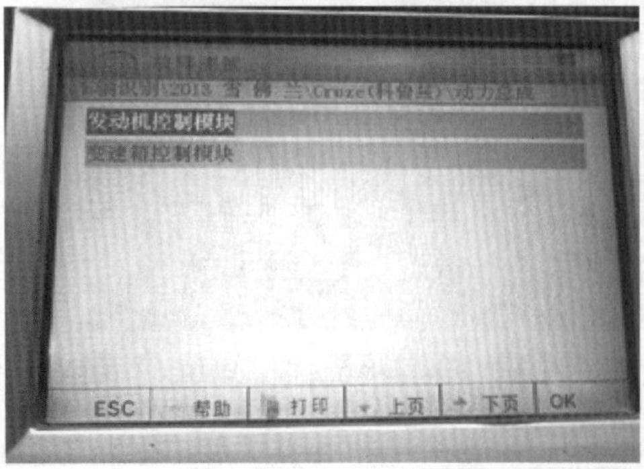

图1-20　选择发动机控制模块界面

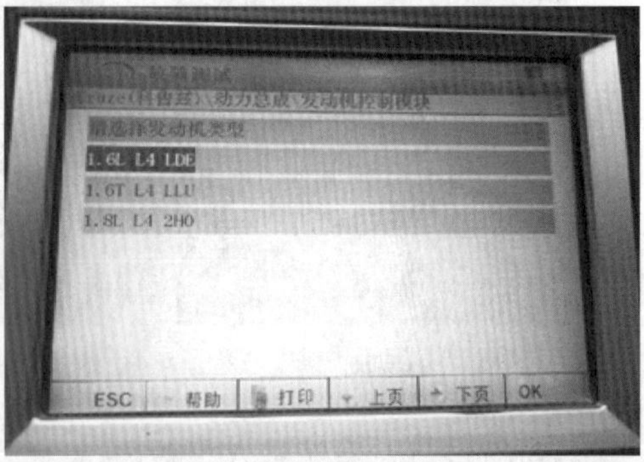

图1-21　选择发动机类型界面

(4)在选择“1.6L L4 LDE”发动机后按“OK”键,进入“选择发动机电控单元接口类型”界面,选择“Face Mounted Connectors”,如图 1-22 所示。

(5)按“OK”键,在弹出的“请选择变速器类型”信息中,选择“自动”,如图 1-23 所示。

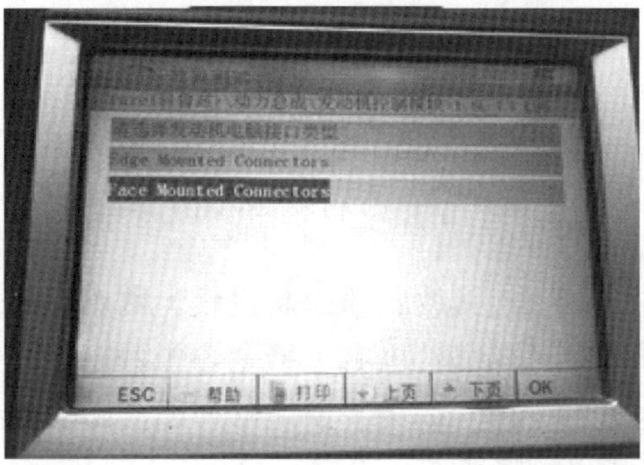

图 1-22 选择发动机电控单元接口类型

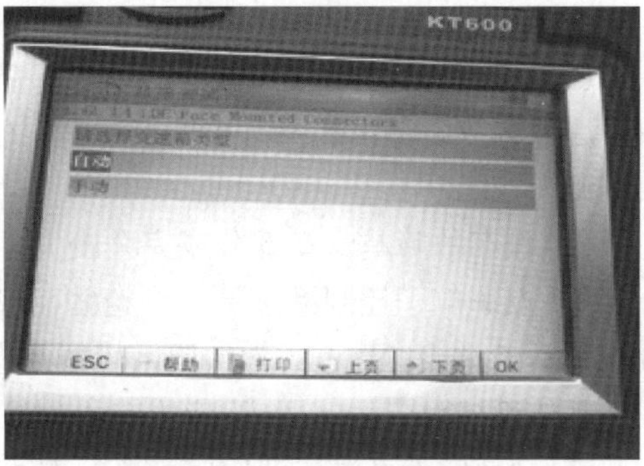

图 1-23 选择变速器类型

(6)在选择变速器“自动”后按“OK”键,进入“诊断测试”界面,选择“读取故障码”准备读取故障码信息,如图 1-24 所示。

(7)按“OK”键,在弹出的对话框中选择“DTC 显示屏”,如图 1-25 所示。

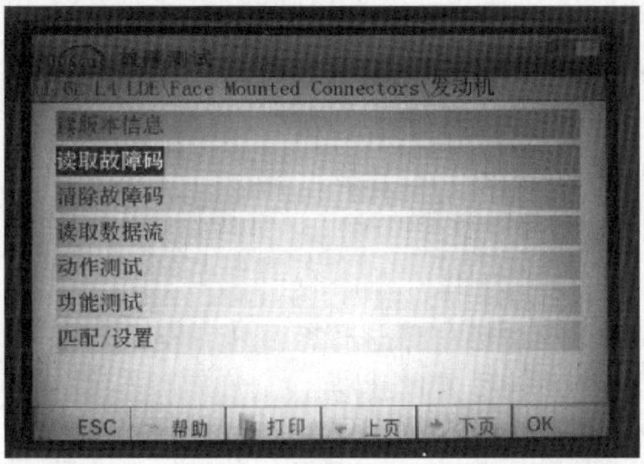

图 1-24 读取故障码

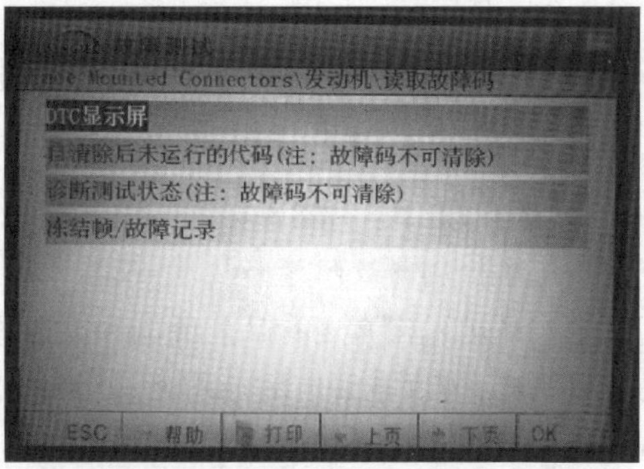

图 1-25 选择“DTC 显示屏”

(8)按“OK”键,此发动机系统存在的故障即显示出来,此图显示为当前发动机系统存在的故障码,为 P0102“质量空气流量传感器电路频率过低”,如图 1-26 所示。如果没有故障码,则显示“系统正常!”

(9)点击“清码”选项(清除历史性故障码或偶发性故障码)。

(10)然后再进行故障码读取。若第(8)步的故障依旧存在,即可进行维修资料查询,进入排故操作。

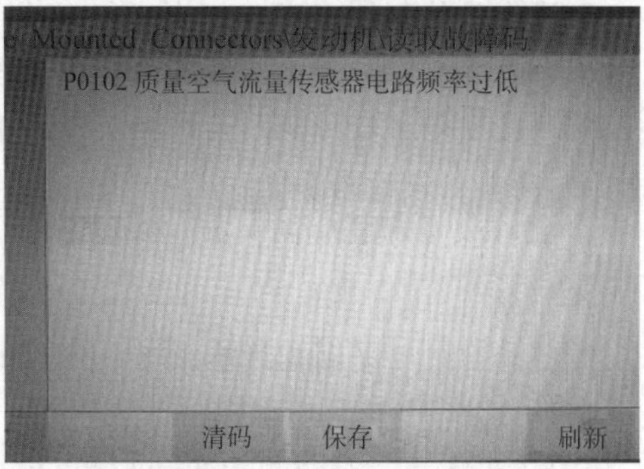

图 1-26 显示故障码 P0102

单元小结

(1)汽车故障诊断与检测技术是指在整车不解体的情况下,确定汽车的技术状况,查明故障原因和故障部位的汽车应用技术。它包括汽车故障诊断技术和检测技术,也可统称为汽车诊断技术。

(2)汽车故障是汽车部分或完全丧失工作能力的现象。

(3)汽车电子控制系统是一个精密而又复杂的系统,其故障的诊断也较为困难。而造成汽车不工作或工作不正常的原因可能是电子控制系统故障,也有可能是电子控制系统之外的其他机械部分的问题,故障检查的难易程度也不一样。如果我们能够遵循故障诊断的一些基本原则,就可能找到比较简单的方法迅速找出故障所在。

(4)随车自诊断,是利用汽车上电子控制系统所提供的故障自诊断功能,对电控发动机故障进行诊断的方法。

(5)汽车维护和故障排除中使用的量具种类繁多,规格型号、精度也各有不同,在使用中必须正确选用量具。

思考与练习

一、填空题

1. 汽车检测与故障诊断技术,包括__________和__________,国外也统称为汽车诊断技术。通过对汽车进行性能检测和故障诊断,也可以在__________的情况下判明汽车的技术状况,为汽车继续运行或进厂(场)维护、修理提供可靠的依据。

2. 汽车故障是指______________________________的现象。

3. 诊断标准是对______________________的统一规定。

4. 汽车检测包括安全性能检测和________________两种。

5. 汽车的检测方法有人工检测和________________两种。

6. 电控发动机故障诊断按其诊断的深度可分为__________和__________。

7. 电控发动机故障诊断按诊断故障所采用的手段,可分为__________、利用自诊断系统诊断、简单仪表诊断和__________等。

8. 专用检测仪器根据其体积大小可分为台式电控单元分析仪、__________和袖珍型电控单元分析仪。

9. 随车自诊断是利用汽车上__________所提供的故障自诊断功能对电控汽车故障进行诊断的方法。

10. 万用表是一种能测量多种__________的便携式电测仪表。

11. 解码器可分为__________和__________两大类。

12. 如果无法预先估计被测电压或电流的大小，则应先拨至＿＿＿＿＿＿＿＿＿测量一次，再视情况逐渐把量程＿＿＿＿＿＿＿＿＿到合适位置。

13. 汽车故障诊断仪可分为＿＿＿＿＿＿＿＿＿和＿＿＿＿＿＿＿＿＿两大类。

14. 游标卡尺的测量精度值有＿＿＿＿＿＿＿＿＿、＿＿＿＿＿＿＿＿＿、＿＿＿＿＿＿＿＿＿三种，它是一种能直接测量工件＿＿＿＿＿＿＿＿＿、＿＿＿＿＿＿＿＿＿、＿＿＿＿＿＿＿＿＿或深度的量具。

二、选择题

1. 下列属于电控发动机故障诊断排除的基本原则的是(　　)。

A. 先上后下　　B. 先下后上　　C. 先外后内　　D. 先内后外

2. (　　)通过人的感觉器官对汽车故障现象进行看、问、听、试、嗅等，了解和掌握故障现象的特点，通过人的大脑进行分析、判断得出结论的诊断方法。

A. 直观诊断　　B. 直接诊断　　C. 仪器诊断　　D. 以上都是

3. 用加热法对汽车作故障征兆模拟试验，加热温度一般不超过(　　)℃。

A. 30　　B. 60　　C. 80　　D. 90

4. 下列属于直观诊断内容的是(　　)。

A. 讲　　B. 说　　C. 问　　D. 以上都正确

5. 仪表板上的“CHCEKENGING”代表(　　)。

A. 故障灯　　B. 前照灯　　C. 示廓灯　　D. 转向灯

三、简答题

1. 汽车的综合性能检测包括哪些项目？
2. 电控发动机故障诊断的基本方法有哪些？
3. 电控发动机故障诊断排除的基本原则有哪些？
4. 直观诊断方法的具体内容有哪些？
5. 电控发动机工作是否正常的一般判断方法有哪些？
6. 汽车故障诊断仪的功能有哪些？

单元二　发动机机械部分的故障诊断与检测

学习目标

完成本单元学习后,你应该能:

1. 回顾汽车传统发动机的基本组成、各系统的作用、原理;
2. 分析发动机机械部分常见故障现象及原因;
3. 正确描述发动机机械故障的诊断过程;
4. 熟悉发动机机械故障检测仪器的使用方法;
5. 提高动手能力,具有良好的职业意识及观察汽车常见故障现象的能力。

建议学时:8 学时

一、曲柄连杆机构与配气机构的故障诊断与检测

发动机的技术状况直接影响到汽车的动力性、经济性和排气净化情况,对发动机的基本要求是怠速运转平稳、加速性能好、输出功率高、燃烧消耗低和废气排放符合标准。为了达到这些要求,发动机要有足够的汽缸压力、准确的点火时刻及必要的火花强度、适当的混合气浓度等。

(一)曲柄连杆机构与配气机构的作用及组成

1. 曲柄连杆机构

曲柄连杆机构(图 2-1)是发动机实现工作循环,完成能量转换的主要运动零件。它的作用是把活塞的往复直线运动转变成曲轴的旋转运动,对外输出功率,并带动发动机本身的辅助装置工作。曲柄连杆机构由机体组、活塞连杆组和曲轴飞轮组等组成。在做功行程中,活塞承受燃气压力在汽缸内做直线运动,通过连杆转换成曲轴的旋转运动,并从曲轴对外输出动力。而在进气、压缩和排气行程中,飞轮释放能量又把曲轴的旋转运动转化成活塞的直线运动。

2. 配气机构

配气机构(图 2-2)的功用是根据发动机的工作顺序和工作过程,定时开启和关闭进气门和排气门,使可燃混合气或空气进入汽缸,并使废气从汽缸内排出,实现换气过程。配气机构大多采用顶置气门式配气机构,一般由气门组、气门传动组和气门驱动组组成。

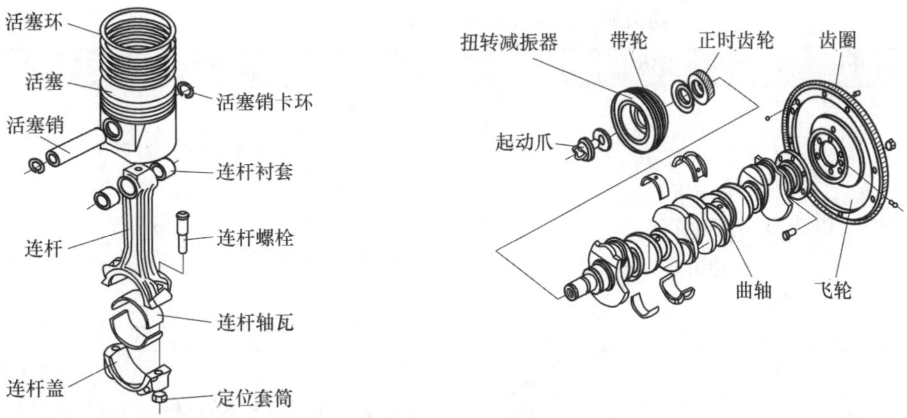

图 2-1　曲柄连杆机构

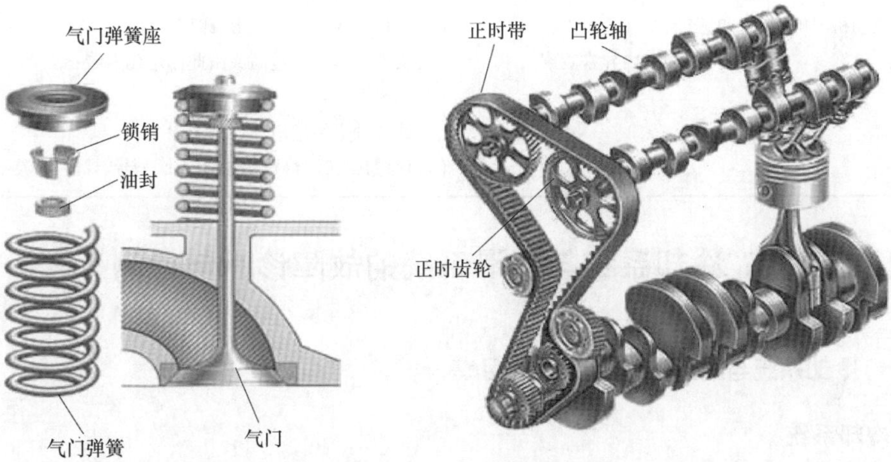

图 2-2　配气机构

(二)常见故障及原因分析

在发动机的两大机构、五大系统中,无论哪一部分出现故障,都会直接影响发动机的正常工作。发动机的故障现象多种多样,导致发动机故障的原因也很多,可能是由于零件磨损、损坏或缺少维护所致,也可能是由于以前维修作业所引起,还可能是由于车辆发生事故导致。在车辆维修前分析故障原因、查找故障部位及确定维修方案,是一项非常重要的工作。

发动机故障现象是发动机故障的外在表现,同一故障现象可能有多种原因引起,同是某一部件失效或损坏也可能导致不同的故障现象,有时一个系统发生故障可能会导致其他系统甚至整个发动机不能正常工作。在对发动机进行故障诊断时,首先要对发动机结构、工作原理进行分析,全面搜集故障现象,确定在什么条件下故障现象最为明显,故障现象是逐渐出现还是突然出现,车辆是否进行过维修等。在条件允许的情况下,可以通过改变汽车工作状况来观察故障现象的各种变化,从而抓住故障现象特征,缩小故障可能发生的区域,便于分析故障原因,确定故障部位。两大机构的常见故障、故障现象及故障原因见表 2-1。

两大机构的常见故障、故障现象及故障原因　　表 2-1

序号	常见故障	故障现象	故障原因
1	汽缸压力不足	(1)动力下降; (2)油耗升高	(1)汽缸盖损坏; (2)活塞环安装不当或活塞与活塞环严重磨损; (3)气门与气门座不密封; (4)气门弹簧折断; (5)火花塞衬垫损坏; (6)机油压力低; (7)配气机构传动副磨损严重
2	发动机异响	(1)发动机运动件间的响声; (2)气流惯性的响声; (3)燃烧室内异常响声	(1)机件磨损; (2)机件装配、调整不当,配合间隙过大或过小; (3)爆燃或早燃; (4)紧固件松脱; (5)机件损坏、断裂、变形、碰擦; (6)机件工作温度过高或由此而熔化卡滞; (7)润滑不良; (8)回转件平衡遭破坏; (9)使用材料、油料和配件的材质、型号、规格、品质不符要求

二、冷却系统与润滑系统的故障诊断与检测

(一)冷却系统与润滑系统的作用及组成

1. 冷却系统

冷却系统的功用是将受热零件吸收的部分热量及时散发出去,保证发动机在最适宜的温度状态下工作。水冷发动机的冷却系统通常由冷却水套、水泵、风扇、散热器、节温器等组成,如图 2-3a)所示。

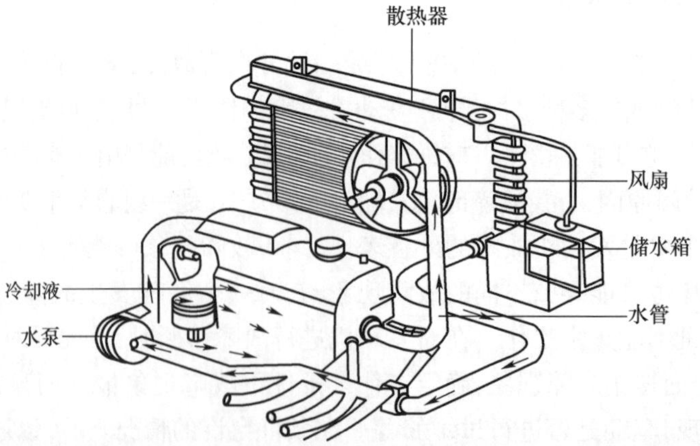

a)

图 2-3

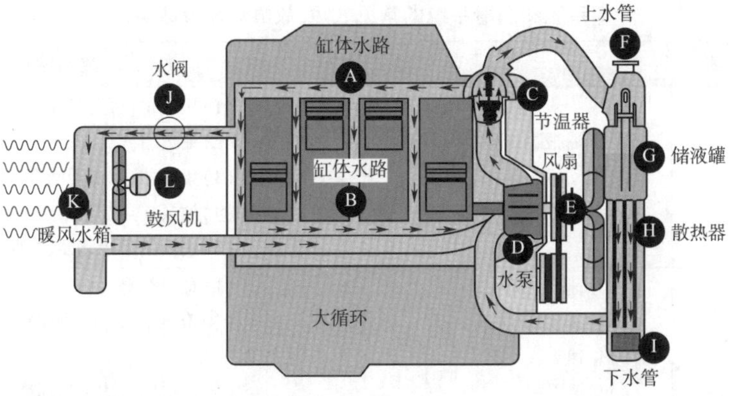

b)

图 2-3　冷却系统的组成

2. 润滑系统

润滑系统(图 2-4)的功用是向做相对运动的零件表面输送定量的清洁润滑油,以实现液体摩擦,减小摩擦阻力,减轻机件的磨损,并对零件表面进行清洗和冷却。润滑系统通常由润滑油道、机油泵、机油滤清器和一些阀门等组成。

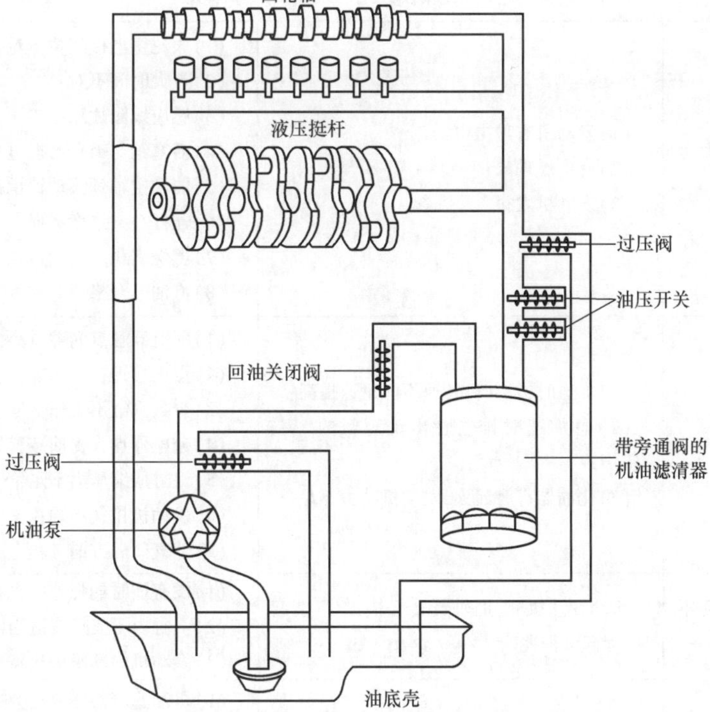

图 2-4　润滑系统的组成

(二)常见故障及原因分析

冷却系统和润滑系统故障繁多,具体常见故障、故障现象及故障原因见表 2-2。

冷却系统和润滑系统的常见故障、故障现象及故障原因　　表 2-2

序号	常见故障	故障现象	故障原因
1	机油压力过低	(1)机油报警灯亮； (2)发动机过热； (3)动力不足	(1)机油量不足； (2)油道堵塞； (3)集滤器、滤清器堵塞； (4)油泵损坏； (5)机油压力传感器、线路损坏
2	怠速不稳	(1)怠速不正确； (2)怠速太低、太高； (3)怠速运转不柔； (4)怠速不稳	(1)怠速混合气变稀，混合气过浓； (2)高压线不良，造成缺火、火花弱、点火正时不准； (3)汽缸压力达不到标准
3	不来油或来油不畅	(1)在点火系工作正常的情况下，发动机不能起动或行驶中熄火； (2)拉阻风门或多次踩加速踏板，勉强能发动，加速时化油器有回火现象，但很快就熄火； (3)用手泵油，待浮子室油满后，发动机能短时间运转，但时间不长就逐渐熄火； (4)发动机在运转中逐渐熄火	(1)油箱开关未开，加油口盖不通气； (2)油箱无油或油量不足； (3)油管堵，油管接头松动或喇叭口破裂； (4)油路中有空气，产生气阻； (5)油泵摇臂与凸轮间隙过大，影响正常工作； (6)滤网、主量孔、浮子室出油孔堵或针阀浮子卡死
4	发动机运转不平稳	(1)发动机有敲击声； (2)有爆燃现象； (3)发动机发抖	(1)火花塞电极间隙不对； (2)点火时间不对； (3)感应线圈故障； (4)活塞销与销孔磨损过大； (5)曲轴主轴颈滚动轴承磨损； (6)连杆小头过度磨损； (7)燃烧室积炭； (8)汽油不合格
5	加速不良	(1)加速时，发动机转速不能迅速提高； (2)急加速时排气管出现短暂的“突、突”声； (3)化油器有时回火，发动机动力不足	(1)断电器触点间隙过小； (2)点火过迟； (3)少数汽缸不工作； (4)分电器点火提前装置失灵； (5)汽缸压缩压力不足； (6)发动机排气不顺； (7)节气门后方漏气
6	发动机不能起动	起动发动机时，曲轴旋转轻快，但不能起动，无起动征兆	(1)没有适时的强烈电火花产生于汽缸内； (2)汽缸内不能形成适当浓度的混合气； (3)发动机内部机械故障
7	机油压力过高	发动机运行中机油将机油滤清器等密封圈冲裂或发动机起动后机油压力增至0.49MPa以上	(1)机油滤清器堵塞且旁通阀开启困难； (2)曲轴箱通风阀(PCV 阀)堵塞； (3)汽缸体主油道堵塞； (4)机油黏度过高； (5)限压阀调整不当； (6)机油压力表或传感器失效

续上表

序号	常见故障	故障现象	故障原因
8	发动机过热	(1)汽车在行驶中冷却液温度超过90℃，冷却液温度表针指向红线； (2)运行中冷却液温度在90℃以上，如一停车冷却液立即沸腾； (3)发动机在加速时伴随有明显的金属敲击声，同时动力不足，冷却液温度警告灯闪亮	(1)冷却系统堵塞或水道中有水垢； (2)水泵损坏； (3)节温器失灵； (4)风扇电动机损坏； (5)百叶窗关闭或开度不足； (6)散热器热片倾倒过多或泥沙堵塞； (7)点火时间过迟或配气相位不对； (8)发动机燃烧室积炭过多； (9)冷却液严重泄漏； (10)机油油量不足或黏度太大； (11)混合气太浓或过稀
9	发动机过冷	(1)发动机运转一定时间后温度仍低于正常工作温度； (2)冷却液温度表指示值低于发动机正常工作温度； (3)发动机乏力，排气管时有放炮声	(1)节温器阀门常开； (2)百叶窗不能关闭； (3)风扇常开； (4)冷却液温度表及其线路故障； (5)冷却液温度传感器损坏

三、常见故障诊断实训

项目1：机油压力过低

1. 教学目标

(1)了解润滑系统的组成、作用、工作原理；

(2)熟悉润滑系统的故障检测方法。

2. 项目基础

(1)润滑系统的作用：润滑、冷却、密封、清洁、防锈。

(2)润滑方式：压力润滑、飞溅润滑、定期润滑。

(3)丰田卡罗拉润滑系统的组成如图2-5所示。

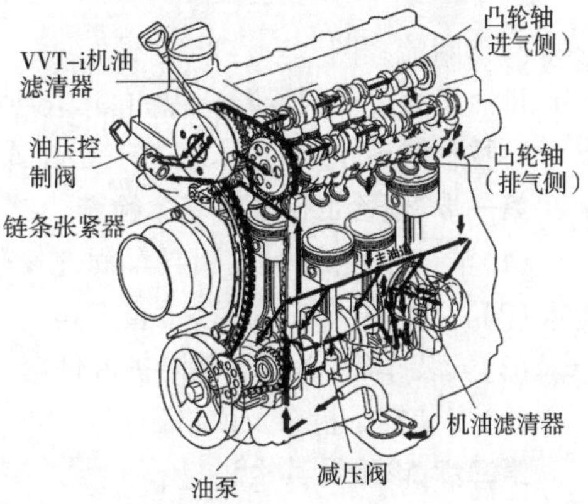

图2-5　润滑系统的组成

3. 技术标准及要求

润滑系统的技术标准及要求见表2-3。

润滑系统的技术标准及要求　　表2-3

序　号	内　容	要　求
1	油压	0.3MPa
2	油底壳螺栓力矩	37N·m
3	机油滤清器力矩	18N·m
4	机油量	4.2L

4. 故障现象描述

(1)驾驶室内仪表板间歇提示"发动机油压过低"。

(2)发动机在正常工作温度和转速下,机油压力报警灯点亮。

5. 教学组织

每辆车安排4名学生参与实训,学生每2人为一组,一组操作,另一组观察学习;教师讲解操作步骤和注意事项,在工位间巡视、检查、指导和纠正错误。

6. 教学资源、实训器材

卡罗拉轿车一辆、套筒扳手、机油4.2L、扭力扳手、抹布、防护手套、油底壳螺栓垫子、机油加注漏斗。

7. 检测与诊断流程

1)原因分析

(1)机油量不足。

(2)油道堵塞。

(3)集滤器、滤清器堵塞。

(4)油泵损坏。

(5)机油压力传感器、线路、行车电控单元损坏。

根据诊断原则,先检查机油油质及其机油压力传感器、线路和行车电控单元。

想一想

摩擦件之间为什么需要润滑?

2)诊断流程图

机油压力过低的诊断流程如图2-6所示。

3)操作步骤(以丰田卡罗拉1.8AT车型为例)

第一步:预检工作及其基本检查

(1)清理车间障碍物,引导车辆进入车间。

(2)检查车辆停放位置,检查工具。

(3)安装车轮挡块,安装防护五件套。

(4)安装翼子板布及前格栅布。

第二步:诊断及其检测

(1)起动发动机,观察仪表板机油压力指示灯。

(2)拔出机油尺,检查机油油面高度及油质。

小提示

机油色已发黑、过脏、已变质,初步诊断为因为机油过脏引起堵塞造成故障,应该更换机油,清洗润滑系统。

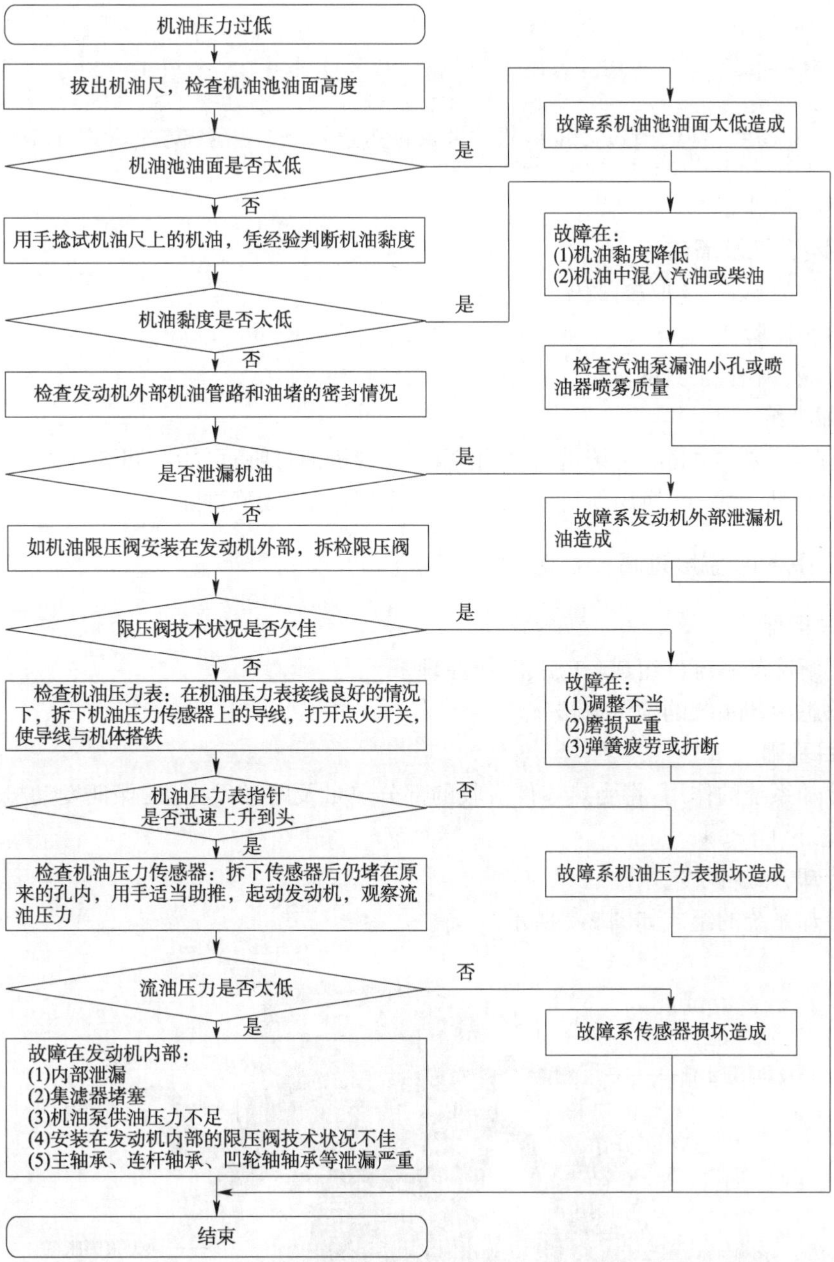

图2-6　机油压力过低的诊断流程图

(3)检测机油压力传感器,机油压力传感器正常电阻值及测量值见表2-4。

机油压力传感器正常电阻值及测量值　　表2-4

条　　件	正常电阻值	实际测量值	结果判断
施加0.3MPa压力	>1MΩ	∞	正常
未施加压力	<0.1Ω	0	

(4)检查行车电控单元。

做一做

起动发动机,将机油压力传感器信号线断开和搭铁,观察行车电控单元如何显示。

(5)更换机油。

第三步:验证及清洁

(1)清除故障码,读取故障码。

(2)道路试验。

(3)车辆、场地、工具的清洁。

8.故障小结

根据理论分析,对润滑系统进行全面检查,发现机油过脏,可能对润滑系统造成堵塞,通过对润滑系统进行清洁,换用新机油,机油压力恢复正常,故障排除。

项目2:冷却液温度过高

1.教学目标

(1)了解冷却系统的组成、作用、工作原理。

(2)熟悉冷却系统的检测方法。

2.项目基础

(1)冷却系统的作用:将受热零件吸收的部分热量及时散发出去,保证发动机在最适宜的温度状态下工作。

(2)冷却方式:风冷、水冷。

(3)冷却系统的组成如图2-7所示。

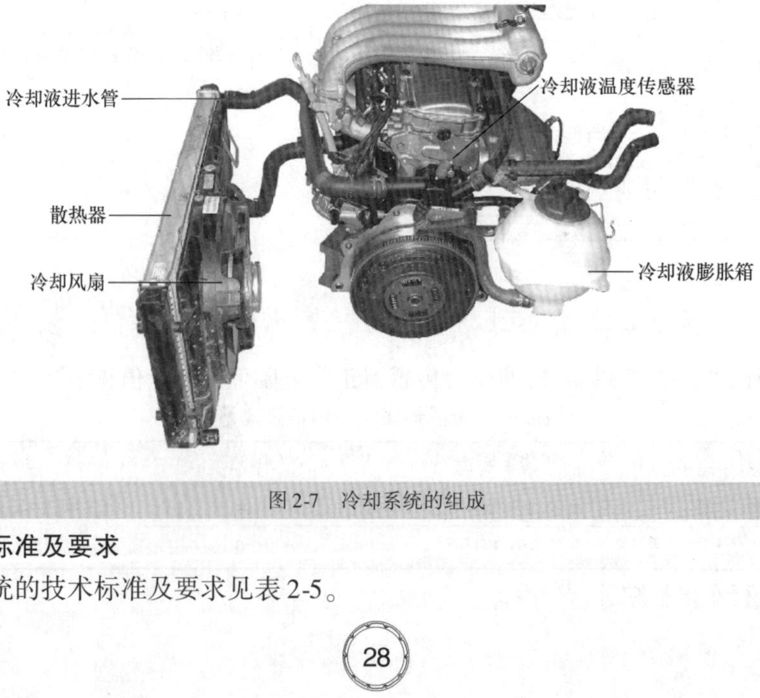

图2-7 冷却系统的组成

3.技术标准及要求

冷却系统的技术标准及要求见表2-5。

冷却系统的技术标准及要求　　表 2-5

序　号	内　容	要　求
1	节温器	80 ~ 90℃缓慢开启
2	风扇	90℃以上开始旋转
3	冷却液温度传感器	(1)装配力矩 20N·m; (2)20℃时,电阻值为 2.32 ~ 2.59kΩ; (3)80℃时,电阻值为 0.31 ~ 0.326kΩ

4. 故障现象描述

(1)发动机冷却液温度超高。

(2)发动机动力不足。

(3)车速下降有制动感。

(4)发动机故障灯亮,冷却液温度表指向红线区域。

5. 教学组织

每辆车安排 4 名学生参与实训,学生每 2 人为一组,一组操作,另一组观察学习;教师讲解操作步骤和注意事项,在工位间巡视、检查、指导和纠正错误。

想一想

冷却液温度的热源来自哪些地方?

6. 教学资源、实训器材

卡罗拉轿车一辆、套筒扳手、扭力扳手、抹布、防护手套。

7. 检测与诊断流程

1)原因分析

(1)冷却系堵塞或水道中有水垢。

(2)水泵损坏。

(3)节温器失灵。

(4)风扇电动机损坏。

(5)散热器散热片倾倒过多或泥沙堵塞。

(6)点火时间过迟或配气相位不对。

(7)发动机燃烧室积炭过多。

(8)冷却液严重泄漏。

(9)机油油量不足或黏度太大。

根据诊断原则,先检查机油油质及其机油压力传感器、线路和行车电控单元。

2)诊断流程图

冷却液温度过高的诊断流程图如图 2-8 所示。

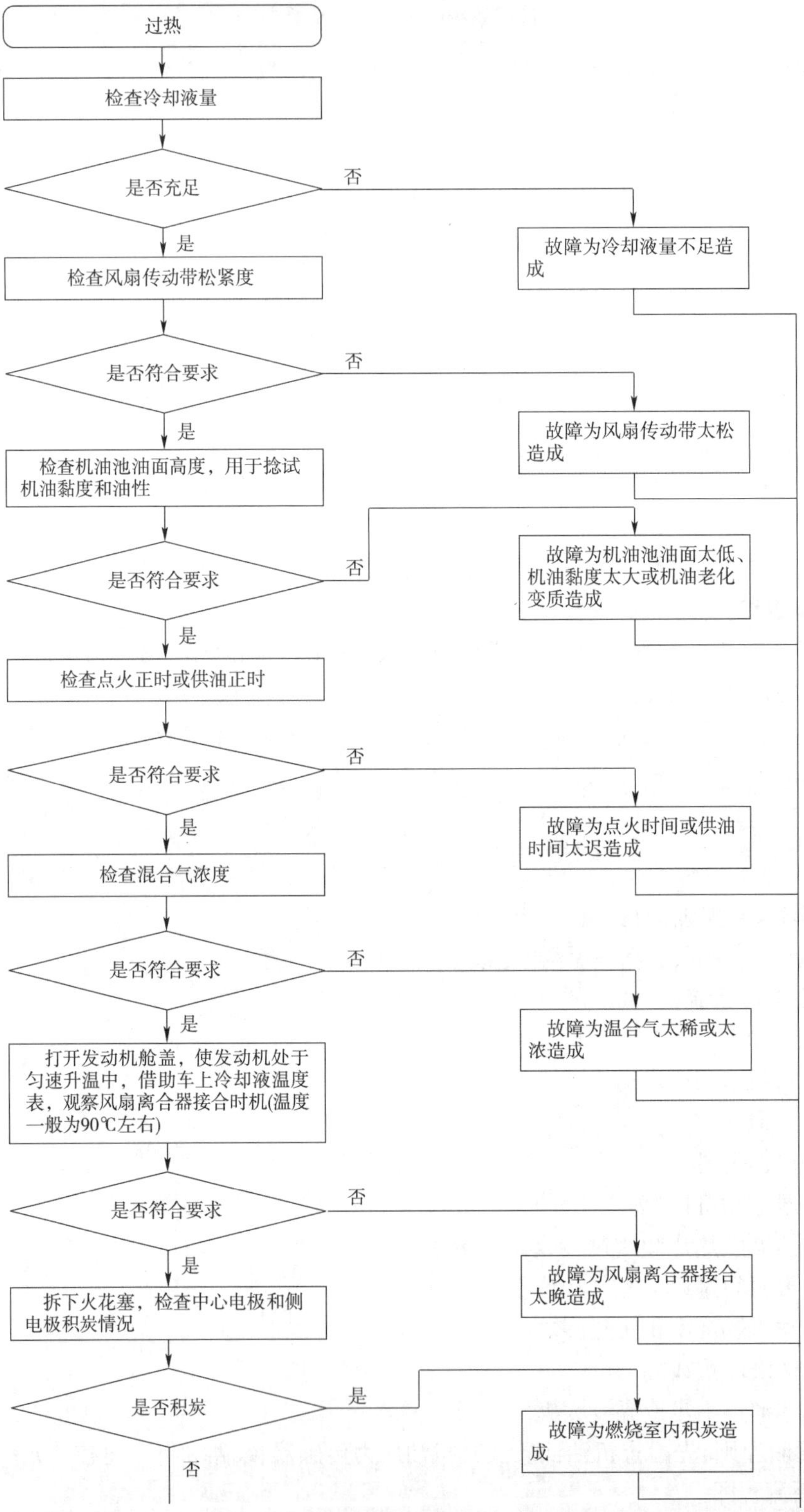
过热
检查冷却液量
是否充足
否
故障为冷却液量不足造成
是
检查风扇传动带松紧度
是否符合要求
否
故障为风扇传动带太松造成
是
检查机油池油面高度，用于捻试机油黏度和油性
是否符合要求
否
故障为机油池油面太低、机油黏度太大或机油老化变质造成
是
检查点火正时或供油正时
是否符合要求
否
故障为点火时间或供油时间太迟造成
是
检查混合气浓度
是否符合要求
否
故障为温合气太稀或太浓造成
是
打开发动机舱盖，使发动机处于匀速升温中，借助车上冷却液温度表，观察风扇离合器接合时机(温度一般为90℃左右)
是否符合要求
否
故障为风扇离合器接合太晚造成
是
拆下火花塞，检查中心电极和侧电极积炭情况
是否积炭
是
故障为燃烧室内积炭造成
否

图　2-8

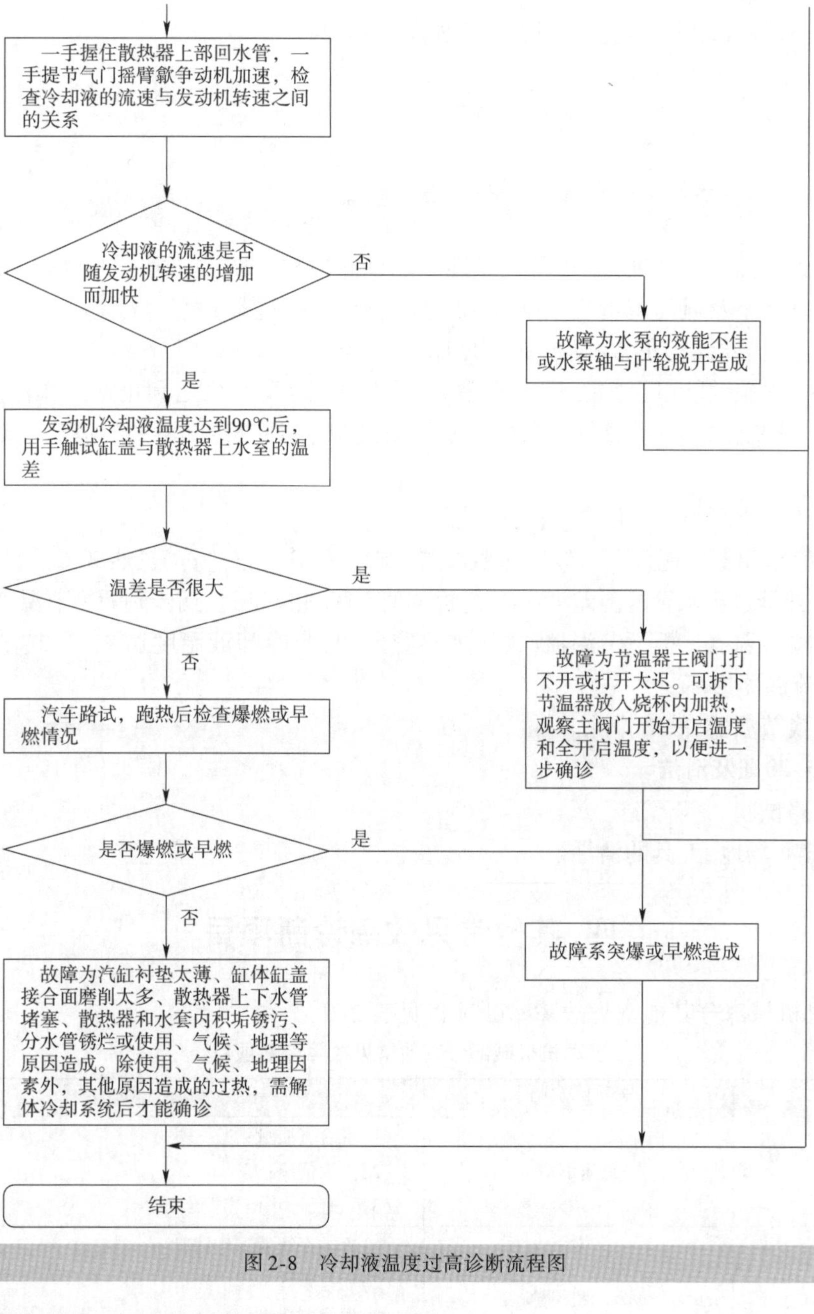

图 2-8　冷却液温度过高诊断流程图

3)操作步骤(以丰田卡罗拉 1.8AT 车型为例)

第一步:预检工作及其基本检查

(1)清理车间障碍物,引导车辆进入车间。

(2)检查车辆停放位置,检查工具。

(3)安装车轮挡块,安装防护五件套。

(4)安装翼子板布及前格栅布。

第二步:诊断及其检测

(1)检查冷却液液面高度(□正常/□过高/□过低)。

小提示

切忌发动机冷却液温度超高时打开散热器盖。

(2)检查机油油面高度(□正常/□过高/□过低)及黏度(□正常/□过稀/□过脏)。

(3)检查水泵及风扇皮带松紧度(□正常/□过松/□过紧)。

(4)检查散热器(□正常/□过脏/□损伤)。

(5)检查水泵效能(□正常/□不正常)。操作方法:发动机达到正常工作温度,一手握住散热器上部进水管,一手提节气门摇臂使发动机加速,检查冷却液的流速与发动机转速之间的关系。

(6)检查点火正时(□正常/□过早/□过迟)。

(7)检查节温器效能(□正常/□过脏/□损伤)。操作方法:发动机达90℃后,用红外线测温仪检测散热器进出水管的温差为4℃,与标准值20℃相差甚远,初步判断为节温器故障。

(8)拆检节温器。拆下节温器,放入加热容器中,当冷却液温度达95℃时,节温器未开启,诊断为节温器损坏。

(9)更换节温器,故障排除。

第三步:验证及清洁

(1)道路试验。

(2)车辆、场地、工具的清洁。

四、其他常见故障诊断项目

发动机机械部分其他常见故障诊断项目见表2-6。

发动机机械部分其他常见故障诊断项目 表2-6

项目序号	常见故障	主要检测项目
1	怠速不稳	(1)混合气质量; (2)点火情况; (3)汽缸压力
2	发动机过热	(1)冷却系统的工作情况; (2)润滑系统工作情况; (3)混合气质量; (4)运动件之间的配合
3	发动机异响	(1)曲轴主轴承异响; (2)连杆轴承和活塞销异响; (3)活塞敲缸; (4)气门异响; (5)正时齿轮异响

续上表

项目序号	常见故障	主要检测项目
4	发动机运转不稳	(1)点火系统工作情况； (2)燃油供给系统工作情况； (3)飞轮动平衡
5	发动机加速不良	(1)点火系统； (2)燃油供给系统； (3)进气系统
6	发动机不能起动	(1)曲轴位置传感器； (2)点火系统； (3)电子控制系统
7	汽缸压力不足	(1)汽缸盖平面度； (2)汽缸垫的密封情况； (3)活塞及活塞环； (4)气门与气门座间的密封情况

单元小结

(1)曲柄连杆机构、配气机构中有许多高速运动的零部件,在汽车的使用过程中,磨损会使各配合副间隙增大,导致汽缸密封性下降,运动件随冲击荷载加剧,对外表现为发动机动力性变差,燃油、机油消耗增加,还会引发多种异响。

(2)润滑系统的主要功用是减少运动件的摩擦和磨损,同时兼有清洗、冷却、密封、防锈作用。润滑系统的常见故障有机油压力过高、机油压力过低、机油变质等。在发动机正常工作情况下,机油压力应为 196 ~ 392kPa,不同的车型略有差异,当机油压力报警灯点亮时,必须查明原因,排除故障后方可继续行驶。

(3)冷却系统的功用是保持发动经常处于合适的工作温度防止出现过冷、过热情况。轿车大多采用全封闭式冷却系统,发动机工作时系统压力大于大气压力,冷却液在 110℃以上也不会沸腾,冷却液温度表指示超过 100℃,只要指针不过红线,冷却液温度报警灯不亮都是正常的。冷却系统的常见故障有发动机过热、过冷和漏水等。

思考与练习

一、填空题

1. 润滑系统故障主要有：____________、____________、____________。

2. 要使发动机正常工作,需要有足够的__________、准确的__________及必要的__________、__________的混合气浓度。

3. 机油滤清器的装配力矩一般为__________N·m。

4. 发动机工作达到正常温度后,散热器进出水管处的温差应为__________℃。

二、选择题

1. 以下(　　)原因与发动机运转不稳无关。

A. 低压电路接触不良　　B. 分火头漏电　　C. 附加电阻断路

2. 发动机突然熄火,故障一般在(　　)。

A. 油路　　B. 电路　　C. 机械故障

3. 机油压力过低的原因可能是(　　)。

A. 机油黏度过大　　B. 润滑系统油道堵塞　　C. 油平面过低

4. 冷却液温度过低的原因可能是(　　)。

A. 发动机缺水　　B. 节温器损坏　　C. 点火过迟

三、简答题

1. 发动机加速不良,如何确定故障部位?

2. 导致机油压力过低的主要原因有哪些?

3. 汽缸压力不足的原因有哪些?

4. 发过机过热,如何确定故障部位?

单元三　发动机电子控制系统的故障诊断与检测

学习目标

完成本单元学习后,你应该能:

1. 清楚发动机燃油喷射系统的基本组成、各系统的作用、工作原理;
2. 学会描述发动机故障诊断过程;
3. 熟悉发动机故障检测仪器的使用方法;
4. 熟练掌握发动机燃油喷射系统故障的常用诊断方法;
5. 掌握发动机电子控制系统传感器的故障检测与排除;
6. 熟悉发动机电子控制系统执行器、燃油系统的故障检测与排除。

建议学时:24 学时

电控汽油喷射系统尽管形式多样,但它们都具有相同的控制原则,即以电子控制单元(ECU)为控制核心,以空气流量和发动机转速为控制基础,以喷油器为控制对象,保证发动机在各种工况下获得最佳的混合气浓度,以满足发动机动力性、经济性和排放要求。相同的控制原则决定了各类电控汽油喷射系统具有相同的组成和类似的结构,如图 3-1 所示。电控汽油喷射系统由以下三个子系统组成:空气供给系统、燃油供给系统和电子控制系统。

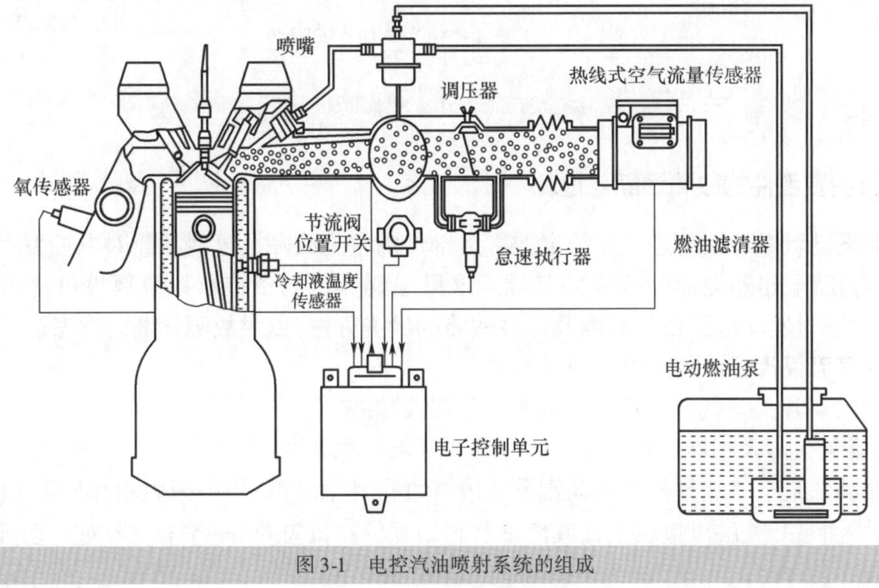

图 3-1　电控汽油喷射系统的组成

一、进气系统的故障诊断与检测

(一)进气系统的作用及组成

空气供给系统的作用是向发动机提供与负荷相适应的清洁的空气,同时对流入发动机汽缸的空气质量进行直接或间接计量和控制进入发动机汽缸的空气量,使它们在系统中与喷油器喷出的汽油形成空燃比符合要求的可燃混合气。进气系统主要包括空气滤清器、空气流量传感器或进气压力传感器、节气门阀体(或电子节气门)、进气歧管和怠速控制阀(ISC)等。空气经过滤清器、空气流量传感器后进入汽缸,空气供给系统的组成和进气流程如图 3-2 所示。

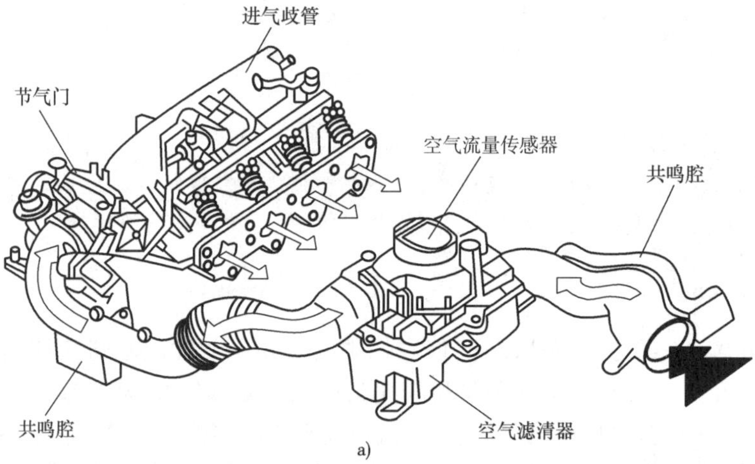

a)

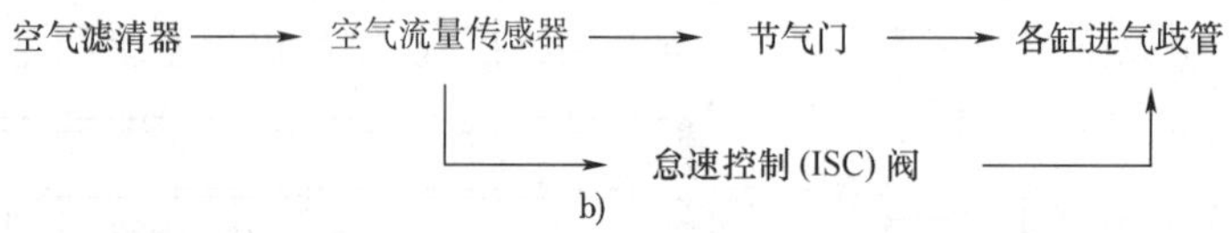

b)

图 3-2 空气供给系统的组成和进气流程

(二)主要部件的故障诊断与检测

了解发动机燃油喷射进气系统电控部分部件的常见故障及这些故障对电控发动机工作的影响,是正确、迅速地诊断故障的基础。这里主要介绍电子控制系统部件可能出现的故障,这些故障对发动机工作的影响及部件故障的检查方法,以供故障诊断时参考。

1. 空气流量传感器的常见故障及检查

1)旋转翼片式空气流量传感器的常见故障及检查

(1)常见故障及影响。

旋转翼片式空气流量传感器的常见故障有电位计滑片与碳膜电阻接触不良、电阻值发生变化、燃油泵开关触点接触不良或传感器转轴复位弹簧失效等,各个故障对发动机工作的影响见表 3-1。

旋转翼片式空气流量传感器常见故障及其影响　　表 3-1

故障部位	对电控燃油喷射系统的影响	对电控发动机的影响
电位计电阻值不准确	传感器空气流量信号不正确	发动机功率下降,运转不平稳,油耗增加
电位计滑片与碳膜电阻接触不良	传感器空气流量信号时有时无	发动机间断运行或不工作
传感器转轴复位弹簧变弱(失效)	喷油量过多	发动机油耗及排污上升,排气管放炮
燃油泵开关触点接触不良	起动后燃油泵断电不工作	发动机起动困难或发动机起动后随即熄火

(2)检查方法。

首先查看空气流量传感器本体有无开裂、测量板转动是否发卡、转轴是否松旷等。若有上述不良情况则需更换空气流量传感器;若无,用万用表的欧姆挡测量空气流量传感器插座上各端子间的电阻是否正常,若不正常则需更换空气流量传感器。

测量空气流量信号端子电阻时,还需慢慢转动测量板,看万用表的电阻值变化情况。如果随测量板的转动,电阻值忽大忽小或有间断出现电阻很大(∞)的情况,均为空气流量传感器不良,需更换。测量燃油泵开关端子,在测量板关闭时(初始位置)电阻值应为∞,只要测量板一打开,电阻就应为0;否则,说明燃油泵开关触点接触不良。测量进气温度热敏电阻值端子时,需同时测量环境温度。

2)热线(热膜)式空气流量传感器的常见故障及检查

(1)常见的故障及影响。

热线(热膜)式空气流量传感器较为常见的故障是热线(热膜)脏污、热线断路(热膜损坏)和热敏电阻不良等,各个故障对发动机的影响见表3-2。

热线(热膜)式空气流量传感器的常见故障及影响　　表 3-2

故障部位	对电控燃油喷射系统的影响	对电控发动机的影响
热线(热膜)脏污	空气流量信号电压下降而使供油量过小	发动机运转不平稳或不工作,发动机运转无力,加速不良
热线断路(热膜损坏)	无空气流量信号输出	发动机不能工作
热敏电阻不良	空气流量信号电压不准确	发动机油耗过高或运转不正常

(2)故障检查方法。

①就车检查方法。将空气流量传感器线束插接件橡胶罩拔开,在发动机转动和停转的情况下测出空气流量传感器的输出电压,看是否正常。由于就车检查时,空气流量传感器还与控制器(电控单元)连接,电控单元故障也会使空气流量传感器信号失常。故就车检查空气流量传感器信号异常时,还不能断定就是空气流量传感器的故障,需拆开与电控单元的连接件,做进一步的检查。

②拆下后的元件检查。将空气流量传感器线束插接器拔开,在空气流量传感器相应端子上接上蓄电池电压,然后测其输出信号电压,如果信号电压正常(1.5V 左右),再向空气流量传感器吹入空气,信号电压应随风量的大小变化而灵敏地变化。如果信号电压在风量变化时不变、变化极小或变化迟缓等均为空气流量传感器损坏;否则,为电控单元故障。

2. 节气门体与节气门位置传感器的常见故障及检查

1)常见故障及影响

节气门体与节气门位置传感器的常见故障及影响见表3-3。

节气门体与节气门位置传感器的常见故障及影响　　表3-3

故障部位	对电控燃油喷射系统的影响	对电控发动机的影响
节气门黏附积炭	节气门关闭不严	怠速不稳或怠速过高不能调低
怠速空气道堵塞	怠速时空气量不足	怠速不稳或无怠速
节气门位置传感器怠速触点接触不良	无怠速信号	怠速不稳或无怠速
节气门位置传感器全负荷触点接触不良(开关量输出型)	无全负荷信号	发动机加速困难
节气门位置传感器电位计电阻值不准确(线性输出型)	节气门位置信号不正确	发动机动力不足、运转不平稳,加速性差
节气门位置传感器电位计滑头与电阻接触不良(线性输出型)	节气门位置信号时有时无	发动机工作性能不良,发抖、喘振、加速性差、发动机加速失速
节气门位置传感器怠速触点调整不当	怠速信号不正确	发动机怠速不稳、怠速熄火或怠速过高不能调低,开空调(或用动力转向)时熄火

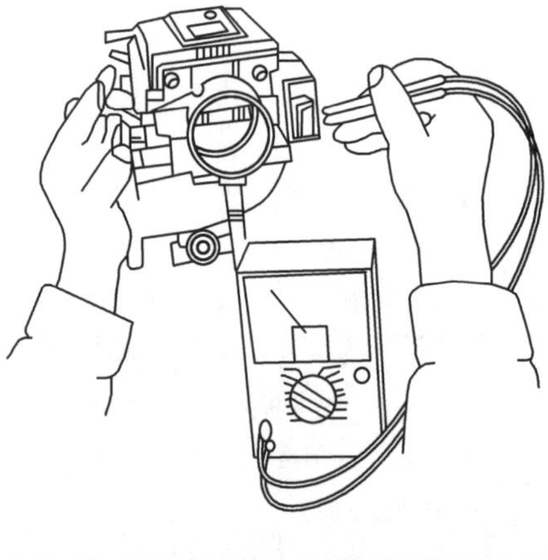
图3-3　开关量输出型节气门位置传感器的检查

2)故障检查及调整方法

(1)故障检查方法。

①检查节气门拉索运动是否有发卡、复位过于迟缓等现象。

②如为怠速不能调低,将辅助空气软管夹紧;若怠速仍然不能下降,则需拆检节气门体。检查节气门是否能关闭、怠速空气道有无堵塞等。

③拔去节气门位置传感器的线束插接器。对于开关量输出型节气门位置传感器,可用万用表欧姆挡在节气门位置传感器接线插座上测量怠速触点和全负荷触点的导通情况,如图3-3所示。当节气门全闭时,怠速触点应导通;当节气门全开或接近全开时,全负荷触点应导通,在其他开度下,两触点均应不导通。否则,应调整和更换节气门位置传感器。

对于线性输出型节气门位置传感器,则用万用表测量节气门开度端子的电阻,如图3-4所示,图中E和V_t端子之间的电阻应能随节气门开度增大而呈线性连续增大,如果电阻值忽大忽小或为∞,都需更换节气门位置传感器。

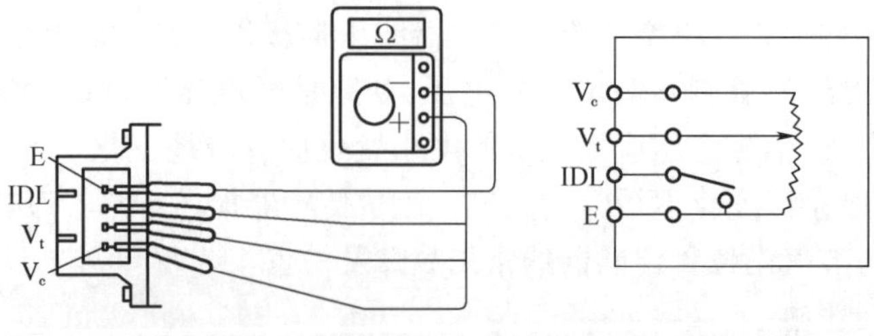

图3-4　线性输出型节气门位置传感器的检查

(2)节气门位置传感器的调整方法。

①拧松节气门位置传感器的两个固定螺钉,如图3-5a)所示。

②将规定厚度(如0.35mm)的厚薄规插入节气门限位螺钉和限位杆之间,同时用万用表欧姆挡测量怠速触点的导通情况,即测量如图3-5b)中所示的IDL和E端子间的导通性。

③逆时针转动节气门位置传感器,使怠速触点断开,然后按顺时针方向慢慢地转动节气门位置传感器,直到怠速触点闭合为止。

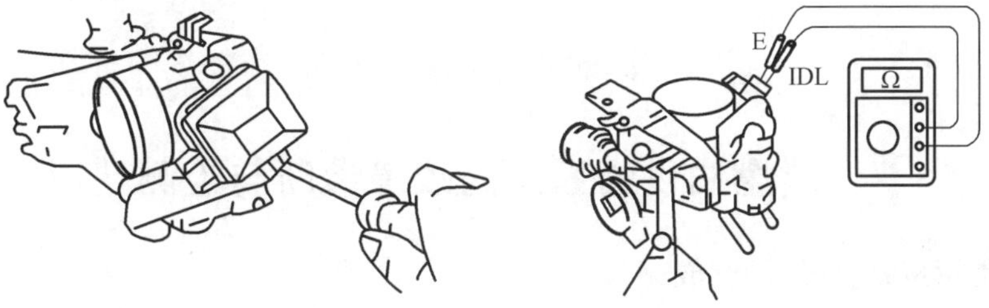

a)　　b)

图3-5　节气门位置传感器的调整

④拧紧节气门位置传感器的两个固定螺钉。

⑤分别用比规定厚度小0.50mm的厚薄规(如0.30mm和0.40mm的厚薄规)插入节气门限位螺钉和限位杆之间,同时测量怠速触点的导通情况。当厚薄规厚度为0.30mm时,怠速触点应导通;当厚薄规厚度为0.40mm时,怠速触点应断开。否则,应重新调整或更换节气门位置传感器。

3.进气歧管压力传感器的常见故障及检查

1)常见故障及影响

进气歧管压力传感器的常见故障及影响见表3-4。

进气歧管压力传感器的常见故障及影响　　表3-4

故障部位	对电控燃油喷射系统的影响	对电控发动机的影响
真空软管老化、破裂	不能准确反映进气歧管绝对压力,进气量检测信号不准确,从而影响基本喷油量	发动机工作性能不良,加速性差,油耗增加,发动机无力
压力转换元件损坏	不能准确测量进气量	发动机起动困难,动力不足,工作性能不良,油耗增加,加速性差

2)检查方法

(1)首先检查连接在进气歧管上的真空软管有无破裂、老化、压瘪等现象。

(2)然后打开点火开关,但不要起动发动机。

(3)拔下连接进气歧管压力传感器与进气歧管的真空软管,如图3-6a)所示,在电控单元线束插接器处用万用表电压挡测量进气歧管压力传感器在大气压力状态下的输出电压,如图3-6b)所示,并记下这一电压值。

(4)用手持真空泵向进气歧管压力传感器内施加真空,从13.3kPa开始,每次递增从13.3kPa,一直增加到66.7kPa为止。测量在不同真空度下进气歧管压力传感器的输出电压。该电压值应能随真空度的增大而不断下降。将不同真空度下的输出电压下降量与标准值相比较,如不符,应更换进气歧管压力传感器。

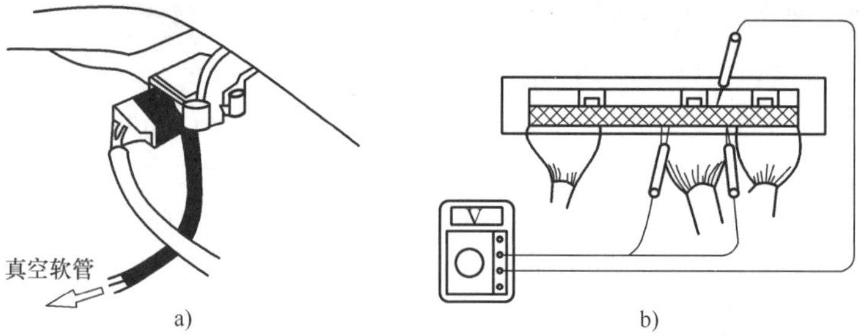

图 3-6　进气歧管压力传感器的检测

二、燃油供给系统的故障诊断与检测

(一)燃油系统的作用及组成

燃油供给系统的功用是:电动汽油泵向喷油器提供足量的具有一定压力的汽油,根据发动机不同工况的要求,喷油器根据来自 ECU 的控制信号,向进气歧管内进气门上方喷射定量的汽油,配制一定数量和浓度的可燃混合气,供入汽缸,并燃烧做功。燃油供给系统由汽油箱、电动汽油泵、汽油滤清器、燃油分配管、油压调节器、喷油器、冷起动喷嘴和输油管等组成,有的还设有油压脉动缓冲器。燃油供给系统的组成和燃油供给流程图如图 3-7 所示,汽油从油箱内由电动汽油泵吸出经汽油滤清器后,由油压调节器调整燃油压力,再经输油管分配给各喷油器和冷起动喷油器。喷油器根据电控单元发来的脉冲信号,把适量汽油喷射到进气歧管中。

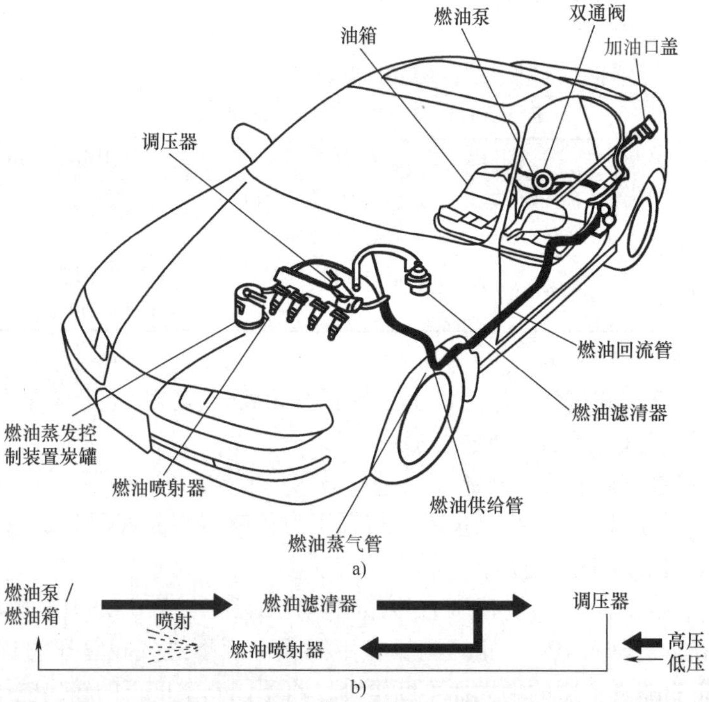

图 3-7　燃油供给系统的组成和燃油供给流程图

1. 油泵的控制电路

EFI系统油泵的基本控制要求是:只有在发动机处于运转状态时,油泵才泵油;发动机不运转,接通点火开关,油泵也不工作。燃油泵在发动机低速或中小负荷下工作时,需要的供油量相对较小,此时油泵也应低速运转,这样可减少油泵的磨损、噪声以及不必要的电能消耗;而在发动机高转速或大负荷下工作时,需要供油量相对较大,此时油泵应高速运转,以增加油泵的泵油量。一般油泵转速控制分低速和高速两级。目前,常见到的油泵转速控制方式有以下两种:利用串联电阻器控制油泵的转速和利用油泵控制模块(油泵ECU)控制油泵的转速。

(1)采用油泵开关控制的油泵控制电路如图3-8所示,此控制方法运用于使用叶片式空气流量传感器的L型EFI系统中。

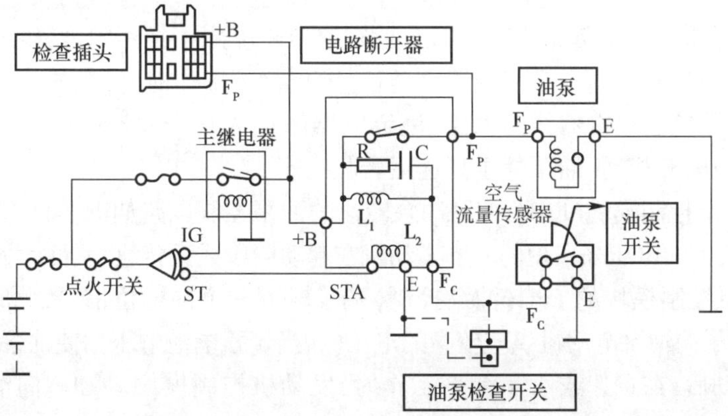

图3-8　油泵开关控制的油泵控制电路

(2)采用ECU控制的油泵控制电路如图3-9所示,此控制方法运用于使用D型EFI系统及使用热线式空气流量传感器和卡门涡旋式空气流量传感器的L型系统中。

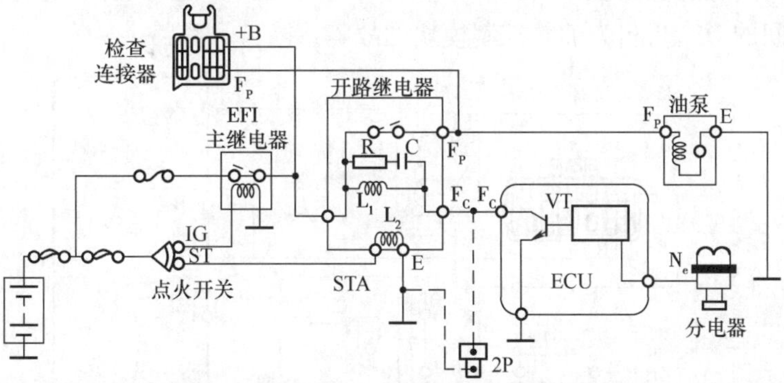

图3-9　ECU控制的油泵控制电路

(3)采用串联电阻器控制油泵转速的油泵控制电路如图3-10所示。它在油泵控制电路中,增设一个电阻器(降压电阻)和油泵控制继电器(电阻器旁路继电器)对油泵转速进行二级控制(高速、低速)。发动机工作时,发动机控制模块(ECU)根据发动机转速和负荷,对油泵控制继电器进行控制,油泵控制继电器则控制电阻器是否串入油泵控制电路中,使加载在油泵电动机上的电压不同,进而实现油泵转速变化。

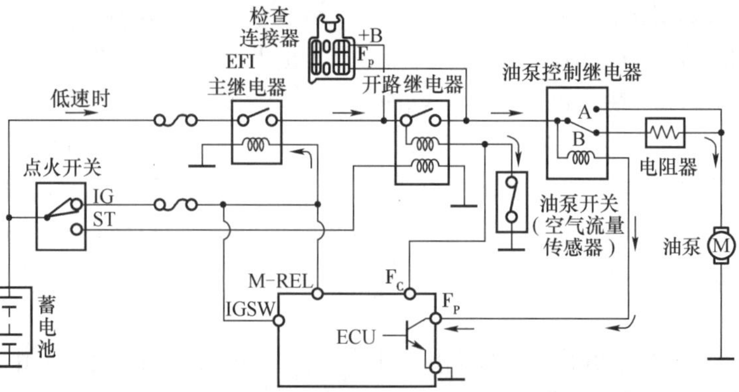

图 3-10　采用串联电阻器控制油泵转速的油泵控制电路

发动机在低速或中小负荷下工作时,油泵控制继电器触点 B 闭合,电阻器串入油泵电路中,油泵以低速运转。当发动机处于高转速、大负荷下工作时,发动机控制模块(ECU)输出信号,切断油泵控制继电器线圈电路,使继电器触点 A 闭合,此时电阻器被旁路接通,油泵电动机直接与电源相通,油泵处于高速运转状态。

(4)采用油泵控制模块(ECU)控制油泵转速的油泵控制电路如图 3-11 所示,是通过控制加到油泵电动机上的电压来实现的。当发动机在起动阶段或高转速、大负荷下工作时,发动机控制模块向油泵控制模块的 FPC(油泵控制)端子输入一个高电位信号,此时油泵控制模块(ECU)的 F_P 端子向油泵电动机供应较高的电压(相当于蓄电池电压),使油泵高速运转。

发动机起动后,在怠速或小负荷下工作时,发动机控制模块(ECU)向油泵控制模块的 FPC 端输入一个低电位信号,此时油泵控制模块的 F_P 端子向油泵电动机供应低于蓄电池的电压(约 9V),使油泵低速运转。

当发动机的转速低于最低转速(120r/min)时,油泵控制模块断开油泵电路,使油泵停止工作,所以此时尽管点火开关处于接通状态,油泵也不工作。图 3-11 中发动机控制模块与油泵控制模块间的 DI 电路,为油泵控制模块的故障诊断信号线路。

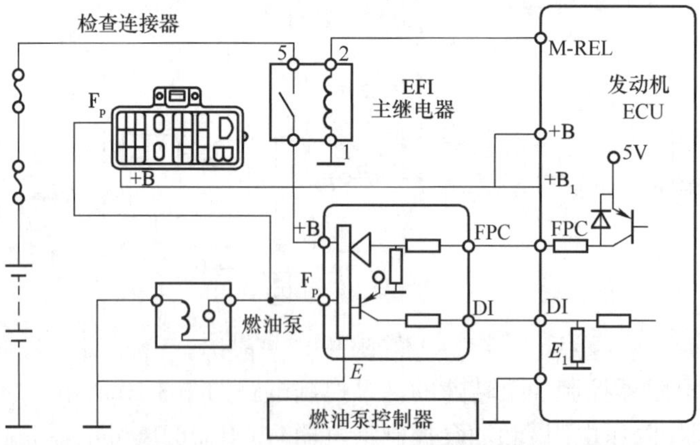

图 3-11　采用油泵控制模块(ECU)控制油泵转速的油泵控制电路

2. 燃油管

汽车一般有两条燃油管,即进油管和回油管,如图 3-12 所示。

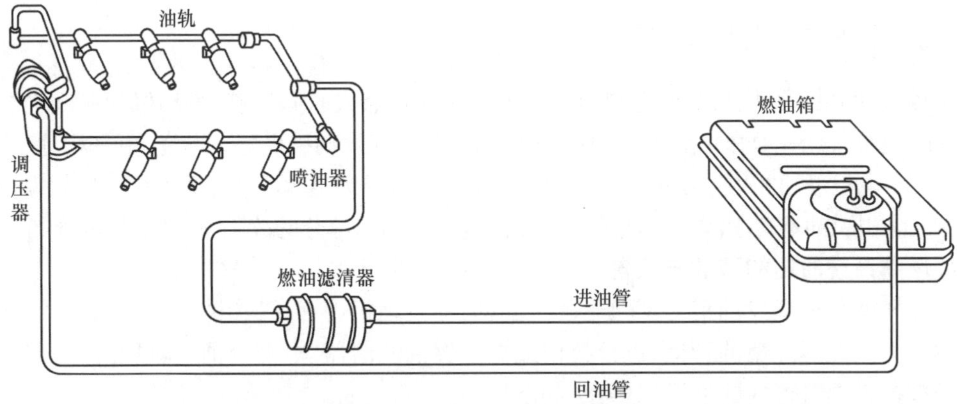

图 3-12　燃油供给系统的进油管和回油管

(1)供油管,其作用是将燃油从燃油箱输送到燃油分配管。

(2)回油管,其作用是使多余的燃油返回燃油箱。

燃油管有的是钢质的硬管,也有的是橡胶软管。这两条燃油管通常装在车身底板下或车架下。为防止路面飞起的石子损坏管道,车辆一般都安装有防护板。

小提示

一些新型轿车采用了无回油管燃油系统,这套系统使燃油不从发动机部位回流燃油,燃油滤清器和喷油器之间只有一条燃油管,这样,可以降低发动机对燃油的加热效应,从而防止油箱内温度升高,降低了燃油蒸发排放。丰田花冠、丰田威驰、东风标致307 等车型均采用这类无回油管燃油供给系统,如图 3-13 所示。

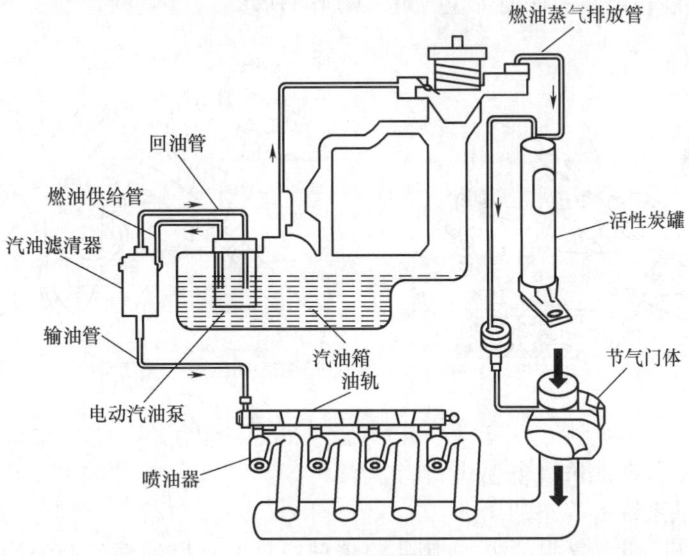

图 3-13　无回油管的燃油供给系统

(二)电控燃油喷射系统油路故障诊断

电控燃油喷射发动机,只要有油、有电,喷油时间及点火时间准确,发动机便可起动着火,余下的问题便只是一个修正问题,各种修正的精确是保证发动机更好地燃烧,更平稳地工作的关键。带有电控燃油喷射系统的发动机难于起动或根本无法起动着火,是较常见的故障,而这种故障又多由供油不良引起。下面就如何简洁地诊断油路部分的故障,作较详细的介绍。

1. 燃油系统油压的释放与预置

电控燃油喷射式发动机为了便于再次起动,在发动机熄火后,燃油管路中仍保持着较高的燃油压力。在拆卸燃油管道、进行检修或更换燃油滤清器、电动燃油泵、喷油器等部件时,应先释放掉燃油管道内的油压,其方法如下。

(1)起动发动机。

(2)在发动机运转中拔下电动燃油泵继电器(或拔下电动燃油泵电源插接器)。

(3)待发动机自行熄火后,再转动起动开关,起动发动机2~3次,燃油压力即可完全释放。

(4)关闭点火开关,装上燃油泵继电器(或插上电动燃油泵电源插接器)。在拆卸燃油管道进行检修之后,为避免首次起动发动机时因油路内尚未建立起燃油压力而使起动时间过长,应将点火开关反复打开、关闭数次,来预置燃油系统的油压。

2. 燃油压力的检测

检测发动机运转时燃油管路内的油压可以判断油路有无故障。检测燃油压力时应准备一个量程为1MPa左右的油压表及专用的油管接头,按下列步骤检测燃油压力。

(1)将燃油系统卸压,拆下蓄电池负极电缆线。

(2)拆除冷起动喷油器油管接头螺栓,将油压表和油管一起安装在冷起动喷油器油管接头上,如图3-14a)所示。

油压表也可以安装在燃油滤清器油管接头、燃油分配管进油接头或用三通接头接在燃油管道上便于安装和观察的任何部位,如图3-14b)所示。

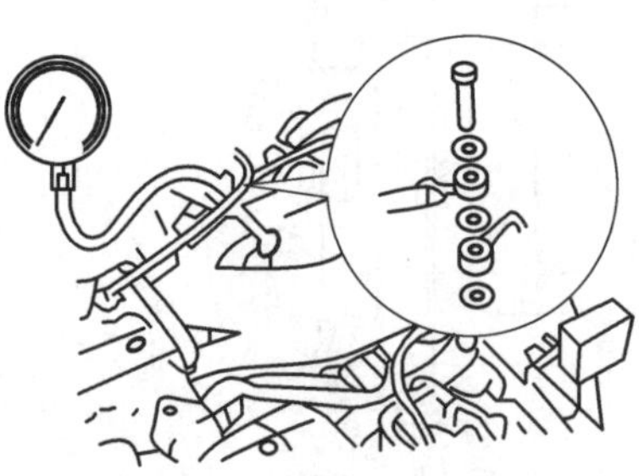

a)

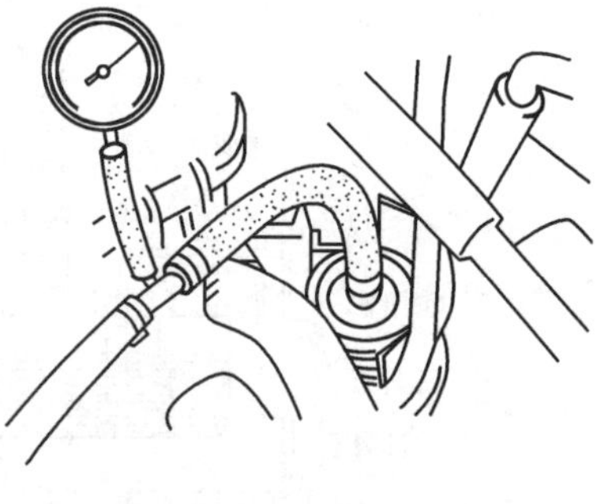

b)

图3-14　油压表的安装

(3)重新装上蓄电池负极电缆线。

(4)测量燃油系统的静态油压。

①起动发动机,使之怠速运转、或用一跨接导线将电动燃油泵的两个检测插孔短接,打开点火开关(不要起动发动机),让燃油泵运转;

②观察表上的油压值,应符合规定值。若油压过高,应检查油压调节器,若油压过低,应检查电动燃油泵、燃油滤清器和油压调节器。

(5)测量燃油系统的保持压力。测量静态油压结束后,过5min再观察油压表指示的油压(此时的压力称为燃油系统保持压力),其值应不低于规定值(如147kPa)。若油压过低,应进一步检查电动燃油泵保持压力、油压调节器保持压力及喷油器有无泄漏。

(6)发动机运转时燃油压力的测量。起动发动机,让发动机怠速运转,测量此时的燃油压力,如图3-15a)所示,缓慢开大节气门,测量在节气门接近全开时的燃油压力,拔下油压调节器上的真空软管,并用手堵住,如图3-15b)所示,让发动机怠速运转,测量此时的燃油压力。该压力和节气门全开时的燃油压力基本相等,若测得的油压过高,应检查油压调节器及其真空软管;若测得的油压过低,则应检查电动燃油泵、燃油滤清器及油压调节器。

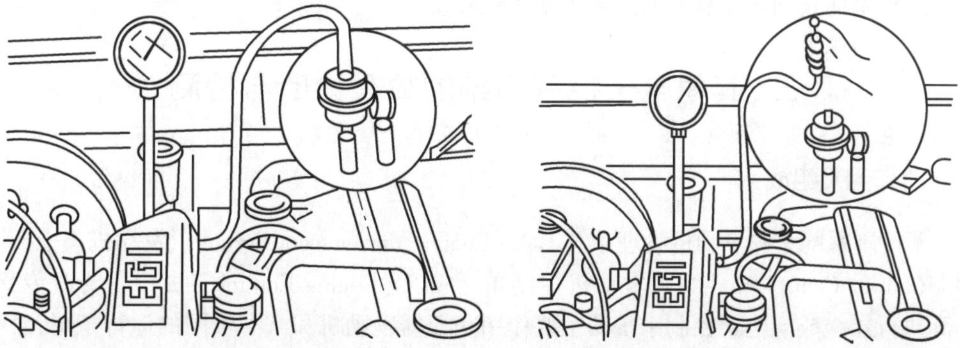

a)测量怠速及节气门全开时的燃油压力　　b)测量拔下油压调节器真空软管后的燃油压力

图3-15　燃油压力的测量

(7)电动燃油泵最大压力和保持压力的测量。将油压表接在燃油管路上,并将出油口堵住,如图3-16所示。用一根跨接线将电动燃油泵的两个检测插孔短接,打开点火开关,持续10s左右(不要起动发动机),使电动燃油泵工作,同时读出油压表的压力,该压力称为电动燃油泵的最大压力,它应当比发动机运转时的燃油压力高200~300kPa,通常可达490~640kPa。如不符合标准值,应更换电动燃油泵。关闭点火开关5min后再观察油压表压力,此时的压力称为电动燃油泵的保持压力,其值应大于340kPa,如不符合标准值,应更换电动燃油泵。

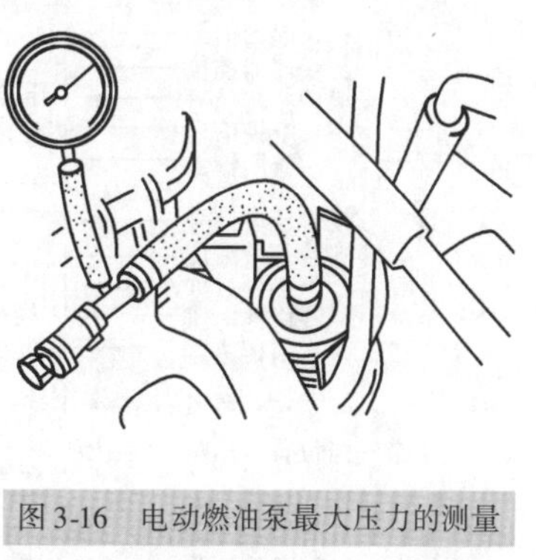

图3-16　电动燃油泵最大压力的测量

(8)油压调节器工作状况的检查。如前述方法,测量发动机运转时的燃油压力,然后拔下油压调节器上的真空软管,并检查燃油压力,此时的燃油压力应比发动机怠速运转时的燃油压力高50kPa左右,如果压力变化不符合要求,即说明油压调节器工作不良,应予以更换。

(9)油压调节器保持压力的测量。当燃油系统保持压力不符合标准值时,应作此项检查,以便找出故障原因,其检查方法是:将油压表接入燃油管路,用一根短导线将电动燃油泵的两个检测插孔短接,打开点火开关,并保持10s,让电动燃油泵运转,然后关闭点火开关,拔去检测插孔上的短接导线,用包上软布的钳子将油压调节器的回油管夹紧,使回路停止回油,5min 后观察燃油压力,该压力称为油压调节器保持压力,如果该压力仍然低于燃油系统保持压力的标准值,说明燃油系统保持压力过低的故障不在油压调节器;相反,若此时压力大于标准值,则说明油压调节器有泄漏,应予以更换。

(10)在测量燃油系统在怠速运转时的燃油压力时,夹住油压调节器回油管,使回路停止回油,此时油压表的指示压力应比没有夹住回油管时高 2 ~3 倍,否则说明燃油泵泵油不足。

(11)将各缸喷油器插接器拔下,接通点火开关并连续起动 15s,观察油压表的指示压力,待 30s 后,再次观察油压表的指示压力,其值不应回落,若油压值有明显回落,则重新起动 15s,然后夹住油压调节器的回油管,若 30s 后油压不回落,则为油压调节器泄漏。如果夹住油压调节器回油管,油压仍然下降,则夹住油压调节器的进油口,如果此时油压不再回落,则为燃油泵单向止回阀工作不良,应更换燃油泵。

三、其他电子控制系统的故障诊断与检测

(一)作用及组成

电子控制系统又称发动机管理系统 EMS(Engine Management System)、发动机集中控制系统 PCM(Power Control Module)、发动机控制单元 ECU(Engine Control Unit),主要由传感器、PCM 和执行器组成。电子控制系统的主要作用是根据发动机和汽车不同的运行工况,对喷油时刻、喷油量以及点火时刻等进行确定和修正,检测各传感器的工作,并将工作参数储存和输出。电子控制系统的组成如图 3-17 所示。将发动机的运行工况(如进气量、节气门位置、曲轴位置及转速、冷却液温度、进气温度、排气成分信息等)和车辆运行状况(如车速等)信息,通过传感器转换成为相应的电信号并输送给电控单元(ECU),电控单元(ECU)对这些电信号进行分析、判断、比较、计算等实时处理后,得出最佳控制方案并向各有关执行元件发出控制指令,控制最佳的空燃比和点火时刻,使得发动机在各种工况下都处于最佳工作状态。电控单元(ECU)还具有故障自诊断功能。

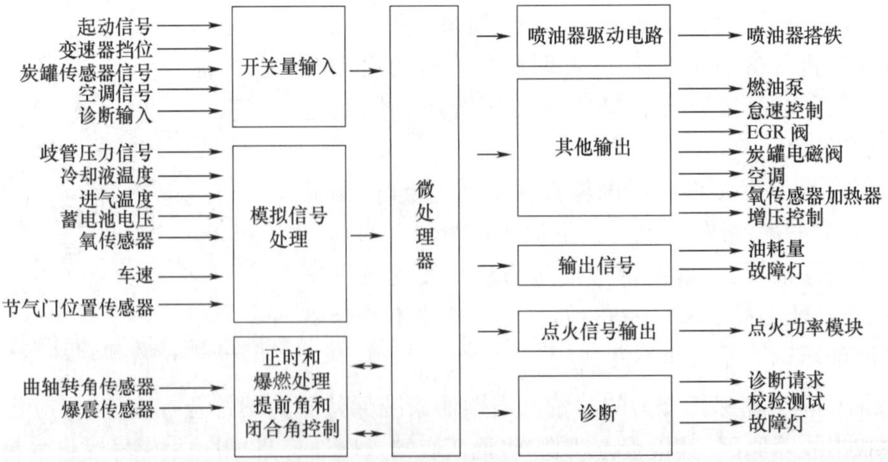

图 3-17　电子控制系统的组成

(二)发动机电子控制系统主要元件的故障现象

电控发动机电子控制系统的各项功能是由许多元件相互配合完成的,如果元件发生故障,必将影响整个系统的工作,因此,尽快排除元件故障在汽车维修中是非常必要的。发动机电子控制系统主要元件产生故障时的主要表征见表3-5。

发动机电子控制系统主要元件的故障现象　　表3-5

元件名称	功　能	故障现象
主电控单元	根据各传感器输入的信号,进行综合处理,发出各种补偿修正信号	(1)发动机无法起动; (2)发动机工作不良,性能失常
点火线圈	接收从点火器(模块)送来的放大信号,产生一次与二次电流	(1)无高压火花; (2)高压火花强度不足; (3)发动机无法起动
点火器	接收点火信号发生器或电控单元发出的点火信号,并将点火信号放大后送给点火线圈	(1)无高压火花; (2)高压火花弱; (3)闭合角值混乱; (4)发动机难起动
旋转翼片式空气流量传感器(L型系统用)	博世L型空气流量传感器是用叶片的运动改变传感器的电阻,从而得到相应的电压信号,输入电控单元,该信号是决定基本喷油量的主要信号之一	(1)起动困难; (2)怠速不稳; (3)发动机转速不易提高; (4)加速时回火,放炮; (5)油耗增大; (6)易爆燃
卡门涡旋式空气流量传感器	该型空气流量传感器是以频率信号计算出空气流量,并将信号送入电控单元,决定基本喷油量	(1)发动机不易起动; (2)怠速不稳; (3)燃油消耗量大; (4)爆燃,加速不良
热线式(或热膜式)空气流量传感器(LH型电子控制系统用)	该型空气流量传感器属电桥热敏电阻式,利用电阻值的变化测量空气流量并输入电控单元,以决定基本喷油量	(1)发动机起动困难; (2)怠速不稳; (3)发动机易熄火; (4)发动机动力不足
进气歧管绝对压力传感器(博世D型电子控制系统)	在博世D型电子控制系统中,通过真空管与进气管连接所形成的负压大小测量进气量,进气歧管绝对压力传感器将相应的电压信号输入电控单元,以供决定点火与燃油喷射系统基本参数	(1)发动机不易起动; (2)发动机运转无力; (3)发动机怠速不稳; (4)发动机油耗增加
大气压力传感器	根据海拔不同时的相应气压值,将信号送入电控单元,以便进行喷油正时修正	(1)发动机怠速不稳; (2)发动机工作不良
节气门位置传感器(线性)	节气门位置传感器是将电位计与节气门的开度形成一一对应的关系,并将对应的电压信号送入电控单元,判断发动机的负荷大小	(1)发动机起动困难; (2)怠速不稳易熄火; (3)发动机工作不良; (4)加速性差; (5)发动机动力性能下降
节气门位置传感器(触点开关式)	将怠速触点和全负荷触点接通的信号送入电控单元,用于判定怠速状态和发动机全负荷状态	(1)发动机起动困难; (2)怠速不稳、无怠速、易熄火; (3)发动机动力性差、爬坡无力; (4)不能进行减速断油控制

续上表

元件名称	功能	故障现象
进气温度传感器	利用进气温度改变内部的热敏电阻所形成的对应电压信号输入电控单元,以供电控单元修正点火、喷油正时及进行喷油量修正	(1)怠速不稳; (2)易熄火; (3)耗油量大; (4)起动困难; (5)混合气过浓; (6)发动机性能不佳
冷却液温度传感器	利用冷却液温度改变内部热敏电阻值的大小所形成的对应电压信号输入电控单元,以作为点火与喷油正时调整,修正喷油量,进行冷起动加浓	(1)起动困难,特别是冷起动; (2)怠速不稳、易熄火; (3)发动机性能不佳
怠速控制电动机	电控单元根据发动机各传感器的信号,指令怠速电动机作出相应动作,决定旁通空气量,以修正喷油量	(1)起动困难; (2)怠速不稳; (3)容易熄火; (4)空调易熄火; (5)怠速过高; (6)发动机易失速
怠速电动机位置传感器	怠速电动机位置传感器是利用电位计侦测怠速电动机位置,并以电压信号输入电控单元,以供修正混合比	(1)怠速不稳; (2)容易熄火,不易起动; (3)加速不良
空挡起动开关(P/N开关)	P/N开关挂入空挡和驻车挡时才能起动,脱离空挡,信号输入电控单元后增油	(1)发动机无法起动; (2)脱离P/N挡后,电控单元不指示增油; (3)怠速不稳易熄火; (4)换挡杆在"P""N"位时发动机也能起动
氧传感器	用来监测排气歧管中的氧含量,以供电控单元修正和调整空燃比	(1)怠速不稳,耗油量大; (2)空燃比不当,有害气体的排放高
动力转向开关(P/S开关)	P/S开关接受动力转向盘转向时的压力信号,将转向信号输入电控单元,以供修正怠速喷油量	(1)转向时发动机易熄火; (2)转向时发动机怠速不稳; (3)发动机怠速时无法补偿
空调开关(A/C)	当接通空调时,空调开关将信号输入电控单元,以修正怠速时喷油量	(1)开空调时发动机易熄火; (2)开空调时怠速转速下降; (3)开空调时怠速不稳; (4)开空调时无空调功能
曲轴箱通风阀(PCV阀)	曲轴箱通风阀开启时,将曲轴箱内的燃油、机油蒸气和燃烧气体漏入同曲轴箱废气引入进气管,以降低废气排放	(1)发动机不易起动; (2)无怠速或怠速不稳; (3)加速无力、耗油增加
排气再循环阀(EGR阀)	控制废气引入燃烧室的量,从而降低发动机的温度,以减少NO_2排放量	(1)发动机温度过高; (2)发动机不易起动; (3)发动机无力、耗油量大; (4)爆燃; (5)加速不良; (6)排气中NO_2含量高; (7)减速熄火
排气再循环阀位置传感器	EGR阀位置传感器是以电位计的形式将EGR阀的位置信号输入电控单元,以控制NO_2排放量	(1)怠速不稳、容易熄火; (2)有害气体排放量过高(NO_2); (3)发动机性能不佳

续上表

元件名称		功　能	故障现象
活性炭罐电磁阀		发动机起动后,电控单元指令炭罐电磁阀动作,使炭罐内的燃油蒸气经由电磁阀进入燃烧室	(1)发动机性能不佳; (2)怠速不良; (3)空燃比不正确
爆震传感器		爆震传感器侦测到爆燃信号,将信号送入电控单元,以修正点火正时	(1)发动机爆燃,特别是加速时爆燃; (2)点火正时不准,发动机工作不良
点火信号发生器	磁感应式	点火信号发生器利用磁感应产生脉冲点火信号,送入电控单元或点火器,以激发高压	(1)发动机无法起动; (2)发动机工作不良,运转不佳; (3)怠速不稳; (4)间歇性熄火; (5)发动机不易起动; (6)高压火无力
	霍尔式	点火信号发生器利用霍尔效应产生脉冲点火信号,送入电控单元或点火器,以激发高压	
	光电式	通过光电效应产生脉冲信号,送入电控单元或点火器,以激发高压电的产生	
曲轴位置传感器		利用电磁感应、霍尔效应或光电效应式将曲轴上止点火信号输入电控单元,作为点火正时与喷油正时的修正信号	(1)发动机无法起动或起动困难; (2)加速不良; (3)怠速不稳; (4)容易熄火、间歇性熄火
可变凸轮轴电磁阀		电控单元感知各传感器送入的信号,适时地起动电磁阀,以利用机油压力改变凸轮轴角度,调整进、排气门开闭时间	(1)怠速不稳,引起抖动; (2)发动机运转无力; (3)引起三元催化转换器损坏; (4)产生爆燃
电动燃油泵		燃油泵在接通点火开关后,可转动5~9s,以补充系统初始压力;起动后,向系统连续供油	(1)发动机起动困难,甚至无法起动; (2)发动机起动后熄火或运转途中熄火; (3)发动机运转无力,汽车加速性差
燃油滤清器		燃油滤清器用来滤去燃油中的杂质	(1)发动机无法起动,或起动困难; (2)发动机工作不良,运转不稳; (3)发动机运转中有“打嗝”现象; (4)喷油器堵塞; (5)发动机运转无力,汽车加速性差
燃油压力调节器		燃油压力调节器用以调整系统压力,使其稳定供油	(1)起动困难,怠速不稳易熄火; (2)运转无力、供油不足; (3)发动机排气冒黑烟
喷油器		根据电控单元发出的喷油脉冲信号,向进气歧管喷入适量的燃油	(1)发动机起动困难,或无法起动; (2)发动机工作不稳、抖动; (3)怠速不稳; (4)容易熄火; (5)排气冒黑烟,排污增加
冷起动喷油器		电控单元根据冷却液温度信号,根据低冷却液温度信号指令(或由温度时间开关控制)冷起动喷油器喷油,热机后,喷油停止	(1)怠速不良; (2)冷起动困难; (3)间歇熄火; (4)热起动困难; (5)油耗增大,混合气过浓,排气冒黑烟; (6)废气排放过高

续上表

元件名称	功　能	故障现象
温度时间开关	热敏温度时间开关是利用双金属片的开关动作控制冷起动喷油器定时喷油	(1)冷车起动困难; (2)热车起动困难; (3)怠速不稳; (4)油耗增加; (5)混合气过浓,排污增加; (6)冷起动正常,热车熄火
暖机调节器(机械式)喷油系统	利用双金属片受热变形改变燃油计量分配器控制柱塞上方的控制压力,以调整喷油器	(1)冷起动困难; (2)混合气过浓; (3)发动机运转不良
燃油计量分配器(用于K型、KE型喷油器系统)	燃油计量分配器起分配燃油的作用:K型喷油系统用系统压力调节器来调整;KE型喷油系统则用电液式压差调节器来调压	(1)发动机工作不良; (2)起动困难或无法起动; (3)怠速不稳; (4)发动机运转无力
电液式压差调节器(用于KE型喷油系统)	根据电控单元发出的控制电流信号,控制与调整燃油计量分配器压阀下腔的压力	(1)发动机起动困难; (2)加速不良怠速不稳; (3)开空调、用动力转向等发动机怠速易熄火
车速传感器	用以检查车速,其信号送入电控单元用以修正喷油量	(1)ABS防抱死制动装置不工作; (2)巡行控制不工作; (3)发动机运转不良、无力; (4)无高速断油和急减速断油控制
变速器电磁阀	根据电控单元信号和控制自动变速器的工作状态	(1)车辆无法行驶; (2)变速器换挡困难; (3)行驶时变速器将锁定在某一挡位(如宝马车将锁定在三挡)

四、常见检测实训

项目:空气流量传感器及线路的检测

1. 教学目标

(1)了解空气流量传感器的作用、工作原理。

(2)熟悉空气流量传感器的故障检测方法。

2. 故障现象描述

(1)驾驶室内仪表板发动机故障灯常亮。

(2)发动机在正常工作温度下,加速时发动机转速不会超过3000r/min。

3. 项目基础

(1)空气流量传感器的作用:将单位时间内吸入发动机汽缸的空气量转换成电信号送至发动机控制模块(ECU),作为决定喷油量和点火正时的基本信号之一。

小提示

空气流量传感器或线路有故障时,ECM 进入失效保护模式。在失效保护模式下,ECM 根据发动机转速和节气门位置来计算点火正时。失效保护模式一直延续至检测到通过条件。

(2)安装位置。L 型电控汽油喷射系统空气流量传感器安装在空气滤清器与节气门之间。

(3)丰田卡罗拉空气流量传感器电路。丰田卡罗拉空气流量传感器电路如图 3-18 所示。

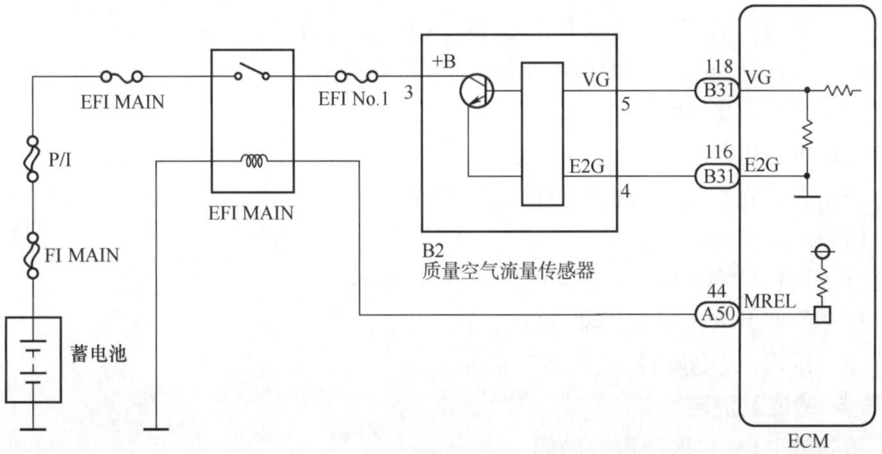

图 3-18　丰田卡罗拉空气流量传感器电路

4. 技术标准及要求

丰田卡罗拉空气流量传感器及线路在规定的条件下技术要求见表 3-6。

技术标准及要求　　表 3-6

检测仪连接	条　件	规定状态
B2-3(+B)—车身搭铁	点火开关置于 ON 位置	9 ~ 14V
5(VG)—4(E2G)	向端子 +B 和 E2G 之间施加蓄电池电压	0.2 ~ 4.9V
B2-5(VG)—B31-118(VG)	始终	<1Ω
B2-4(E2G)—B31-116(E2G)	始终	<1Ω
B2-5(VG)或 B31-118(VG)—车身搭铁	始终	≥10kΩ

5. 教学组织

每辆车安排 4 名学生参与实训,学生每 2 人为一组,一组操作,另一组观察学习;教师讲解操作步骤和注意事项,在工位间巡视、检查、指导和纠正错误。

想一想

空气流量传感器在失效保护模式下,为什么 ECM 根据发动机转速和节气门位置来计算点火正时?并且失效保护模式一直延续至检测到通过条件?

6. 教学资源、实训器材

卡罗拉轿车一辆、套筒扳手、检测仪、万用表、扭力扳手、抹布、搭接线、鼓风机。

7. 诊断流程

空气流量传感器及其线路的检测流程参照电控发动机故障检修的一般程序进行(图1-4)。

8. 操作步骤(以丰田卡罗拉1.8AT车型为例)

第一步:预检工作及其基本检查

(1)清理车间障碍物,引导车辆进入车间。

(2)检查车辆停放位置,检查工具。

(3)安装车轮挡块,安装防护五件套、翼子板布及前格栅布。

(4)检查冷却液、机油、蓄电池电压、制动液符合要求。

第二步:诊断及其检测

(1)调取故障码。

(2)根据故障码目视检查插接件的安装状况。

(3)清除故障码。

(4)查找资料检测维修(或更换)空气流量传感器。

(5)检测维修空气流量传感器线路。

(6)检测维修(或更换)发动机电控单元。

第三步:验证及清洁

(1)清除故障码,再次读取故障码。

(2)道路试验。

(3)车辆、场地、工具的清洁。

9. 故障小结

根据理论分析,对空气流量传感器、线路及其电控单元全面检查,发现VG线搭铁,ECM进入失效保护模式。在失效保护模式下,ECM根据发动机转速和节气门位置来计算点火正时,对线路修复,故障排除。

五、其他常见故障诊断项目

发动机燃油喷射系统的工作状况对发动机的运转性能有很大的影响,不论是该系统的电控单元、控制线路还是其他任何一个传感器、执行器出现故障,都会在一定程度上影响发动机的起动性、运转稳定性、动力性、经济性、排放性等。因此,当发动机出现故障或性能下降时,首先应检查发动机燃油喷射系统有无故障。

由于发动机燃油喷射系统的构造和工作原理都十分复杂,不同车型的电子控制系统又往往有很大的差异,其故障形式既可能是电子方面的,又可能是机械方面的,因此,给故障的诊断与排除带来一定困难。在诊断与排除电子控制系统的故障时,必须了解各种电子控制系统的工作原理和构造特点,参阅被修车型的详细技术资料,充分并合理地利用各种检测工具和手段。除此之外,掌握分析各种故障原因的方法,遵循合理的诊断程序和步骤,也是十分重要的。这里介绍电控汽车一些常见故障的诊断与排除方法，供维修时参考。

1. 发动机不能起动

发动机不能起动的现象主要有以下几种：起动机带不动发动机转，或能带动，但转动缓慢；起动机能带动发动机正常转动，但不能起动，且无着车征兆；有着车征兆，但发动机不能起动。造成发动机不能起动的原因很多。有起动系统、点火系统、汽油喷射系统及发动机机械故障等。其中因起动系统故障而造成发动机不能起动的故障不在电子控制系统检查范围内。发动机机械故障应在排除汽油喷射系统和电子点火系统的故障之后再做进一步的检查。

1）发动机不能起动且无着车征兆

（1）故障现象：接通起动开关时，起动机能带动发动机正常转动，但发动机不能发动，且无着车征兆。

（2）故障原因。

①油箱中无油；

②起动时节气门全开；

③电动燃油泵不工作；

④喷油器不工作；

⑤油路压力过低；

⑥点火系统故障；

⑦发动机汽缸压缩压力过低。

（3）故障诊断与排除。电子控制燃油喷射式发动机在设计上具有很好的起动性能。汽油喷射系统的一般故障通常不会导致发动机不能起动。如果出现不能起动且无着车征兆的故障，其原因一定是发动机的点火系统、燃油系统或控制系统三者之中的一个或一个以上的系统完全丧失了功能。因此，不能起动的故障诊断与排除，应重点集中在上述三个系统中进行。

①对于不能起动的故障，一般应先检查油箱存油情况。打开点火开关，若汽油表指针不动或油量警告灯亮，则说明油箱内无油，应加满油后再起动。

②应采用正确的起动操作方法。通常电子控制燃油喷射式发动机的起动控制系统要求在起动时不踩加速踏板。如果在起动时将加速踏板完全踩下或反复踩加速踏板以求增加供油量，往往会使控制系统的溢油消除功能起作用，从而导致喷油器不喷油，造成不能起动。

③检查点火系统。导致发动机不能起动的常见原因是点火系统不能点火。因此，在做进一步的检查之前，应先排除点火系统的故障。在检查电子控制燃油喷射式发动机的电子点火系统有无高压火花时，应采用正确的方法，不可沿用检查传统触点式点火系统高压火花的做法，以防损坏点火系统中的电子元件。正确的检查方法是：从分电器上拔下高压总线，让高压总线末端距离缸体5～6mm，或从缸体上拔下高压分线，将一个火花塞接在高压线上，将火花塞搭铁，接通起动开关，用起动机带动发动机转动，同时观察高压总线末端或火花塞电极处有无强烈的蓝色高压火花，如图3-19所示。

如果没有高压火花或火花很弱，说明点火系统有故障。在查找故障部位之前，可先进行发动机故障自诊断，检查其有无故障码。现代电控燃油喷射式发动机的故障自诊断系统通常能检测出点火系统中的曲轴位置传感器（点火信号发生器）及点火器的故障。如有故障码，则可按显示的故障码查找故障部位；如无故障码，则应分别检查点火系统中的高压线、分电器盖、高压线圈、点火器、分电器、曲轴位置传感器及点火控制系统。点火系统最容易损坏的零件是点火器,应重点检查。

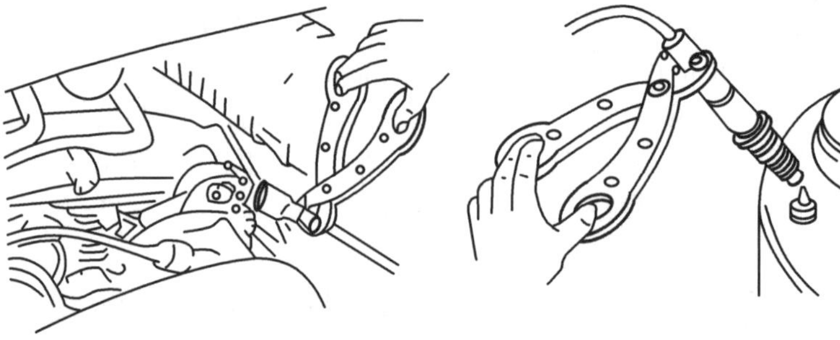

a)检查点火线圈高压总线火花　　b)检查各缸高压分线火花

图 3-19　高压火花的检查

④检查电动燃油泵是否工作正常。电动燃油泵不工作也是造成发动机不能起动的最常见原因之一。用一根导线将电动燃油泵的两个检测插孔短接,然后打开点火开关,此时应能从油箱口处听到燃油泵运转的声音,或用手捏住进油管时能感觉到进油管的油压脉动,或拆下油压调节器上的回油管,应有汽油流出。

如果电动燃油泵不工作,应检查熔断器、继电器及电动燃油泵控制电路等;如果电路正常,则说明电动燃油泵有故障,应更换。

如果在检查中电动燃油泵能工作,可试一下在这种状态下发动机能否起动。若可以起动,说明是电动燃油泵控制电路有故障,使燃油泵在发动机起动时不工作。对此,应检查电动燃油泵控制电路。

⑤检查喷油器是否喷油。如果点火系统和电动燃油泵工作均正常,则应进一步检查喷油控制系统,在起动发动机时,检查各喷油器有无工作的声音。如果喷油器不工作,可用一个大阻抗的试灯接在喷油器的线束插接器上。如果在起动发动机时试灯能闪亮,说明喷油控制系统工作正常,是喷油器有故障,应予以更换。如果试灯不闪亮,则说明喷油控制系统或控制线路有故障。对此,应检查喷油器电源熔断器有无烧断,喷油器降压电阻有无烧断,喷油器与电源之间的接线是否良好,喷油器与电控单元之间的接线是否良好,电控单元的电源继电器与电控单元之间的接线是否良好。如果外部电路均正常,则可能是电控单元内部有故障,可用电控单元故障检测仪或采用测量电控单元各接脚电压的方法来检测电控单元有无故障;也可以换一台好的电控单元试一下。如能起动,可确定为电控单元故障,应更换。

⑥检查燃油系统压力。燃油系统油压过低会造成喷油量太少,也会导致不能起动。在电动燃油泵运转时检查燃油系统油压。在发动机未运转的状态下正常燃油压力应达300kPa左右。如果燃油压力过低,可用钳子包上软布,将油压调节器的回油管夹住,阻断回油通路。此时,若燃油压力迅速上升,说明是油压调节器漏油,造成油压过低,应更换油压调节器;若燃油压力上升缓慢或基本不上升,则说明油路堵塞或电动燃油泵有故障。对此,应先拆检汽油滤清器:如有堵塞,应更换;如滤清器良好,则应更换电动燃油泵。

⑦检查汽缸压缩压力。若上述检查均为正常,则应进一步检查发动机汽缸压缩压力,若汽缸压缩压力低于0.8MPa,则说明发动机机械部分有故障,应进一步拆检发动机本体。

2)有着车征兆,但发动机不能起动

(1)故障现象:起动发动机时,起动机能带动发动机正常转动;有轻微着车征兆,但不能起动。

(2)故障原因。

①进气管有漏气;

②点火提前角不正确;

③高压火花太弱;

④汽缸压力太低;

⑤燃油压力太低;

⑥冷却液温度传感器有故障;

⑦空气滤清器堵塞;

⑧空气流量传感器有故障;

⑨喷油器漏油;

⑩喷油器控制系统有故障。

(3)故障诊断与排除。有着车征兆而不能起动,说明点火系统、燃油喷射系统和控制系统虽然工作失常,但并没有完全丧失功能。这种不能起动的故障的原因不外乎是高压火花太弱或点火正时不正确、混合气太稀、混合气太浓、汽缸压力太低等。一般先检查点火系统,然后再检查进气系统、燃油系统、控制系统,最后检查发动机汽缸压力。

①先进行故障自诊断,检查有无故障码。如有故障码,则可按显示的故障码查找相应的故障原因。必须指出的是,所显示出的故障码不一定都与发动机不能起动有关系,有些故障码是发动机在以往的运行过程中偶发性故障所留下的。有些故障码所表示的故障则不会影响发动机的起动性能。会影响起动性能的部件主要有曲轴位置传感器、冷却液温度传感器和空气流量传感器等。

②检查高压火花。除了检查分电器高压总线上的高压火花是否正常外,还要进一步检查各缸高压分线上的高压火花是否正常。若总线火花太弱,应更换高压线圈;若总线火花正常而分线火花较弱或断火,说明分电器盖或分火头漏电,应予以更换。

③检查空气滤清器。如果滤芯过脏堵塞,可拆掉滤芯后再起动发动机。如能正常起动,则应更换滤芯。

④检查进气系统有无漏气。采用空气流量传感器测量进气量的燃油喷射系统,只要在空气流量传感器之后的进气管道有漏气就会影响进气量传感器量的准确性,从而使混合气变稀。严重的漏气会导致发动机不能起动。检查中应仔细查看空气流量传感器之后的进气软管有无破裂,各处接头卡箍有无松脱,谐振腔有无破裂,曲轴箱通风软管是否接好等。

此外,燃油蒸发控制系统和排气再循环系统在起动及怠速运转中是不工作的,如因某种原因而使它们在起动时就进入工作状态,也会影响起动性能。将燃油蒸发回收软管或排气再循环管道堵塞住,再起动发动机,如在这种状态下发动机能正常起动,说明该系统有故障,应认真检查。

⑤检查火花塞。火花塞间隙太大也会影响起动性能。火花塞正常间隙一般为0.8mm,有些高能量的电子点火系统火花塞间隙较大,可达1.2mm。如火花塞间隙太大,应按车型

维修手册所示标准值进行调整。

⑥如果火花塞表面只有少量潮湿的汽油,说明喷油器喷油量太少。对此,应先检查起动时电动燃油泵有无工作。可用一根导线将电动燃油泵的两个检测插孔短接,再起动发动机,如果能起动,则说明电动燃油泵在起动时不工作,应检查控制电路;如果电动燃油泵有工作而不能起动,应进一步检查燃油压力,如果燃油压力太低,应检查燃油滤清器、油压调节器及燃油泵有无故障。

⑦如果火花塞表面有大量潮湿汽油,说明汽缸中已出现"呛油"现象,这也会造成发动机不能起动。对此,可拆下所有火花塞,将其烘干,再让汽缸中的汽油全部挥发掉,然后装上火花塞重新起动。如果仍会出现"呛油"现象,应拆卸喷油器,检查喷油器有无漏油。

⑧喷油量太大或太小也可能是空气流量传感器或冷却液温度传感器故障所致。如果出现这种情况,应对照车型维修手册中的有关数据测量这两个传感器。

⑨调整点火正时。如果将点火提前角调大或调小后就能起动,则说明点火正时不正确。对此,应将点火正时调整准确。

⑩检查汽缸压缩压力是否正常。若低于 0.8MPa,则说明汽缸压力过低,应拆检发动机。

3)发动机不能起动的故障诊断与排除程序

发动机不能起动的故障诊断与排除程序如图 3-20 和图 3-21 所示。

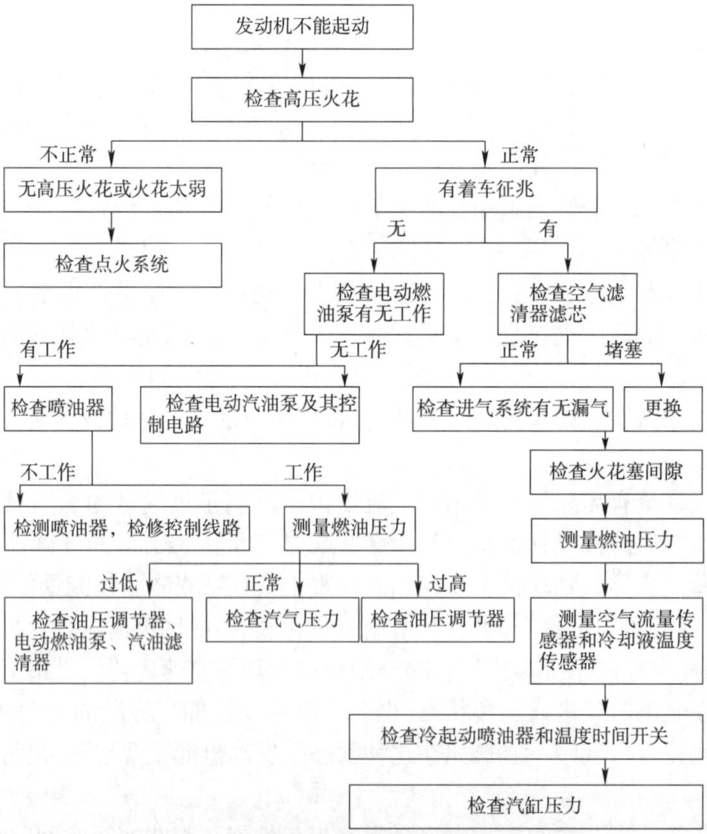

图 3-20 发动机不能起动的故障诊断与排除程序一

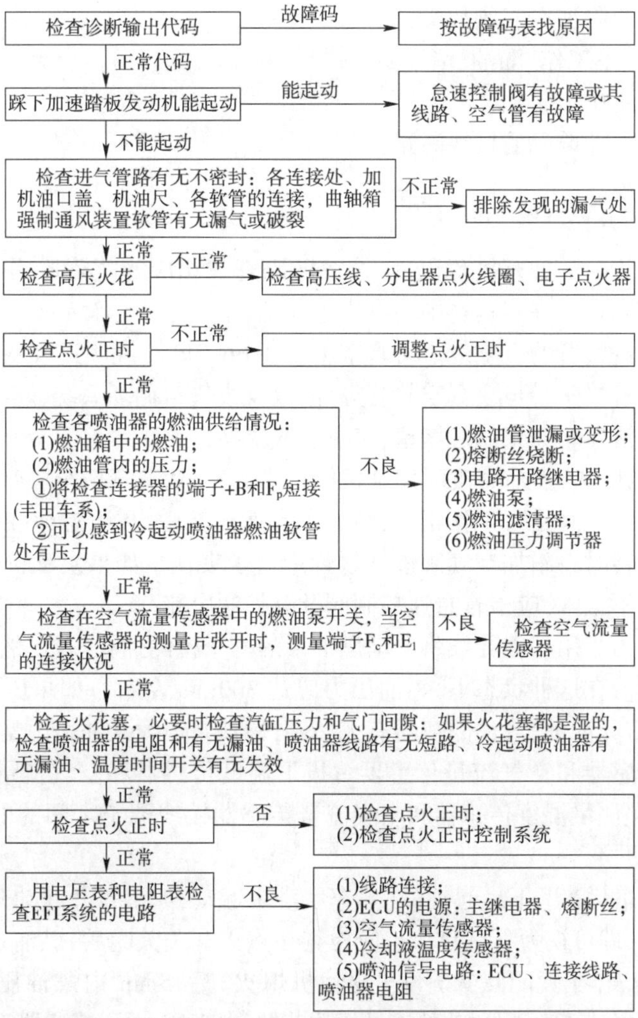

图3-21　发动机不能起动的故障诊断与排除程序二

2. 发动机起动困难

发动机起动困难是指起动机能带动发动机按正常速度转动，有明显着车征兆，但不能起动，或需要连续多次起动或长时间转动起动机才能起动。对于起动困难的故障，应分清是在冷车时出现还是热车时出现，或者不论冷车热车均出现，这一故障的原因一般是在喷油系统。

(1)故障现象：起动时曲轴转动正常，但需要较长时间才能起动，或有明显着车征兆而不能起动。

(2)故障原因。

①进气系统中有漏气；

②燃油压力太低、汽缸压缩压力太低；

③空气滤清器滤芯堵塞；

④冷却液温度传感器故障；

⑤空气流量传感器故障；

⑥怠速控制阀或附加空气阀故障；

⑦喷油器故障(不工作、漏油、堵塞)；

⑧点火正时不正确；

⑨起动开关至电控单元的接线断路；

⑩电控单元故障。

(3)故障诊断与排除。

①进行故障自诊断。如有故障码,则按故障码查找相应的故障原因(故障自诊断系统的使用方法和故障码表在许多资料中均有详细介绍,本书不作详解)。

②检查怠速时进气管的真空度。若真空度小于66.7kPa,说明进气系统中有空气泄漏,应检查进气管各个管接头、衬垫、真空软管等处,以及废气再循环系统、燃油蒸气控制系统。

③检查空气滤清器。如果滤芯堵塞,应清洗或更换。

④如果节气门在1/4左右开度时发动机能正常起动,而节气门全关时起动困难,应检查怠速控制阀及附加空气阀是否工作正常,在冷车怠速运转中,拔下怠速控制阀线束插接器,或者在冷车怠速运转时将附加空气阀进气软管用钳子夹住。如果发动机转速没有下降,说明怠速控制阀工作不正常,应检查怠速控制阀及其控制电路。

⑤检查燃油压力。用一根导线将电动燃油泵的两个检测插孔短接,然后打开点火开关。让电动燃油泵运转。在这种状态下,燃油压力应达300kPa左右。如果压力太低,应检查油压调节器、喷油器有无漏油,汽油滤清器有无堵塞,燃油泵最大泵油压力是否正常。

⑥检查温度传感器和空气流量传感器。拔下温度传感器和空气流量传感器线束插接器,用万用表欧姆挡测量温度传感器和空气流量传感器接线端子之间的电阻。如果阻值不符合标准,应予以更换。

⑦如果是在热车状态下不易起动(在热车状态下起动,如果打开起动开关转动曲轴超过3~4圈后才能起动,即可视为不易起动),应检查在点火开关关闭后,燃油系统的保持压力是否正常。接上油压表,在关闭点火开关(发动机熄火)后,5min内燃油压力应保持不低于150kPa左右。如果保持压力太低,应检查油压调节器、电动燃油泵、喷油器等处是否漏油。

⑧在发动机怠速运转时检查点火正时。如不符合标准,应予以调整。

⑨检查起动开关至电控单元的起动信号是否正常。如果电控单元接收不到起动开关的起动信号,就不能进行起动加浓控制,也会导致起动困难。对此,应从电控单元线束插接器处检查起动时有无起动开关的信号传至电控单元。如无信号,应检查起动开关和线路。

⑩检查汽缸压缩压力。如压力过低,应拆检发动机。

如果上述检查均正常正常,可换一个新的电控单元试一下。如有好转,则说明原电控单元有故障,应更换电控单元。

(4)发动机起动困难的故障诊断与排除程序如图3-22所示。

3. 怠速不良

怠速不良是电子控制燃油喷射式发动机最常见的故障之一。它有多种表现形式,包括怠速不稳、怠速熄火、冷车怠速不良、热车怠速不良等。造成怠速不良的原因很多,常常是几种原因综合引起的。在故障诊断与排除过程中,要根据故障的具体表现来分析故障原因。下面介绍几种不同形式的怠速不良的故障诊断与排除方法。

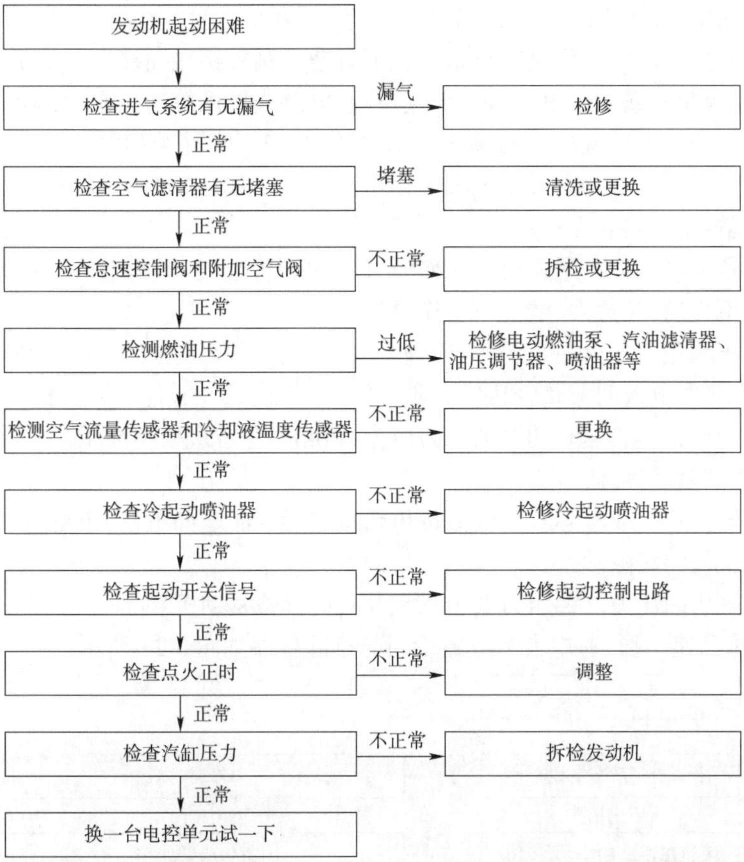

图 3-22　发动机起动困难的故障诊断与排除程序

1)发动机怠速不稳,易熄火

(1)故障现象:发动机起动正常,但不论冷车或热车怠速均不稳定,怠速转速过低,易熄火。

(2)故障原因。

①进气系统中有漏气;

②油路压力太低;

③空气滤清器堵塞;

④喷油器雾化不良、漏油或堵塞;

⑤怠速调整不当;

⑥怠速控制阀或旁通空气阀工作不良;

⑦火花塞工作不良;

⑧空气流量传感器有故障;

⑨汽缸压缩压力过低。

(3)故障诊断与排除。

①先进行故障自诊断,检查有无故障码出现。如有则按所显示的故障码查找故障原因和故障部位。

②检查进气系统各管接头、各真空软管、废气再循环系统和燃油蒸发回收系统有无漏气。

③检查怠速控制阀的工作是否正常。拔下怠速控制阀接线插接器。如果发动机转速无变化,说明怠速控制阀或控制电路有故障,应检修电路或更换怠速控制阀,调整发动机怠速。

④怠速时逐个拔下各缸高压线,检查发动机转速的下降是否相等。如果某缸在拔下高压线时,发动机转速基本不变,说明该缸工作不良或不工作,应检查该缸火花塞或喷油器有无故障、喷油器控制电路有无短路。

⑤仔细听各缸喷油器在怠速时的工作声音。如果各缸喷油器工作声音不均匀,说明各缸喷油器喷油不均匀,应拆检、清洗或更换喷油器。

⑥检查高压火花。如火花太弱,应检查点火系统;拆检各缸火花塞,检查电极有无磨损过甚或积炭,火花塞电极间隙是否正常。

⑦检查燃油压力。怠速时的燃油压力应为250kPa左右。如燃油压力太低,应检查油压调节器、电动燃油泵、汽油滤清器。

⑧检查旋转翼片式或量芯式空气流量传感器有无卡滞。如不良,应更换。

⑨检查调整气门间隙。

⑩检查汽缸压缩压力。如压力低于0.8MPa,应拆检发动机。

(4)发动机怠速不稳,易熄火的故障诊断与排除程序如图3-23所示。

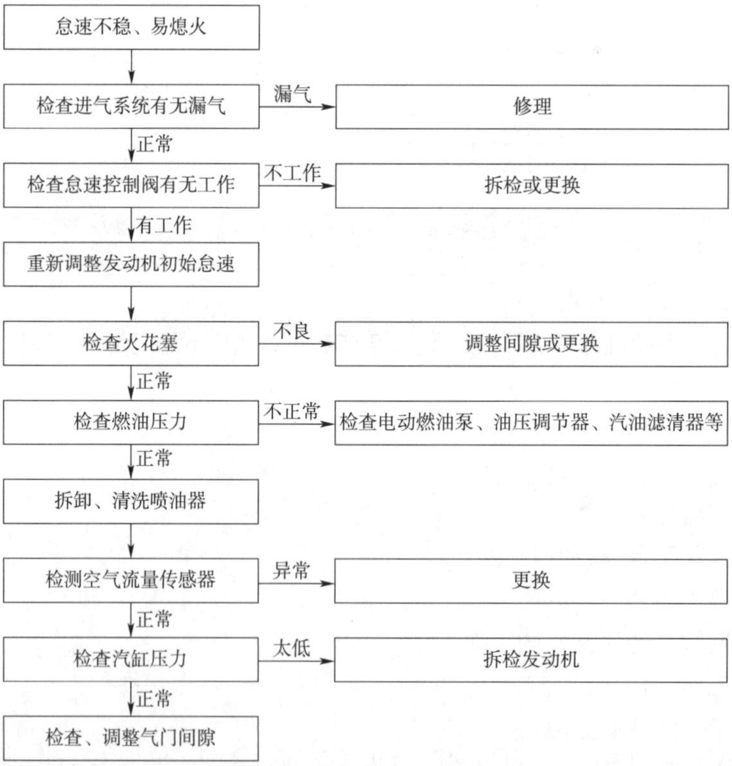

图3-23 怠速不稳、易熄火的故障诊断与排除程序

2)冷车怠速不稳、易熄火

(1)故障现象:发动机冷车运转时怠速不稳或过低,热车后怠速恢复正常。

(2)故障原因。

①附加空气阀故障;

②怠速控制阀故障;

③冷却液温度传感器故障。

(3)故障诊断与排除。

①进行故障自诊断。检查有无故障码。如有,可按显示的故障码查找故障原因。

②检查附加空气阀。拆下附加空气阀,检查在冷车状态下附加空气阀的阀门是否开启。如有异常,应更换。

③检查怠速控制阀。发动机熄火后拔下怠速控制阀线束插接器,待发动机起动后再插上。如果发动机转速无变化,说明怠速控制阀不工作,应检查控制电路或拆检怠速控制阀。

④测量冷却液温度传感器。如有短路、断路或电阻值不符合标准,应更换冷却液温度传感器。如果没有被测车型的冷却液温度传感器检测标准数据,也可以拔下冷却液温度传感器线束插接器,用一个4～8kΩ的电阻代替冷却液温度传感器。如果发动机怠速恢复正常,说明冷却液温度传感器已损坏,应更换。

(4)电控发动机冷车怠速不稳、易熄火的故障诊断与排除程序如图3-24所示。

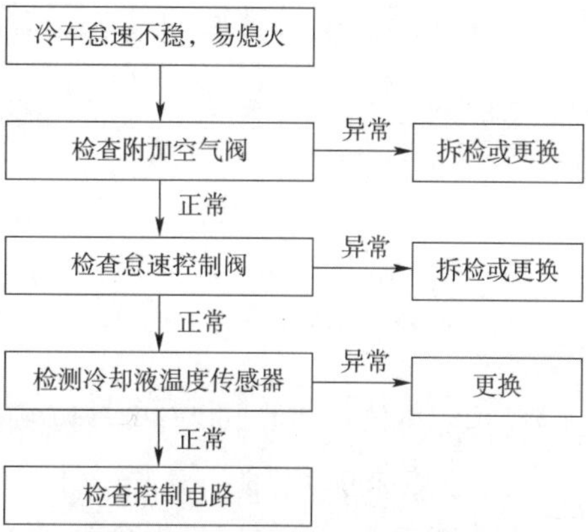

图3-24　冷车怠速不稳、易熄火的故障诊断与排除程序

3)热车怠速不稳或熄火

(1)故障现象:发动机冷车运转时怠速正常,热车后怠速不稳,怠速转速过低或熄火。

(2)故障原因。

①怠速调整过低;

②冷却液温度传感器有故障;

③怠速控制阀有故障;

④火花塞工作不良;

⑤喷油器工作不良。

(3)故障诊断与排除。

①进行故障自诊断,检查有无故障码。如有故障码,则按所显示的故障码查找故障原因。

②检查发动机的初始怠速转速。若过低,应按规定的程序予以调整。

③检查冷却液温度传感器。如果拔下冷却液温度传感器线束插接器后,怠速不稳现象消除,则说明冷却液温度传感器有故障,应予以更换。或者测量冷却液温度传感器的电阻,如不符合标准值,应更换冷却液温度传感器。

④检查怠速控制阀有无工作。拔下怠速控制阀线束插接器,若发动机转速无变化,则说明怠速控制阀工作不良,应检查控制电路或更换怠速控制阀。

⑤拆下各缸火花塞,检查火花塞电极是否良好,有无磨损过甚或积炭,视情更换或调整火花塞电极间隙。

⑥拆下各缸喷油器,用试验台检查。若各缸喷油器雾化不良或喷油量不均,特别是怠速工况喷油量不均,应清洗或更换喷油器。

(4)电控发动机热车怠速不稳或熄火的故障诊断与排除程序如图3-25所示。

4)热车怠速过高

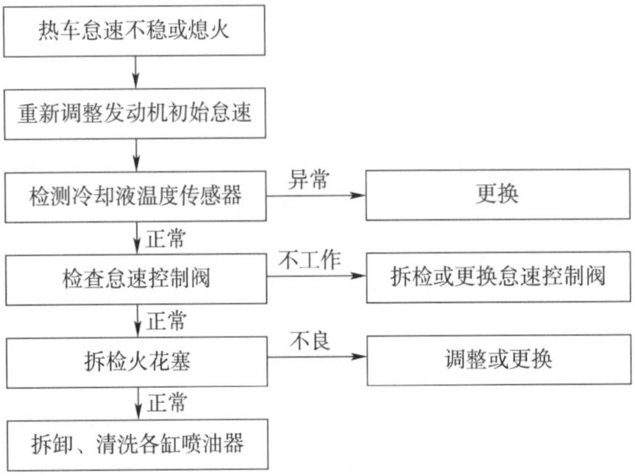

图3-25 热车怠速不稳或熄火的故障诊断与排除程序

(1)故障现象:发动机冷车时能以正常快怠速运转,但热车后仍保持快怠速,导致怠速转速过高。

(2)故障原因。

①节气门卡滞、关闭不严;

②怠速调整不当;

③附加空气阀故障;

④怠速控制阀故障;

⑤冷却液温度传感器故障;

⑥空调开关、动力转向器压力开关有故障;

⑦曲轴箱强制通风阀故障。

(3)故障诊断与排除。

①检查怠速时节气门是否全闭,节气门拉索有无卡滞。用手将节气门摇臂朝关闭的方向扳动。如果发动机怠速能下降至正常转速,说明节气门卡滞,关闭不严。若是节气门拉索卡滞,应更换新拉索;若为节气门轴卡滞,应拆卸、清洗节气门体。

②按规定程序重新调整怠速。如调整无效,则应做进一步的检查。

③进行故障自诊断。如有故障码,则按所显示的故障码查找故障原因。

④检查附加空气阀。用钳子包上软布,将附加空气阀进气软管夹紧。如果发动机怠速转速能随之下降至正常转速,则说明附加空气阀在热车后不能关闭。对此,应检查附加空气阀电源线路是否正常。如正常,则应更换附加空气阀。

⑤检查冷却液温度传感器。若拔掉冷却液温度传感器线束插接器后,发动机怠速转速恢复正常,说明冷却液温度传感器有故障,向电控单元输送过低的冷却液温度信号。

小提示

在拔掉冷却液温度传感器插接器后,发动机故障警告灯会亮起,此时电控单元的失效保护功能起作用,自动将冷却液温度设定为80℃,再重新插上冷却液温度传感器线束插接器后,电控单元内仍会留下表示冷却液温度传感器故障的代码,对此,应在发动机熄火后拆下蓄电池负极搭铁线,持续约30s,以消除电控单元中的故障码。

⑥检查怠速控制阀。发动机熄火后拔下怠速控制阀线束插接器,待起动后再插上。如果发动机转速随之变化,说明怠速控制阀工作正常;否则,应检查控制线路或更换怠速控制阀。

⑦在打开空调开关后或转动转向盘时,如果发动机转速没有变化,说明怠速自动控制系统有故障,应检查空调开关、动力转向器压力开关及怠速自动控制线路。

⑧用钳子包上软布将曲轴箱强制通风阀软管夹紧。如果发动机转速随之下降,则说明曲轴箱强制通风阀在怠速时漏气,使发动机进气量过大,影响怠速。对此,应更换曲轴箱强制通风阀。

(4)电控发动机热车怠速过高的故障诊断与排除程序如图3-26所示。电控发动机怠速过高的故障诊断与排除程序如图3-27所示。

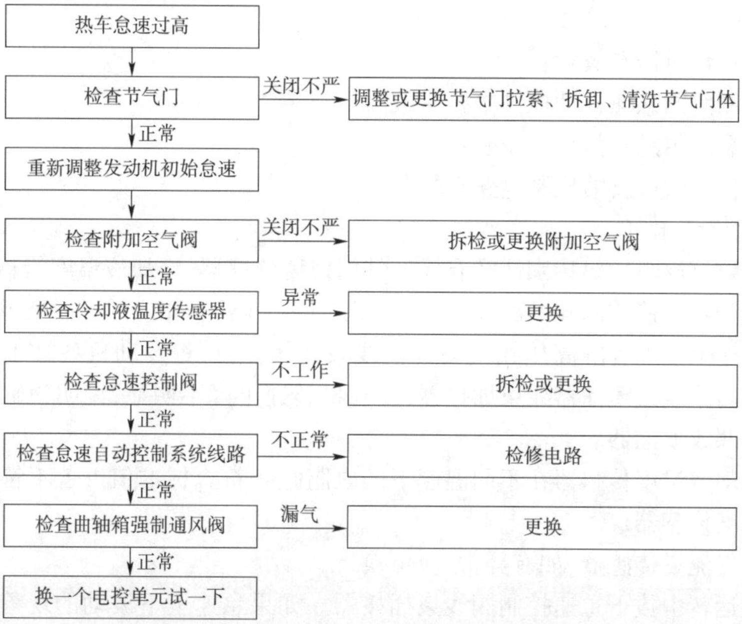

图3-26　热车怠速过高的故障诊断与排除程序

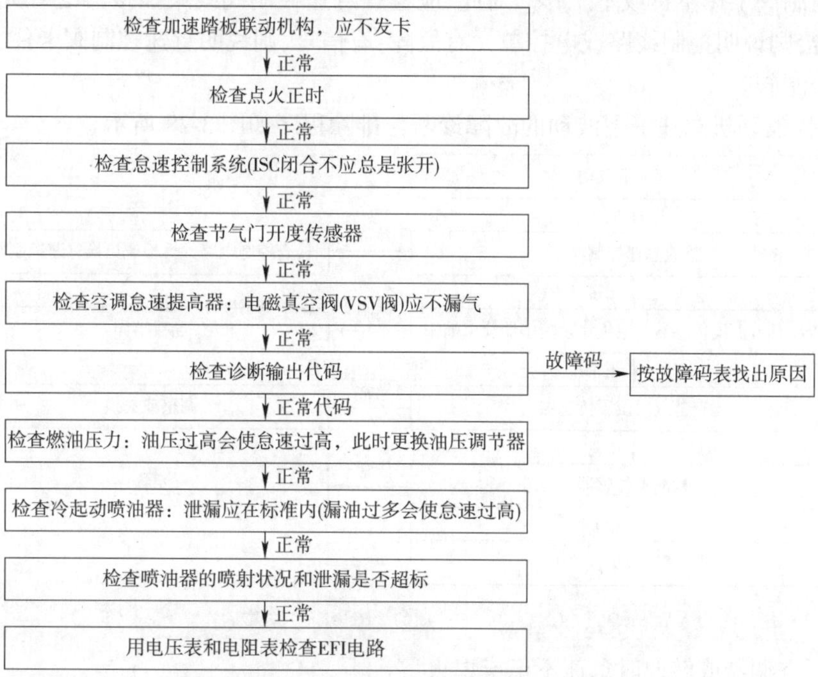

图3-27　怠速过高的故障诊断排除程序

5)怠速上下波动

(1)故障现象:发动机怠速运转时怠速转速不断地上下波动。

(2)故障原因。

①怠速开关(节气门位置传感器)调整不当怠速开关触点不闭合;

②喷油器雾化不良或堵塞;

③空气流量传感器有故障;

④怠速控制阀或怠速自动控制电路有故障;

⑤冷却液温度传感器信号不正确;

⑥氧传感器失效或反馈控制电路有故障。

(3)故障诊断与排除。

①进行故障自诊断。要特别注意有无节气门位置传感器、冷却液温度传感器、空气流量传感器、氧传感器、怠速控制阀的故障码。如有故障码,应检查相应的传感器及其电路。

②怠速时逐个拔下各缸高压线或喷油器线束插接器,检查发动机各缸工作是否均匀。如果拔下某缸高压线或喷油器线束插接器,发动机转速下降不明显,说明该缸工作不良,应拆检该缸火花塞或喷油器。

③检查冷却液温度传感器在不同温度下的电阻是否符合标准值。若不符合标准值,应更换冷却液温度传感器。

④检查空气流量传感器,如有异常,应更换。

⑤在怠速运转中拔下怠速控制阀线束插接器。如果怠速上下波动的现象消失,但随之怠速不稳现象加剧,此时怠速控制阀工作正常,喷油系统有故障;如果怠速波动现象不变,则说明怠速控制阀工作不良或不工作。对此,应检查怠速控制阀线束插接器处有无脉冲电信号。无信号,则说明控制线路或电控单元有故障;有信号,则说明怠速控制阀卡住,应拆检或更换怠速控制阀。

(4)电控发动机怠速上下波动的故障诊断与排除程序如图3-28所示。

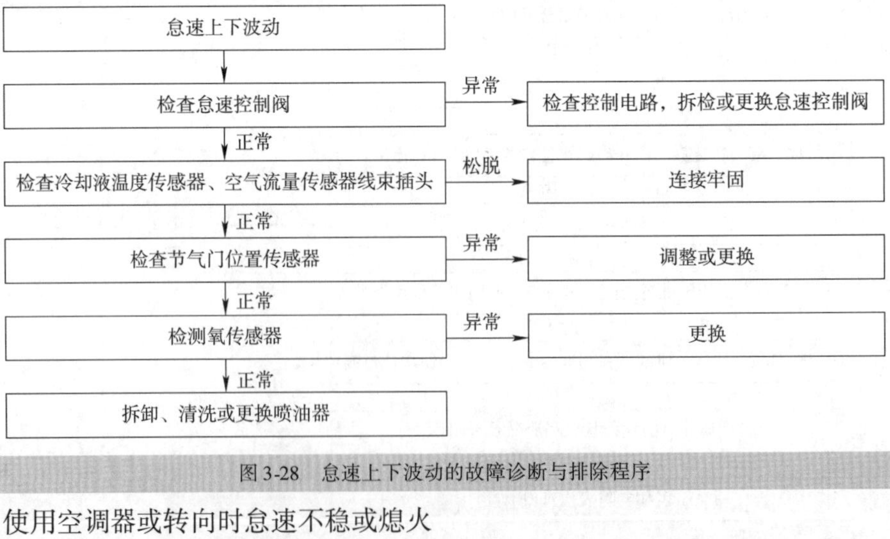

图3-28　怠速上下波动的故障诊断与排除程序

6)使用空调器或转向时怠速不稳或熄火

(1)故障现象:在发动机怠速运转中使用空调器或汽车转向时怠速过低、不稳,甚至熄火，关闭空调器或停止转向时怠速运转正常。

（2）故障原因。

①发动机初始怠速调整过低，使怠速自动控制无法正常进行。

②怠速控制阀不工作，在使用空调器或汽车转向时，由于空调压缩机或动力转向液压泵开始工作，增大了发动机负荷，导致怠速过低、运转不稳或熄火。

③空调开关或转向液压开关及其控制线路有故障，使电控单元得不到使用空调器和汽车转向的信号，没有进行怠速自动控制，导致怠速过低、不稳或熄火。

（3）故障诊断与排除。

①进行故障自诊断读取故障码。有些车型的电控单元能检测出怠速控制阀的工作状态。当怠速控制阀工作不正常（如线路短路或断路）时，电控单元会显示出一个故障码。也可以通过电控单元故障检测仪（解码器）来检测怠速控制阀的工作状态，在汽车运转过程中检测电控单元向怠速控制阀发出的指令。如有电控单元指令而怠速控制阀没有相应的反应，则说明怠速控制阀或控制线路有故障，若没有指令信号，则说明电控单元或空调开关、动力转向液压开关有故障。

②按规定的程序重新检查调整发动机的初始怠速。

③检查怠速控制阀是否工作正常。脉冲电磁阀式怠速控制阀，可在汽车运转中拔下怠速控制阀线束插接器，若发动机转速没有变化，则说明怠速控制阀不工作。步进电动机式怠速控制阀应在发动机熄火后拔下线束插接器，待发动机起动后再插上，若此时发动机转速无变化，则说明怠速控制阀不工作。对此，应进一步检查线束插接器处有无脉冲电压。如无脉冲电压，应检查控制线路；如有脉冲电压，则说明怠速控制阀有故障，应更换。

④检查空调开关、转向液压开关有无故障，其与电控单元的连接线路有无断路或短路。

（4）使用空调器或转向时怠速不稳或熄火的故障诊断与排除程序如图3-29所示。

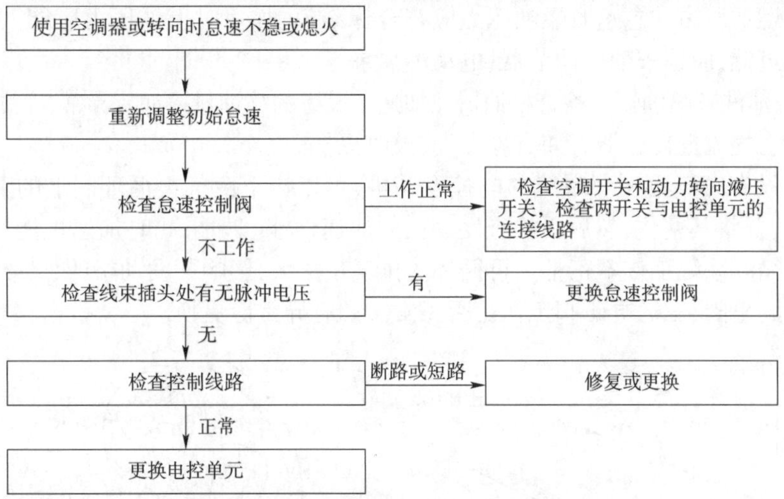

图3-29　使用空调器或转向时怠速不稳或熄火的故障诊断与排除程序

4. 加速不良

电控发动机的特点之一是具有极好的加速性能，其加速十分灵敏、迅速，如果出现加速反应迟缓等现象，即说明电控发动机电子控制系统有故障，应及时进行检修。

(1)故障现象:踩下加速踏板后,发动机转速不能马上升高,有迟滞现象,加速反应迟缓,或在加速过程中发动机转速有轻微的波动,其发动机转速变化曲线图如图3-30所示。

(2)故障原因。

①点火提前角不正确;

②燃油压力过低;

③进气系统中有漏气;

④节气门位置传感器或空气流量传感器故障;

⑤喷油器工作不良;

⑥排气再循环系统工作不正常。

(3)故障诊断与排除。

①进行故障自诊断,检查有无故障码。空气流量传感器、节气门位置传感器等故障都会影响汽车的加速性能。按显示的故障码查找故障原因。

②检查点火正时。在发动机怠速时点火提前角应为10°~15°。如不正确,应调整发动机的初始点火提前角。加速时点火提前角应能自动地加大到20°~30°。如有异常,应检查点火控制系统或更换电控单元。

③检查进气系统有无漏气。测量进气管真空度。怠速时真空度应大于66.7kPa。如真空度太小,说明进气系统有漏气处,应仔细检查各进气管接头处及各软管、真空管等。

④检查空气滤清器。如有堵塞,应清洗或更换。

⑤检查节气门位置传感器。对于开关量输出型节气门位置传感器,在节气门全闭时,怠速开关触点应闭合;节气门打开时,怠速开关触点应断开;节气门接近全开时,全负荷开关触点应闭合。对线性输出式节气门位置传感器,在节气门由全闭到全开变化时,其信号端子与搭铁端子间的电阻值应连续增大,不应出现继续现象。如有异常,应按规定进行调整或更换。

⑥检查燃油压力。怠速时燃油压力应符合标准值,加速时燃油压力应能上升50kPa左右。如油压过低,应检查油压调节器、电动燃油泵等。

⑦拆卸、清洗各喷油器。检查喷油器在加速工况下的喷油量。如有异常,应更换喷油器。

⑧检测空气流量传感器。如有异常,应及时更换。

⑨对于设有废气再循环系统的电控发动机,可以拔下废气再循环阀上的真空软管,如图3-31所示,并将其塞住,然后再检查发动机的加速性能。如果此时加速性能恢复正常,则说明废气再循环系统工作不正常。再循环的排气量太大,影响了发动机的加速性能。对此,应检查废气调整阀、三通电磁阀工作是否正常。如有异常应更换。

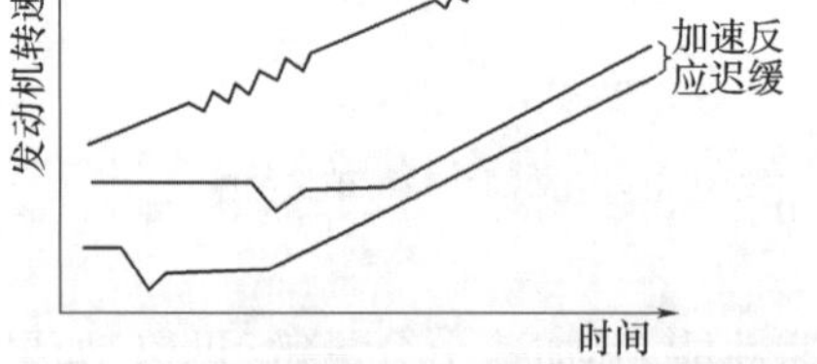

图3-30　加速不良的发动机转速变化曲线

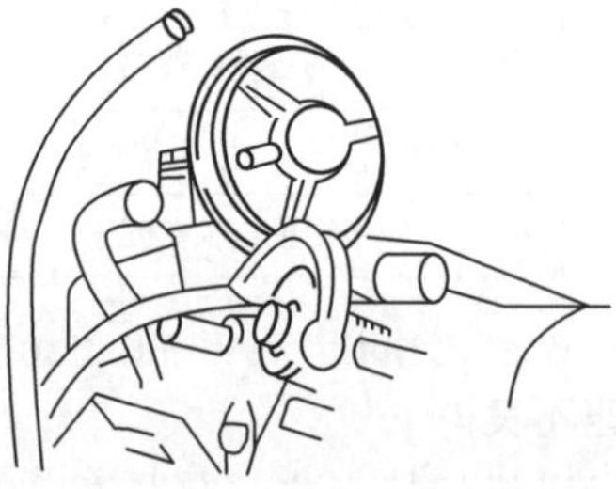

图3-31　废气再循环系统的检查

(4)电控发动机加速不良的故障诊断与排除程序如图 3-32 所示。

图 3-32　发动机加速不良的故障诊断与排除程序

5. 动力不足

(1)故障现象:发动机无负荷运转时基本正常,但带负荷运转时加速缓慢、上坡无力,加速踏板踩到底时仍感到动力不足,转速不能提高,达不到最高车速。

(2)故障原因。

①空气滤清器堵塞;

②节气门调整不当,不能全开;

③燃油压力过低;

④蓄电池电压过低;

⑤喷油器堵塞或雾化不良;

⑥冷却液温度传感器故障;

⑦空气流量传感器故障;

⑧点火正时不当或高压火花太弱;

⑨发动机汽缸压缩压力过低。

(3)故障诊断与排除。

①将加速踏板踩到底,检查节气门能否全开。如不能全开应调整节气门拉索或加速踏板。检查节气门位置传感器的怠速开关和全负荷开关是否调整正确。如不正确,应按标准重新调整。

②检查空气滤清器有无堵塞。如有堵塞,应清洗或更换。

③进行故障自诊断。检查有无故障码出现。影响发动机动力性的传感器和执行器有:

冷却液温度传感器、空气流量传感器或进气歧管绝对压力传感器、点火器、喷油器等。按所显示的故障码查找故障原因。

④检查点火正时。在热车后的怠速运转中检查点火提前角应为10°~15°,加速时的点火提前角应能自动提前至20°~30°。如怠速时的点火提前角不正确,应调整初始点火提前角,如果加速时点火提前角不正常,应检查点火提前控制线路及曲轴位置传感器、点火器等。

⑤检查冷却液温度传感器。在不同温度下,冷却液温度传感器的电阻应能按规定标准值变化。如不符合标准值,应更换冷却液温度传感器。

⑥检查空气流量传感器或进气歧管压力传感器。如有异常应予以更换。

⑦检查所有火花塞、高压线、点火线圈、点火器等。如有异常,应予以更换。

⑧检查燃油压力,如压力过低,应进一步检查电动汽油泵、油压调节器、汽油滤清器等。拆卸喷油器,检查喷油量是否正常。如喷油量不正常或雾化不良,应清洗或更换喷油器。

⑨检查蓄电池电压。蓄电池电压过低,会引起喷油器喷油量减少,造成发动机动力不足,加速迟缓。若蓄电池电压过低,应检查充电系统或更换蓄电池。

⑩测量汽缸压缩压力。如压力过低,应拆检发动机。

(4)发动机动力不足的故障诊断与排除程序如图3-33所示。

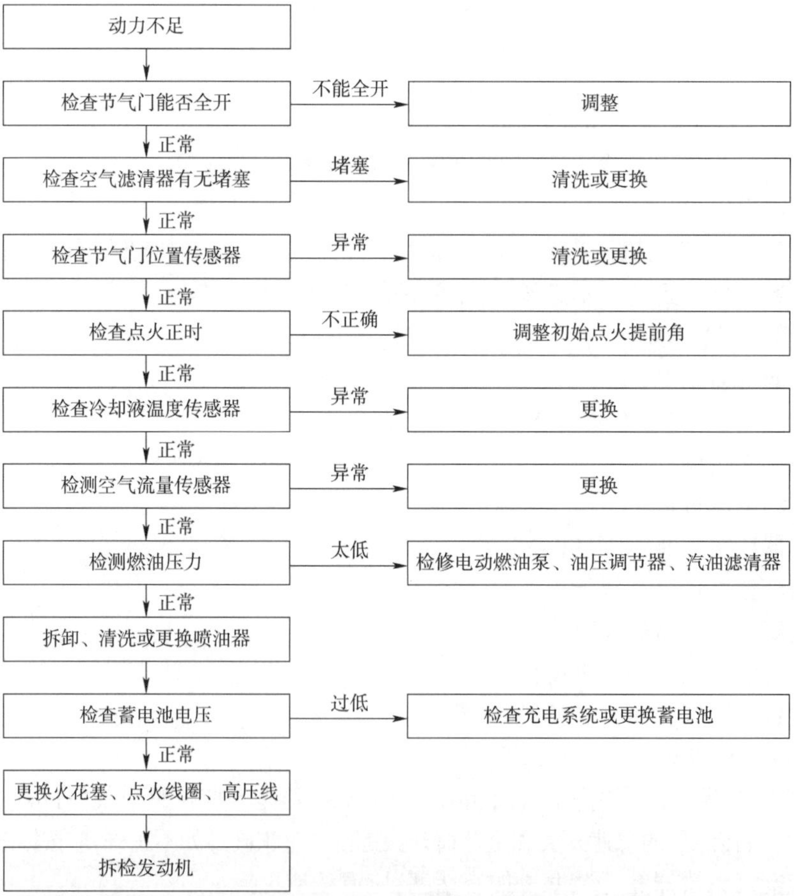

图3-33 发动机动力不足的故障诊断与排除程序

6. 减速不良

（1）故障现象：发动机怠速运转正常，但在行驶中突然松开加速踏板减速时，发动机经常发生熄火故障。

（2）故障原因。

①怠速调整过低；

②怠速自动控制失常；

③断油控制失常；

④控制系统或点火系统线路接触不良。

（3）故障诊断与排除。

①如有怠速不稳现象，应先按“怠速不稳”故障的检查方法进行检查。

②检查发动机初始怠速。如果初始怠速过低，应按规定程序和标准进行调整。

③检查节气门位置传感器。在节气门全闭时，节气门位置传感器内的怠速开关触点应闭合。如不能闭合，应按标准进行调整。如果调整无效，应更换节气门位置传感器。

④检查怠速控制阀。发动机熄火后拔下怠速控制阀线束插接器，待发动机起动后再插上插接器。如果发动机转速无变化，说明怠速控制阀不工作，应检查在发动机怠速运转时怠速控制阀线束插接器内有无脉冲电压信号输出。如无信号，则应检查控制线路，如有信号，则说明怠速控制阀已损坏，应更换。

⑤检查减速断油功能是否正常。拔下节气门位置传感器线束插接器，用一根导线将插接器内怠速开关触点的两接线孔插孔短接，起动发动机，踩下加速踏板加速，观察发动机转速能否在断油转速和回油转速之间来回变化，如图3-34所示，并记下回油转速的数值。如果回油转速过低（一般不低于1200r/min），说明电控单元内断油控制功能失常，应更换电控单元。

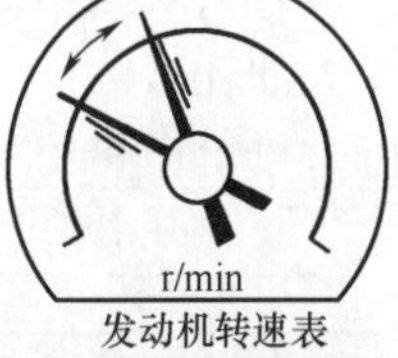

图3-34　急减速断油功能的检测

⑥全面检查电控单元控制线路及点火线路各插接器处有无接触不良。

（4）发动机减速不良的故障诊断与排除程序如图3-35所示。

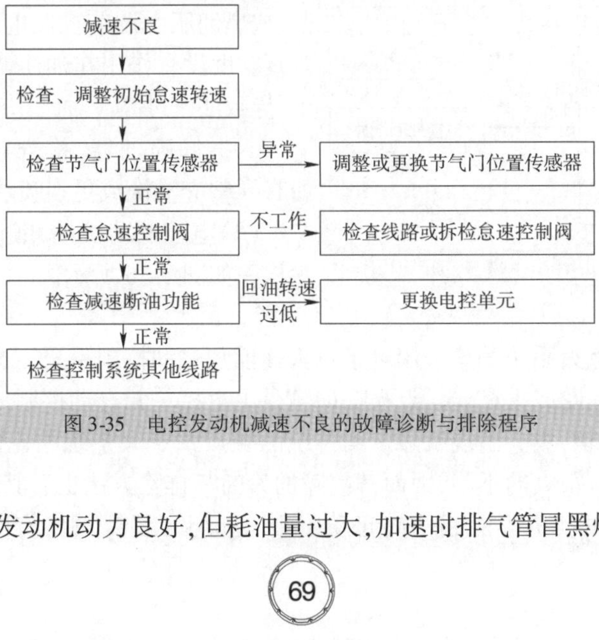

图3-35　电控发动机减速不良的故障诊断与排除程序

7. 油耗过大

（1）故障现象：发动机动力良好，但耗油量过大，加速时排气管冒黑烟。

(2)故障原因。

①冷却液温度传感器失常;

②空气流量传感器或进气歧管压力传感器失常;

③节气门位置传感器失常;

④燃油压力过高;

⑤喷油器漏油。

(3)故障诊断与排除。

①检测冷却液温度传感器,其在不同温度下的电阻值应符合标准。电阻太大,会使电控单元误认为发动机处于低温状态,从而进行冷车加浓控制,使油耗增加。也可以用电控单元故障检测仪来检测,它能在发动机运转中显示冷却液温度传感器传给电控单元的信号所表示的冷却液温度数值,将这一数值与实际冷却液温度相比较,就能直观地反映出冷却液温度传感器是否工作正常。

②检测空气流量传感器或进气歧管绝对压力传感器,其数值应符合标准。空气流量传感器或进气歧管压力传感器的误差会直接影响喷油量。检测结果如有异常,应更换空气流量传感器或进气歧管绝对压力传感器。

③检查节气门位置传感器。在节气门处于中小开度时,全负荷开关触点应断开。若全负荷开关触点始终闭合或闭合时间过早,会使电控单元始终或过早地进行全负荷加浓,从而增大油耗。

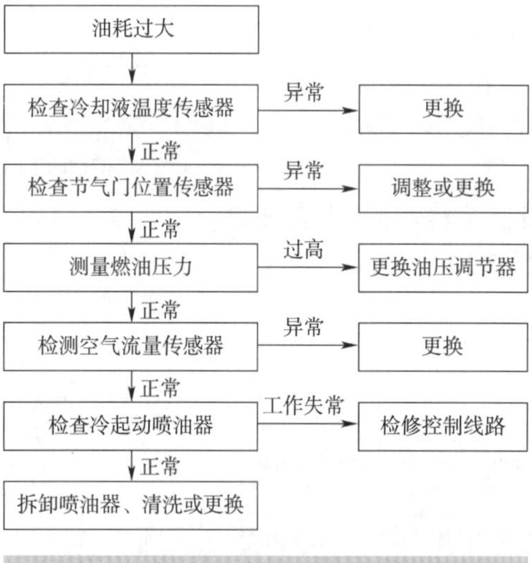

图3-36 发动机油耗过大的故障诊断与排除程序

④测量燃油压力。怠速时的燃油压力应符合标准值,随着节气门的开启,燃油压力应逐渐上升,节气门全开时的燃油压力约比怠速时高50kPa。若燃油压力能随节气门开度变化而改变,但压力始终偏高,则说明油压调节器有故障,应更换。若燃油压力不能随节气门开度变化而改变,则说明油压调节器的真空软管破裂或脱落,或燃油压力调节控制电磁阀有故障,使进气管真空度没有作用在油压调节器的真空膜片室上,导致油压过高。对此,应更换软管或电磁阀。

⑤拆卸喷油器,检查各喷油器有无漏油。如有异常应清洗或更换喷油器。

(4)电控发动机油耗过大的故障诊断与排除程序如图3-36所示。

8.点火不正常

电控发动机的点火系统都是采用电子点火提前角自动控制系统。这种点火系统的故障形式主要是无高压火花或火花弱。点火提前角是由电控单元自动控制。使用中一般不会发生变化,无须进行调整,极少出现故障。与传统的触点式点火系统相比,这种点火系统在结构和工作原理上都有很大的不同,因而其故障的诊断与排除方法也有其特殊性。

(1)故障现象:发动机不能起动或起动困难,起动后运转不稳,有断火现象,排气管放炮,汽车行驶无力。检查高压火花为粉红色或暗红色,甚至无高压火花。

(2)故障原因。

①点火线路接触不良;

②高压线电阻过大或漏电;

③点火线圈击穿、短路或断路;

④点火器损坏;

⑤曲轴位置传感器损坏;

⑥电控单元内点火控制模块损坏。

(3)故障诊断与排除。

①检查点火线圈、点火器、分电器(曲轴位置传感器)的线束插接器是否连接可靠。如果插接器内有水渍或松动、接触不良,应清除水渍,使之连接牢固。

②测量各高压线电阻,每根高压线的电阻应小于25kΩ,如电阻太大或表面有破损、破裂老化,应更换。

③打开点火开关,测量点火线圈正极接线上有无12V电压。如无电压,则说明点火开关损坏,点火开关至点火线圈的线路有断路或熔断器烧断。

④检查点火线圈。分别测量点火线圈初级绕组和次级绕组的电阻。如果是高压火花弱的故障,还应检查点火线圈在热态下的线圈电阻。点火线圈初级绕组的电阻一般为0.35～0.65Ω,次级绕组的电阻一般为9～18kΩ。如有异常,应更换点火线圈。

⑤检查曲轴位置传感器。测量传感器线圈电阻,检查信号转子与定子之间的间隙。如不符合标准值,应调整或更换曲轴位置传感器。

⑥检查点火控制系统线路。用示波器测量在发动机转动时电控单元有无脉冲信号送至点火器。如无信号,则说明电控单元有故障;如有信号,则说明点火器损坏,应更换点火器或电控单元。

(4)点火不正常的故障诊断与排除程序如图3-37所示。

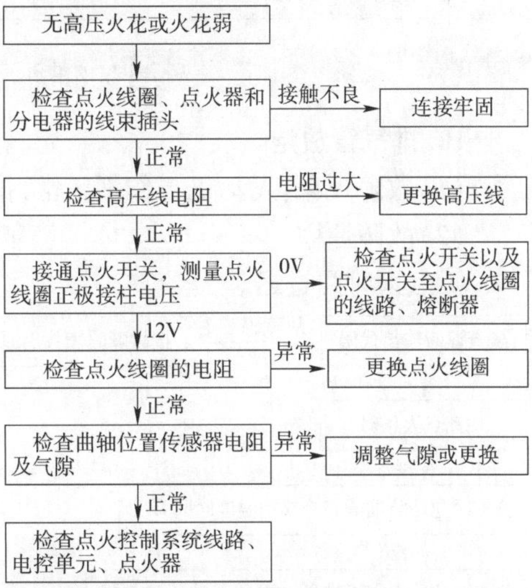

图3-37　点火不正常的故障诊断与排除程序

9. 发动机进气管回火

(1)故障现象:发动机工作不正常,迅速增大节气门开度时进气管回火。

(2)故障原因。

①进气系统漏气。空气软管破损或软管接头松脱,废气再循环阀不能关闭,机油滤清器盖关闭不严。

②点火时间过早。

③喷油压力偏低。输油管路有泄漏,燃油滤清器及输油管路阻塞;燃油泵工作不良;燃油压力调节器工作不良。

④喷油器工作不良。喷油器喷孔阻塞,喷油器串联电阻漏电,喷油器电源线路或线路插接器接触不良。

⑤喷油器控制信号不良。空气流量传感器工作不良,冷却液温度传感器、进气温度传感器工作不良;节气门位置传感器工作不良;传感器至 ECU 线路不良。

⑥蓄电池电压过低。蓄电池损坏,充电系统有故障。

(3)发动机进气管回火的故障诊断与排除程序如图 3-38 所示。

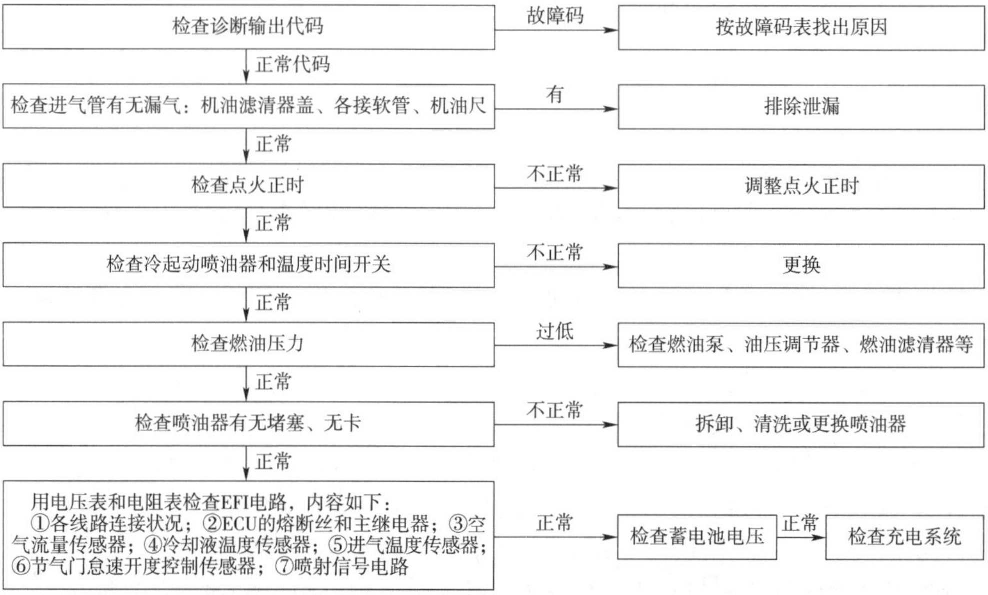

图 3-38　发动机进气管回火的故障诊断与排除程序

10. 排气管放炮

(1)故障现象:发动机工作不正常,排气管有放炮现象。

(2)故障原因。

①点火时间过迟。

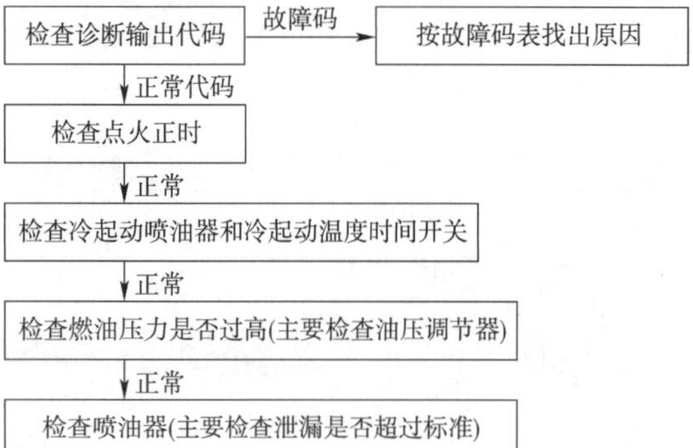

图 3-39　排气管放炮的故障诊断与排除程序

②喷油器漏油。

③燃油压力调节器工作不良(喷油压力过高)。

④点火系缺火或火花弱。点火线圈不良,火花塞电极烧蚀或积炭;高压分线漏电或松脱;分电器盖漏电。

⑤喷油器控制信号不良。节气门位置传感器工作不良,氧传感器工作不良;传感器至 ECU 信号线路不良或 ECU 故障。

⑥排气门漏气。

⑦怠速控制系统工作不良。

(3)电控发动机排气管放炮的故障诊断与排除程序如图 3-39 所示。

11. 发动机喘抖

(1)故障现象:在车辆起步或加速时发动机喘抖,加速困难。

(2)故障原因。

①离合器打滑。

②制动器拖滞。

③进气系统漏气。空气软管破损或软管接头松脱,废气再循环系统 EGR 阀不能关闭,机油滤清器盖关闭不严。

④空气滤清器堵塞。

⑤点火系统工作不良。火花塞积炭或电极间隙不正常高压导线漏电或松脱,分电盖或分火头漏电,点火线圈不良点火正时不正确。

⑥喷油压力过低。输油管路有泄漏,燃油滤清器或输油管路阻塞,燃油泵工作不良或滤网堵塞,燃油压力调节器不良。

⑦喷油器工作不良。喷油孔堵塞,串联电阻漏电,喷油器驱动电源线路不良。

⑧喷油器控制信号不良。空气流量传感器工作不良,冷却液温度传感器、进气温传感器工作不良,节气门位置传感器工作不良,有关线路和插接器接触不良,ECU 故障。

⑨个别缸不工作;汽缸垫损坏;个别缸火花塞点火不良;个别缸喷油器喷油不良;高压分线不良;个别缸进排气门漏气。

(3)发动机喘抖的故障诊断与排除程序如图 3-40所示。

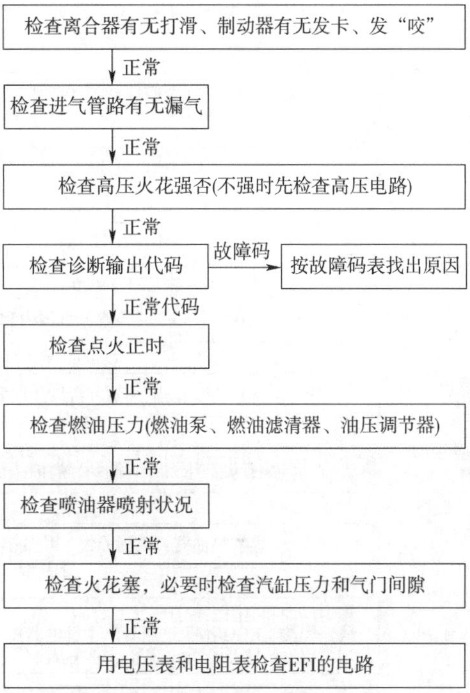

图 3-40　电控发动机喘抖的故障诊断与排除程序

12. 发动机经常失速(转速忽高忽低)

发动机经常失速的故障诊断与排除程序如图 3-41 所示。

发动机有时失速的故障诊断与排除程序如图 3-42 所示。

13. 发动机间歇熄火

(1)故障现象:发动机突然熄火,过后会自动着火(或可以起动)正常运转,不定时又会突然自行熄火。

(2)故障原因。

①空气流量传感器信号不连续;

②节气门位置传感器不良;

③曲轴位置传感器信号线路时通时断;

④EFI 主继电器、燃油泵继电器触点接触不良;

⑤有关线路插接器松动;

⑥ECU 不良。

图3-41　发动机经常失速的故障诊断与排除程序

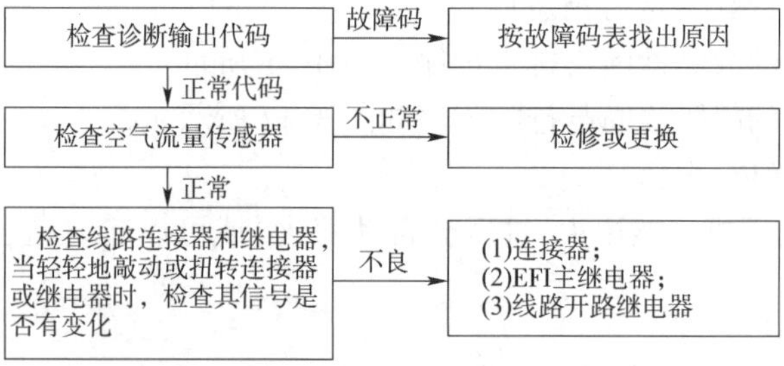

图3-42　发动机有时失速的故障诊断与排除程序

当遇到疑难故障，而故障既不能在故障码检查中得到证实，也不能在基本检查中得到证实时，运用故障诊断表所指示的诊断程序进行检测，可以缩小范围，迅速查找出故障部位，是十分实用和有效的故障诊断方法。常见车型电子控制系统的故障诊断表见表3-7及表3-8，可供在故障排除过程中查询使用。故障诊断表中均列出了故障现象、检测部位及检测顺序。

D 型电控喷射发动机故障诊断表　　表 3-7

故障现象		检查要点顺序
不能起动	发动机转不动	24,26,25
	起动机转不动发动机	26
	无初始燃烧	28,2,16,5,11,20,15,33,1,19
	燃烧不完全	5,15,12,3,33,14,19
起动困难	发动机转动缓慢	26,10
	常温起动困难	20,27,15,3,12,11,13,33,1,2,4,28,14,19
	冷态起动困难	3,7,20,15,4,12,11,13,14,19
	热态起动困难	3,20,15,4,12,11,13,14,19
怠速动转不好	开始怠速不正确	29,3,15,17,19
	怠速转速太高	29,3,15,17,4,6,10,9,14,19
	怠速转速太低	3,15,5,14,19
	怠速动转不柔和	20,3,27,28,12,11,13,15,33,5,14,2,19
	缺火(怠速不稳)	20,27,2,28,3,33,14,19
驾驶性能不良	加速时发抖/加速性差	32,30,20,27,28,33,6,5,3,4,12,11,13,14,19
	回火	3,6,5,4,12,11,13,14,19
	消声器放炮	18,3,12,5,6,4,14,19
	发动机喘振	12,27,28,14,19
	爆燃	8,20,27,31,19
发动机失速	起动后不久就失速	20,12,11,13,15,5,3,14,19
	在踩下加速踏板后	5,6,27,12,13,14,19
	在松开加速踏板后	15,5,19
	在 A/C 工作时	10,15,19
	从 N 挡位换到 D 挡位时	9,15,19
其他故障	燃油消耗过大	21,20,29,32,30,18,27,28,33,14,3,6,5,9,10,4
	发动机过热	22,31,27,8
	发动机过冷	31
	机油消耗过高	23,33
	机油压力太高	23
	机油压力太低	23
	起动机运转不停	24,26

注:1-开关状态信号电路;2-点火信号电路(火花试验);3-冷却液温度传感器电路;4-进气温度传感器电路;5-真空度传感器电路;6-节气门位置传感器电路;7-起动机信号电路;8-爆震传感器电路;9-空挡起动开关电路;10-A/C 信号电路(空调);11-燃油泵电路;12-油压调节器;13-油管;14-喷油器;15-ISC 阀电路;16-EFI 主继电器电源;17-节气门减速缓冲器;18-燃油节断系统;19-发动机和变速器 ECU;20-燃油质量;21-漏燃油;22-漏冷却液;23-漏机油;24-起动机继电器;25-空挡起动开关;26-起动机;27-火花塞;28-分电器;29-加速器踏板拉杆;30-松开后制动器仍抱死;31-冷却风扇系统;32-离合器;33-汽缸压缩不良

L 型电控喷射发动机故障诊断表 表 3-8

故障现象		检测要点排序
不能起动	发动机转不动	28,38,12
	起动机转不动发动机	29,39
	无初始燃烧	12,2,17,30,14,39
	燃烧不完全	26,29,31,30,2,14,16,35,4,17,15,39,40
起动困难	发动机旋转缓慢	29,21,39
	常温起动困难	9,16,17,29,31,30,35,14,22,19,4,15,2,5,39,40
	冷态起动困难	9,16,17,14,29,31,30,15,4,5,40
	热态起动困难	9,16,18,17,1,29,15,31,30,4,5,19,22,26,40
怠速运转不好	开始怠速不正确	1,16,40
	怠速转速太高	1,16,21,12,11,13,40
	怠速运转太低	16,21,1,11,17,14,7,13,4,19,40
	怠速运速不柔和	1,16,18,7,14,19,20,2,35,1,29,31,30,12,26,22,15,4,3,39,40
	缺火(怠速不稳)	1,16,7,12,17,22,4,26,39,40
驾驶性能不良	加速时发抖/加速性差	1,7,14,17,20,2,29,31,30,37,26,32,36,39,40
	回火	26,19,20,4,5,8,7,14,39,40
	消声器放炮	1,29,31,30,11,20,4,5,8,7,17,39,40
	发动机喘振	1,17,20,31,30,14,26,4,5,39,40
	爆燃	22,10,30,14,19,39,40
发动机失速	起动后不久就失速	17,7,16,26,22,4
	在踩下加速踏板后	1,7
	在松开加速踏板后	14,17,21,40
	在 A/C 工作时	16,21,40
	从 N 挡位换到 D 挡位	11,16
	旋转转向机构时	34
	起动或停机时	37
其他故障	燃油消耗过大	23,22,36,32,33,4,5,8,30,31,35,17,14,18,15,16,11,3,6,37,39,40
	发动机过热	24,33,39
	发动机过冷	33,39
	机油消耗过高	25,39
	机油压力太高	25,39
	机油压力太低	39
	起动机运转不停	27
	蓄电池经常放电	39

注:1-开关状态信号电路;2-点火信号电路(火花试验);3-空燃比过高/过低;主氧传感器;4-冷却液温度传感器电路;5-进气温度传感器电路;6-副氧传感器电路;7-空气流量传感器电路;8-节气门位置传感器电路;9-起动机信号电路;10-爆震传感器电路;11-空挡起动开关电路;12-EFI 主继电器电源;13-备用电源电路;14-喷油器电路;15-冷起动喷油器电路;16-ISC 阀电路;17-燃油泵电路;18-燃油压力控制 VSV 电路;19-EGR 系统电路;20-可变电阻器电阻;21-A/C 信号电路(空调);22-燃油质量;23-漏燃油;24-漏冷却液;25-漏机油;26-漏真空;27-起动机和继电路;28-空挡起动开关;29-点火线圈;30-火花塞;31-分电路;32-加速踏板拉杆;33-冷却风扇系统;34-动力转向怠速提升装置;35-汽缸压缩不良;36-松开后制动器仍抱死;37-变速器故障;38-防盗和门锁控制 ECU;39-发动机机械和其他故障;40-发动机和变速器 ECU

小提示

发动机燃油喷射系统的故障，大多数出在系统的零部件、配线、插接器及传感器上，而控制电控单元（ECU）本身一般很少出现故障。因此对电控发动机的故障进行诊断时，应首先对各组成零部件、配线、插接器、传感器进行检查，确认均正常时，才能判定故障在ECU本身，而不能轻易判定是ECU故障，当故障既不能在故障码中得到证实，也不能在基本检查中得到证实，则应按表3-7和表3-8的程序检查和判断故障。

单元小结

（1）空气供给系统的作用是向发动机提供与负荷相适应的可燃混合气。

（2）燃油供给系统的功用是：根据发动机不同工况的要求，向进气歧管内进气门上方喷射定量的汽油，配制一定数量和浓度的可燃混合气。

（3）电子控制系统的主要作用是根据发动机和汽车不同的运行工况，对喷油以及点火时刻等进行控制和修正。

（4）空气流量传感器或线路有故障时，ECM进入失效保护模式。通过调取故障码，目视检查插接件的安装状况，查找资料检测空气流量传感器，检测、维修空气流量传感器线路的方法进行诊断排除。

（5）根据发动机不能起动、发动机起动困难、怠速不良、动力不足、油耗过大、减速不良、点火不正常、发动机进气管回火、排气管放炮、发动机喘振、发动机经常失速（转速忽高忽低）、发动机间歇熄火等故障的故障现象，分析其故障的具体原因。

思考与练习

一、填空题

1. 电控汽油喷射系统都由以下三个子系统组成：____________系统、____________系统和____________系统。

2. 空气供给系统的作用是向____________提供与负荷相适应的清洁的____________，同时对流入____________的空气质量进行____________或间接计量和控制进入发动机汽缸的空气量，使它们在系统中与喷油器喷出的汽油形成空燃比符合要求的可燃混合气。

3. 旋转翼片式空气流量传感器的常见故障有：____________与碳膜电阻接触不良，电阻值发生变化、____________或传感器转轴复位弹簧失效等。

4. 燃油供给系统的功用是：电动汽油泵向____________提供足量的具有一定压力的____________，根据发动机不同工况的要求，喷油器根据来自ECU的控制信号，向进气歧管内进气门上方喷射定量的汽油,配制一定数量和浓度的__________,供入汽缸,并在燃烧做功。

5. 燃油泵的控制电路主要有__________、__________、__________三种类型。

6. 检查节气门位置传感器,在节气门全闭时,节气门位置传感器内的__________应闭合。如不能闭合,应按标准进行调整。如果调整无效,应更换节气门位置传感器。

7. 检测冷却液温度传感器,在不同温度下的__________值应符合标准。__________太大,会使ECU误认为发动机处于低温状态,从而进行冷车__________控制,使油耗增加。

二、选择题

1. 可以作为汽油机供给系统的诊断参数的是(　　)。
A. 喷油器喷油压力　B. 车轮侧滑量　C. 车轮前束值

2. 进气管负压用(　　)检测,无须拆任何机件,而且快速简便,应用极广。
A. 汽缸压力表　B. 真空表　C. 万用表

3. 进气管负压随海拔升高而(　　)。
A. 增高　B. 降低　C. 不变

4. 以下能用来表征发动机汽缸密封性的诊断参数是(　　)。
A. 气间隙　B. 汽缸压力　C. 点火提前角

5. 与平原地区相比,在相同的混合气成分下,高原地区点火提前角应(　　)。
A. 提前　B. 推迟　C. 不变

6. 电控汽油喷射发动机的点火提前角一般是(　　)。
A. 可调的　B. 不可调的　C. 固定不变的

7. 检测磁感应式曲轴位置传感器是否良好,应检查磁感应线圈(　　)。
A. 阻值　B. 交流信号电压　C. 阻值与交流信号电压

8. 霍尔效应传感器信号是频率调制信号,其波形是(　　),所以可用直流电压挡检测平均电压,以判别霍尔传感器有无信号输出。
A. 方波　B. 正弦波　C. 递增信号波

9. 以下几个选项中,(　　)不是电喷发动机冷车起动困难的根本原因。
A. 冷却液温度传感器有故障　B. 点火能量不够
C. 车速传感器有故障

10. 以下几个选项中,(　　)不是电喷发动机热车起动困难的根本原因。
A. 冷却液温度传感器有故障　B. 混合气过浓
C. 车速传感器有故障

11. 以下几个选项中,(　　)不是电喷发动机怠速转速过低的根本原因。
A. 怠速控制阀有故障　B. 节气门位置传感器信号不正确
C. 车速传感器有故障

12. 以下几个选项中,(　　)是电喷发动机怠速转速过高的原因之一。
A. 节气门位置传感器信号不正确　B. 车速传感器有故障
C. 喷油器线圈断路

13. 以下几个选项中,(　　)是电喷发动机怠速转速过高的原因之一。

A. 怠速控制阀有故障　　B. 车速传感器有故障

C. 喷油器线圈断路

14. 某汽油喷射系统的汽油压力过高,以下正确的选项为(　　)。

A. 电动汽油泵的电刷接触不良　　B. 回油管堵塞

C. 汽油压力调节器密封不严　　D. 以上都正确

15. 在(　　)式空气流量传感器中,还装有进气温度传感器和油泵控制触点。

A. 翼片　　B. 卡门漩涡　　C. 热线　　D. 热膜

16. 负温度系数的热敏电阻其阻值随温度的升高而(　　)。

A. 升高　　B. 降低　　C. 不受影响　　D. 先高后低

三、判断题(对的画"√",错的画"×")

1. 在单缸断火情况下测得的发动机转速与没有单缸断火情况下一样,说明该断火缸工作良好。(　　)

2. 进气管负压与汽缸密封性无关。(　　)

3. 节气门位置传感器输出的模拟电压信号随节气门的开度而增大。(　　)

4. 进气压力传感器都是 3 线的,一根电源线,一根信号线,一根搭铁线。(　　)

5. 装有氧传感器的发动机,应使用无铅汽油。(　　)

6. 检测磁感应式曲轴位置传感器是否良好,仅需检查磁感应线圈阻值。(　　)

7. 油压调节器故障或回油管堵塞会造成燃油喷射系统油压过低。(　　)

8. 冷却液温度传感器有故障会引起发动机冷车起动困难。(　　)

9. 怠速控制阀有故障会引起怠速转速过低故障。(　　)

10. 冷却液温度传感器不正常会引起热车起动困难。(　　)

11. 喷油器漏油或严重雾化不良,会引起热车起动困难。(　　)

12. 节气门位置传感器不良,会引起发动机减速时熄火现象。(　　)

13. 燃油压力过高或喷油器有故障,会使发动机油耗大。(　　)

14. 在拆卸燃油系统内任何元件时,都必须首先释放燃油系统压力。(　　)

15. 在电控发动机的燃油供给系统中一般采用的都是一次性的燃油滤清器。(　　)

四、简答题

1. 燃油压力调节器的作用是什么?

2. 简述燃油供给系统油压的释放步骤。

3. 简述空气流量传感器及线路的检测方法。

4. 发动机不能起动的原因主要有哪些?

5. 简述电控发动机热车怠速不稳或熄火的故障诊断与排除程序。

6. 简述电控发动机怠速过高的故障诊断与排除程序。

7. 简述发动机动力不足的故障诊断与排除程序。

单元四　底盘的故障诊断与检测

学习目标

完成本单元学习后,你应该能:

1. 熟悉汽车底盘各系统的作用及基本组成;
2. 熟悉汽车离合器的故障诊断与检测方法;
3. 掌握汽车变速器的故障诊断与检测方法;
4. 熟悉万向传动装置常见故障的诊断思路;
5. 掌握驱动桥常见故障的诊断思路;
6. 熟悉汽车行驶系统、转向系统常见故障的诊断思路;
7. 掌握制动系统常见故障的诊断思路。

建议学时:24 学时

底盘上的各种装置,原则上都具有各自独立的功能,但大多因其相互联系和作用,当某一装置工作不良而发生故障时,往往会影响其他装置而导致其发生故障,甚至影响更多装置的正常工作。

与发动机相比,底盘故障诊断设备相对较少,而且拆装、调整、维修所需时间也长。因此,在分析诊断其故障情况时,重要的是除了尽可能正确地了解每个装置的功能作用和灵活运用检测方法外,还要考虑它对相关装置的影响。

一、传动系统的故障诊断与检测

传动系统是汽车底盘的四大组成部分之一,其作用是将发动机的动力传递到驱动车轮使汽车产生运动。传动系统由离合器、变速器、万向传动装置、驱动桥等部分组成,汽车传动系统的组成及其结构如图 4-1 所示。

(一)离合器的故障诊断与检测

1. 离合器的作用及组成

离合器是用来保证发动机与传动系统平稳可靠的接合或迅速彻底地分离,便于汽车起步,便于换挡,当停车时不会造成发动机熄火,能防止传动系统过载。

离合器由主动部分、从动部分、压紧装置、分离机构和操纵机构五大部分组成。

2. 离合器故障诊断与检测

离合器在使用过程中常出现的故障有分离不彻底、打滑和异响。

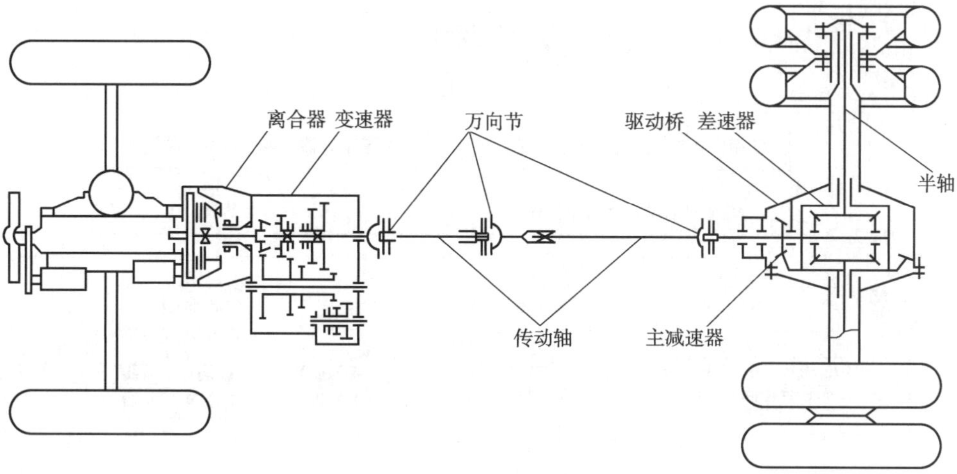

图4-1　汽车传动系示意图

1)离合器分离不彻底

(1)故障现象。

①汽车起步时离合器踏板踩到底仍感到挂挡困难,或虽能勉强挂上挡,但未放松踏板汽车就向前移动或熄火。

②变速器挂挡困难或挂不进挡,变速器内齿轮有撞击声。

(2)故障原因。

①离合器踏板自由行程过大。

②分离杠杆(膜片弹簧)内端高低不一。

③双片离合器中间压盘限位螺钉调整不当。

④从动盘翘曲、铆钉松脱或摩擦片过厚。

⑤从动盘装反。

⑥飞轮或压盘端面翘曲变形。

⑦压紧弹簧弹性不一致、个别折断或膜片弹簧损坏。

⑧从动盘花键孔和变速器输入轴花键齿轮因锈蚀或有油污致使从动盘移动困难。

⑨液压操纵离合器操纵系统漏油或有空气。

(3)故障诊断与排除。

①检查离合器踏板自由行程是否过大,如过大应进行调整。

②将离合器踏板踩到底,观察液压工作缸推杆能否向外伸出,不能向外伸出或伸出过少,应对液压系统进行排气。排气后仍不见效,应拆检离合器液压主缸和工作缸。

③将变速杆置于空挡,离合器踏板踩到底,检查从动盘与压盘和飞轮之间是否有间隙。

若无间隙,说明从动盘摩擦片过厚,可在离合器盖与飞轮接合平面间加装垫片进行调整。

若有间隙,应分解离合器,对从动盘和膜片弹簧进行检查。

(4)离合器分离不彻底的故障诊断流程如图 4-2 所示。

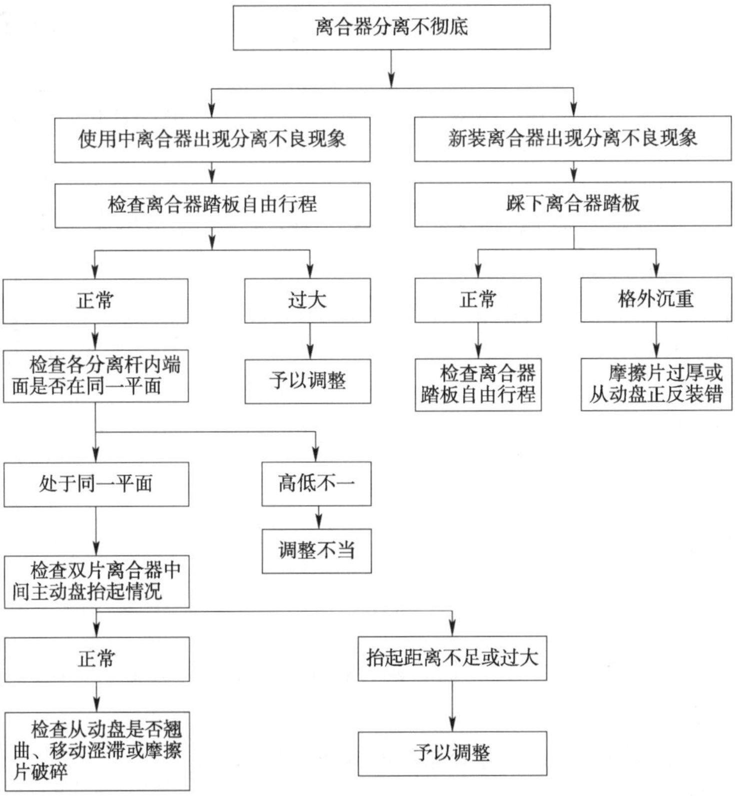

图 4-2　离合器分离不彻底的故障诊断

2)离合器打滑

(1)故障现象。

①汽车起步时,完全放松离合器踏板,汽车仍不能行走或起步不灵敏。

②拉紧驻车制动器用低挡起步时,发动机不熄火。

③汽车加速时车速和发动机转速不成比例。

④汽车重载、上坡行驶时打滑明显,严重时可闻到离合器摩擦片的焦臭味。

(2)故障原因。

①离合器踏板自由行程过小。

②离合器盖与飞轮连接螺栓松动。

③离合器分离杠杆高度调整不当,其内端面不在同一平面上。

④摩擦片磨损过薄、表面硬化,铆钉外露或摩擦片积有油污。

⑤压紧弹簧或膜片弹簧过软或折断。

⑥离合器压盘磨损过薄或变形。

(3)故障诊断与排除。

①离合器踏板自由行程过小或无自由行程,应进行调整。

②检查发现离合器盖与飞轮之间的固定螺栓松动,应予以紧固。

③分解离合器,检查从动盘,若从动盘表面硬化、铆钉外露,应更换从动盘。

④检查膜片弹簧,若弹力不足,应更换。

(4)离合器打滑的故障诊断流程如图 4-3 所示。

3)离合器异响

(1)故障现象。

①踩下离合器踏板时,发动机后部有异响,放松踏板后异响消失。

②无论踩下或放松离合器踏板,都有异响声音出现。

(2)故障原因。

①离合器操纵机构连接部位松动。

②分离拨叉或传动部分有卡滞现象。

③离合器踏板无自由行程,分离杠杆内端不在同一平面上。

④离合器分离轴承润滑不良、脏污、磨损松旷或烧毁卡滞。

(3)故障诊断与排除。

①检查离合器踏板的自由行程,若不符合规定,应重新调整。

②检查离合器操纵机构各连接部位的紧固件有无松动,若松动,应予以紧固。

③连续踩、抬离合器踏板,检查分离叉和传动部分有无卡滞,若有卡滞,应予以润滑、更换。

④检查分离轴承是否转动不灵活或松旷,如有损坏,则修理或更换。

⑤进一步检查从动盘技术状况。

⑥分解离合器总成,检查压盘弹簧、减振弹簧、传动片等有无折断。

(4)离合器异响的故障诊断流程如图 4-4 所示。

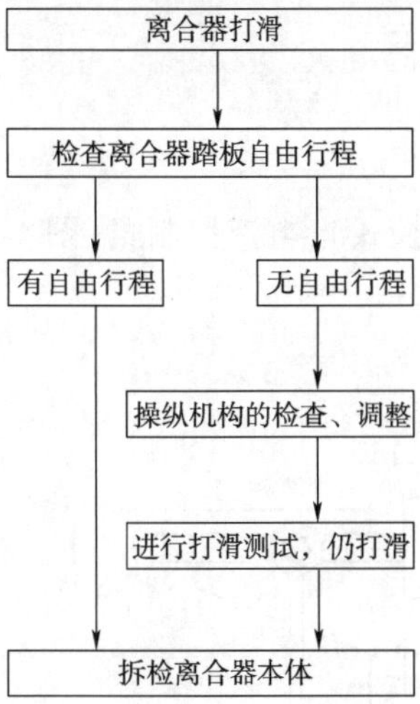

图 4-3　离合器打滑的故障诊断流程

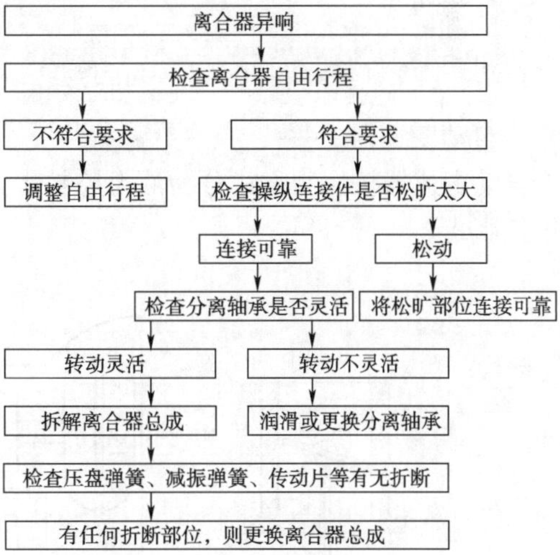

图 4-4　离合器异响的故障诊断流程

(二)手动变速器的故障诊断与检测

1. 变速器的功用

变速器的功用有如下几方面。

(1)改变传动比,使各挡能在不同的传动比范围内实现车辆不同车速的行驶。

(2)能实现倒向行驶。

(3)中断发动机到驱动车轮的动力传递。

2. 变速器的种类

目前,汽车上广泛应用的变速器有手动变速器、自动变速器和无级变速器。

1)手动变速器

手动变速器有两轴式齿轮变速器和三轴式齿轮变速器两种形式如图4-5a)和图4-5b)所示。

a)两轴式齿轮变速器

b)三轴式齿轮变速器

图4-5　手动变速器

2)自动变速器

自动变速器按控制方式分为液力控制式(图4-6,简称液控式)、电液控制式(图4-7)和电子控制式。

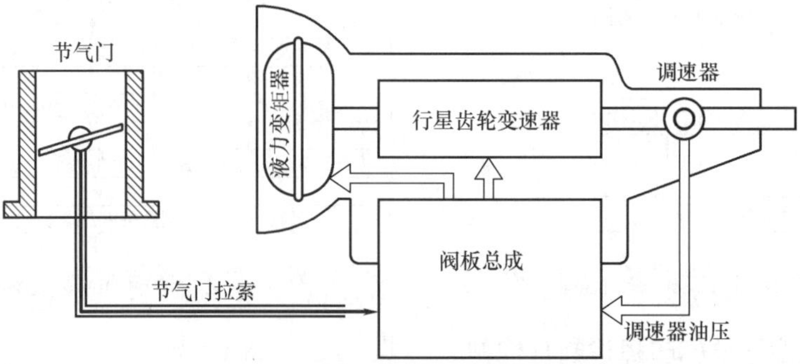

图4-6　液力控制式自动变速器示意图

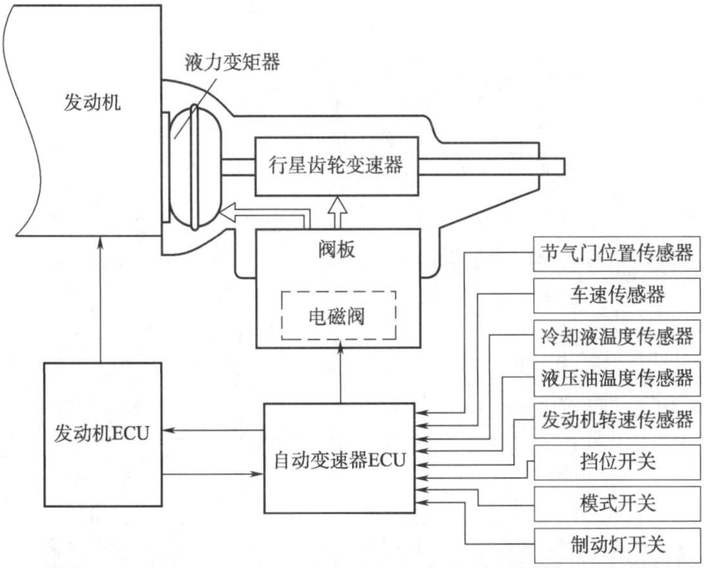

图 4-7　电液控制式自动变速器示意图

3）无级变速器

电控机械式无级变速器如图 4-8 所示。

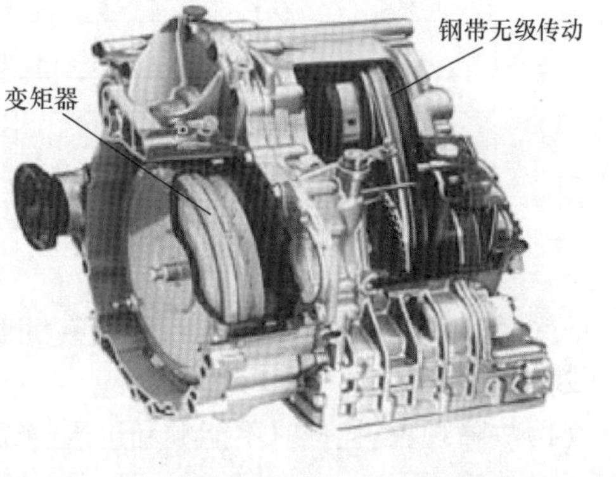

图 4-8　电控机械式无级变速器（CVT）

3. 变速器的故障诊断与检测

普通齿轮式多级手动变速器的常见故障有跳挡、乱挡、挂挡困难、异响及漏油等。

1）变速器跳挡

（1）故障现象：在行驶中变速器操纵杆自动跳挡至空挡或滑移齿轮脱离啮合位置。跳挡现象一般在中高速运行负荷突然变化或车辆剧烈振动时容易产生。

（2）故障原因。

①变速器与离合器壳固定螺栓松动。

②变速器齿轮、齿套磨损过量，第一轴花键与滑动齿轮或接合套花键齿磨损松旷。

③变速杆变形或接头松动，换挡拨叉翘曲变形或严重磨损，致使齿轮换挡不到位。

④变速器自锁装置失效。

⑤同步器磨损或损坏。

⑥轴承磨损过多，使齿轮不能正确啮合而上下摆动。

⑦齿轮啮合位置不足，尤其是内外齿环的啮合齿位置不足。

（3）故障诊断与排除。

①检修变速器定位装置。

②检查并调整变速器第二轴轴向间隙。

③检查并更换相关换挡齿轮、齿圈或齿套。

（4）变速器跳挡的故障诊断流程如图 4-9 所示。

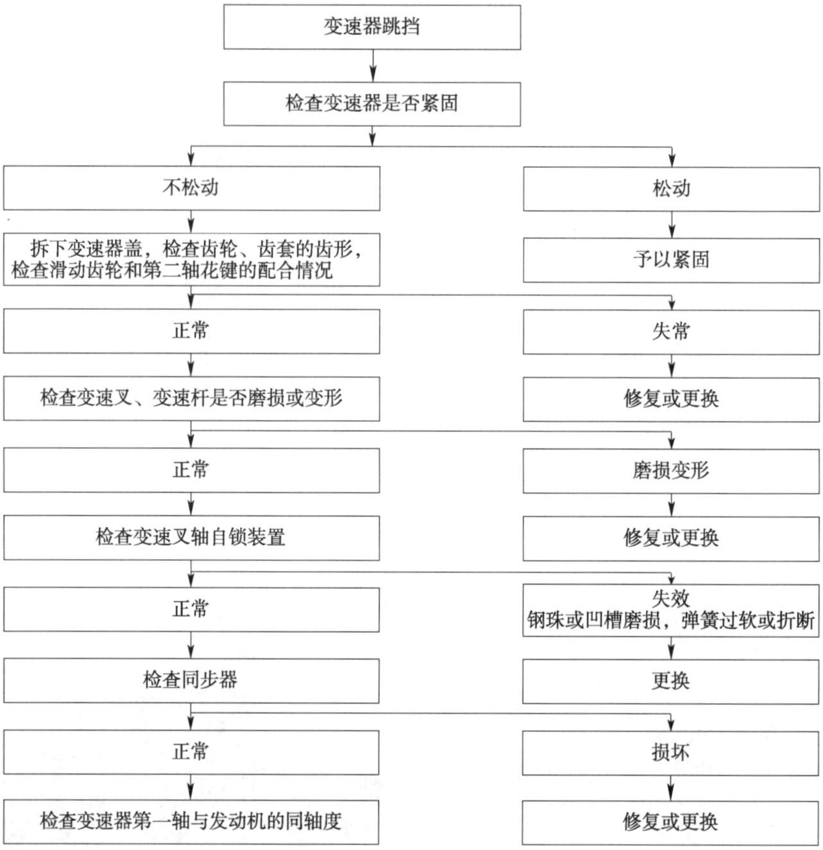

图 4-9　变速器跳挡的故障诊断流程

2)挂挡困难

(1)故障现象:挂挡时不能顺利进入挡位,且发生齿轮撞击声响。

(2)故障原因。

①变速器操纵杆调整不当或损坏、操纵杆变形卡滞。

②变速叉轴弯曲变形,自锁或互锁装置钢球破裂、毛糙卡滞、变速叉轴弹簧过硬。

③变速器第一轴弯曲或花键损坏。

④离合器分离不彻底。

(3)故障诊断与排除。

①变速器低温工作时挂挡困难,温度升高后有好转,为齿轮油黏度过大,应重新选用齿轮油。

②检查发动机怠速是否过高,离合器是否能彻底分离。

③如果用变速杆挂挡困难,扳动变速器上的换挡拨叉能挂上挡,应检查变速杆连动杆件是否变形、连接部位是否过于松旷,调整变速操纵杆件。

④拆下变速器盖,检查拨叉固定螺钉是否松动、拨叉轴是否弯曲。

⑤检查同步器锁环齿圈的45°倒角,如果已经严重变形应更换锁环。

⑥检查锁环槽与滑块间隙,一般为0.1~0.3mm,使用极限为1.0mm,如果超过极限应更换锁环。

(4)变速器挂挡困难的故障诊断流程如图4-10所示。

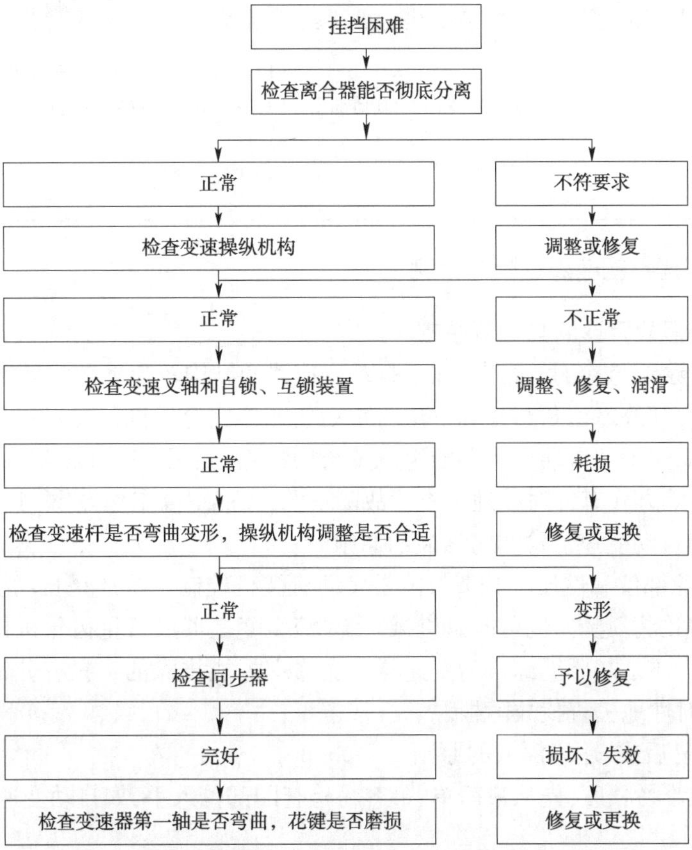

图4-10　变速器挂挡困难的故障诊断流程

3)其他故障

手动变速器的常见故障及诊断见表4-1。

手动变速器的常见故障及诊断　　表4-1

故障名称	故 障 现 象	主 要 原 因
乱挡	(1)变速杆实际挂入挡位与应挂入的挡位不符； (2)一次同时挂入两个挡位	(1)变速杆与拨块调整不当,变形卡滞,杆下端球形工作面磨损过大； (2)各变速器叉轴钢球磨损,弹簧力不当或锁销损坏； (3)一、二轴间滚针轴承烧结； (4)互锁装置失效
异响	(1)变速器处于空挡有异响,踩下离合器踏板响声消失； (2)低速挡有异响,高速挡时声响减弱或消失； (3)变速器仅在个别挡位有异响； (4)直接挡工作无异响,其他挡位均有异响； (5)变速器各个挡位均有异响	(1)变速器油量不符合要求； (2)变速器安装位置不正确或操纵机构松动； (3)变速杆下端面与拨叉槽松旷； (4)轴承松旷或损坏； (5)齿轮磨损、断裂或错位

续上表

故障名称	故障现象	主要原因
漏油	变速器内的齿轮油由上盖、前后轴承或其他部位往外渗漏	(1)润滑油量过多或放油螺栓松动; (2)变速器壳体破裂,密封衬垫变形或轴承盖固定螺钉松动; (3)通气孔堵塞

(三)自动变速器的故障诊断与检测

1. 自动变速器故障诊断与检测基础

自动变速器诊断与检测的难点,在于自动变速器的结构较为复杂,它集机械、液压、电子控制系统为一体,其故障诊断与检测方法与手动变速器完全不同。在对自动变速器进行诊断与检测之前,应先了解自动变速器的组成及结构特点,根据自动变速器诊断与检测原则,通过其性能试验等方式有针对性地去查找故障根源,才能提高工作效率,少走弯路。

1)微机控制自动变速器检测与诊断的原则

(1)分清故障部位和性质。分清故障是发动机微机控制系统还是自动变速器液压控制系统、微机控制系统引起的,也可能是机械系统(液力变矩器或行星齿轮机构)引起的;是只需维护就可排除,还是需要拆卸自动变速器彻底修理才能排除的。只有分清了故障部位和性质,才能有针对性地去查找故障根源。

(2)坚持先易后难、逐步深入的原则。

①按故障的难易程度,先从最简单、最容易检查的部位入手,如自动变速器油的状况、开关、拉杆等。

②从那些最易于接近的部位、易被忽视的部位和影响较大的因素开始。

③最后再深入到实质性故障。

(3)充分利用自动变速器的性能试验。包括基础检验、手动换挡试验、液压试验、电液控制系统工作过程检验、失速试验、时滞试验等,为查找故障提供思路和线索。通过这些检验项目的检测,一般可以发现自动变速器的故障源。

(4)充分利用电控自动变速器的故障自诊断功能。微机控制自动变速器的电控单元(ECU)内部有一个故障自诊断电路,它能在汽车行驶过程中不断地监测自动变速器控制系统各部分的工作情况,并能检测出控制系统中的大部分故障,将故障以代码的形式记录在ECU中。维修人员可以按照特定的方法将故障码从ECU中读出,为自动变速器控制系统的检修和故障诊断提供依据。

(5)非拆不可,放在最后。必须在拆检之后才能确诊的故障,应是故障诊断的最后步骤。因为微机控制自动变速器一般是不允许轻易分解的。

2)自动变速器的组成及其相互关系

自动变速器的基本组成及其相互控制关系如图4-11所示。

3)微机控制自动变速器故障诊断程序

微机控制自动变速器故障诊断与检测的一般程序如图4-12所示。

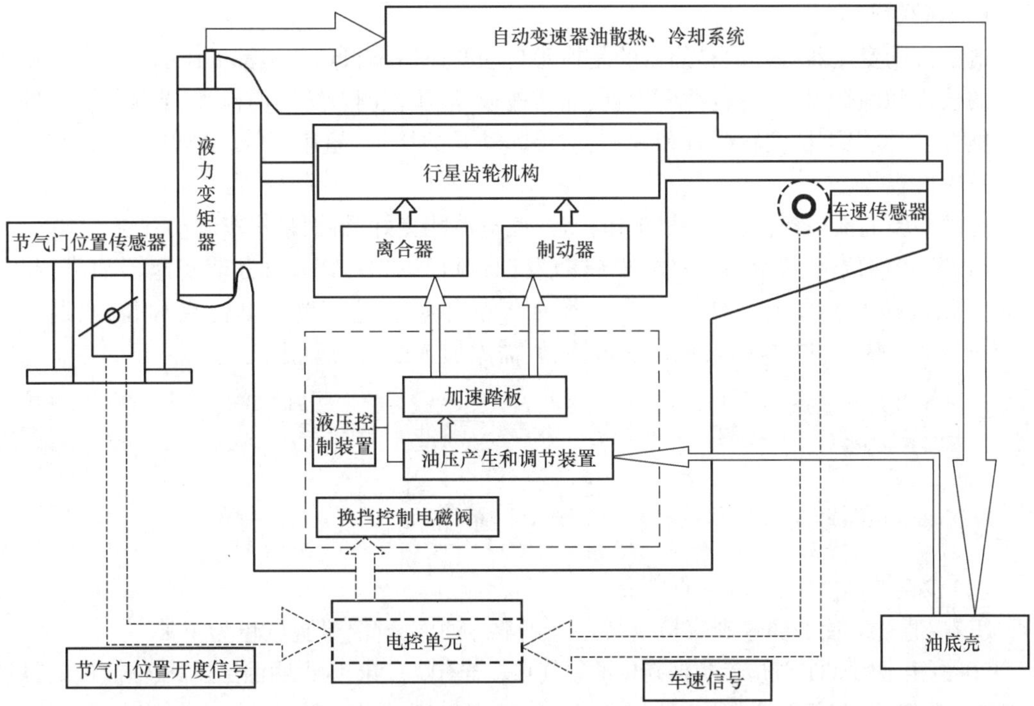

图 4-11　自动变速器的基本组成及相互控制关系

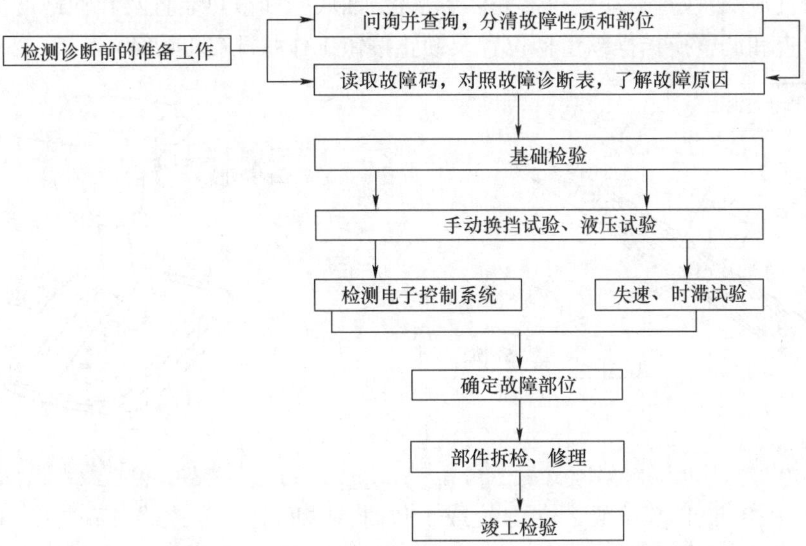

图 4-12　自动变速器故障诊断与检测的一般程序

2. 自动变速器的性能试验

在分析与诊断自动变速器时，性能试验是提高工作效率的有效途径。性能试验的项目包括：基础检验、手动换挡试验、液压试验、失速试验、时滞试验、道路试验和液力变矩器试验。

1)基础检验

电控自动变速器基础检验的目的是检验自动变速器是否具备正常工作的能力。基础检验中的检查和调整项目包括:油面检查、油质检查、液压控制系统漏油检查、节气门拉索检查和调整、换挡操纵手柄位置检查和调整、空挡起动开关检查、超速挡(O/D)开关的检查和发动机怠速检查等。

基础检验的前提条件:发动机工作正常、底盘性能良好,特别是汽车制动系统正常。

(1)检查油位:汽车水平停放,未起动发动机可检查冷车时的自动变速器油量,起动1min后依次挂入各挡,让ATF油在变速器内充分流动,变速杆置于P位或N位,再通过自动变速器油尺检查(图4-13),如油面过低,则需添加ATF油到规定高度。

小提示

在挂入各挡时,应踩住制动踏板,防止车辆移动。

(2)检查油质。

①看:通过对油的颜色观察检查其是否正常。油液清亮、带猩红色为正常。

②闻:正常的ATF油应有类似新机油的气味。若有烧焦味,则说明油温过高、油面过低、ATF冷却器或管路堵塞、离合器或制动器打滑等。若有异味,则说明ATF油已氧化或变质,需更换。

③摸:用手指捻试油的黏度,感觉有黏性则正常,感觉有渣粒或碎屑,则变速器内有磨损。

④验:将油滴在滤纸上,等油滤干后观察应无残渣,且滤纸略显红色为正常。

(3)检查泄漏:检查自动变速器壳体各部位,油底壳和散热装置及其管路是否漏油。

(4)检查和调整换挡操纵手柄位置及锁止按钮工作状况(图4-14)。

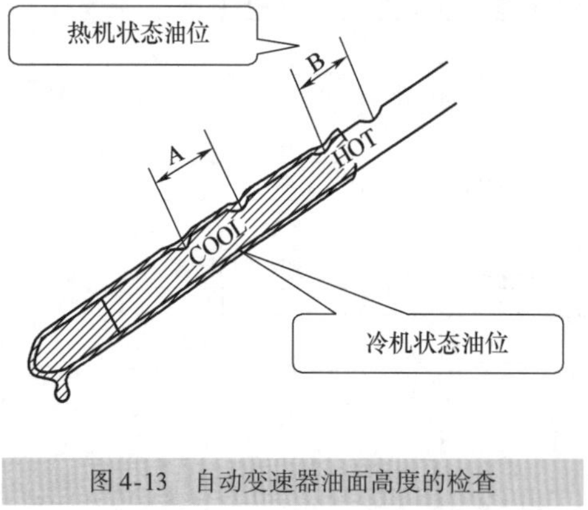

图4-13 自动变速器油面高度的检查

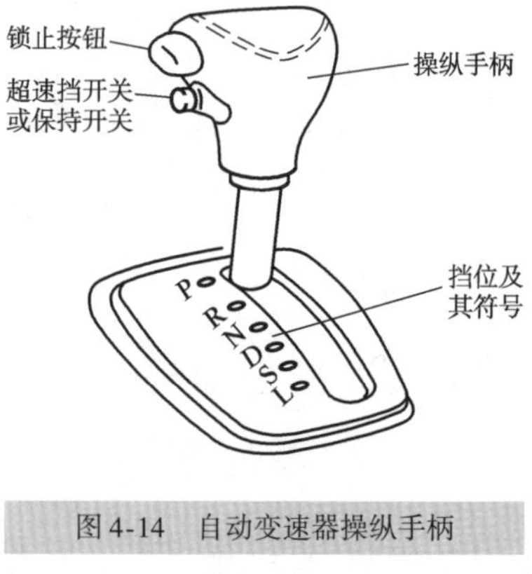

图4-14 自动变速器操纵手柄

在挂入P、R、N、D、S位或2位、L位或1位时,手柄到位,变速器具有落座声为宜;停车后,当换挡杆置入P位,锁止按钮应自动弹出并将换挡杆锁止在P位,如需在未起动发动机时换挡,必须按下锁止按钮,换挡杆才能挂入其他挡位,否则需要调整。

(5)检查多功能开关(挡位开关)、超速挡(O/D)开关(图4-14)和行驶模式开关。

①多功能开关的检查:路试或车辆悬空,分别挂入各挡位,检查汽车是否只在P、N位才能起动;发动机起动后,分别挂入各挡位,观察仪表板指示灯显示的“P、R、N、D、S或2、L或

1”是否与实际挂入的挡位相符,挂入 R 位时,倒车灯应点亮。

②超速挡(O/D)开关的检查:打开点火开关,用手按 O/D OFF 开关,观察仪表上的“O/D OFF”指示灯,如果此灯能因此而点亮和熄灭,则该开关和指示灯功能正常。

③行驶模式开关的检查:打开点火开关,行驶模式开关在不同的位置,相应的“NORM”和“PWR”指示灯分别显示不同的模式符号。按下行驶模式开关,PWR 指示灯点亮;不按此开关(开关在高位),NORM 指示灯点亮。

(6)检查和调整节气门拉索。

将加速踏板踩到底,节气门全开,限位块与防尘套之间的距离要求有 0 ~ 1mm,如图 4-15 所示。

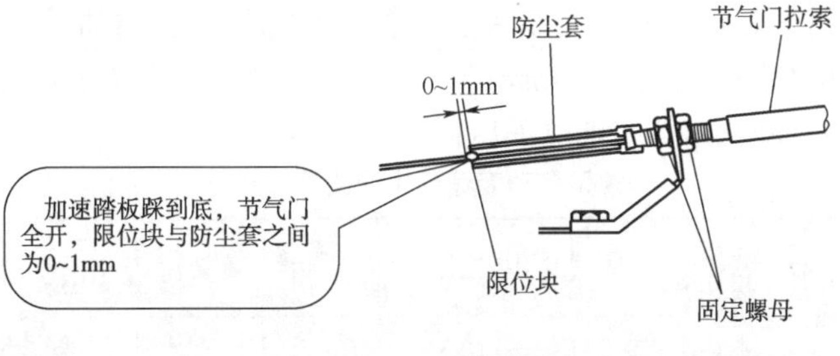

图 4-15　节气门拉索的调整

小提示

检查时,不起动发动机,不踩加速踏板,观察节气门拉索是否绷紧,用手转动节气门轴是否关闭到位;将加速踏板踩到底,用手转动节气门轴是否全开;并检测节气门拉索限位块的位置。

(7)检查发动机基本怠速:将车辆停在水平地面上,用三角木抵住车轮,拉紧驻车制动器操纵杆,变速杆位于 P 位或 N 位,关闭车上所有用电设备,踩下制动踏板,起动车辆,观察发动机怠速状况。通常,装有自动变速器的汽车发动机怠速在(800 ± 50)r/min。

2)手动换挡试验

手动换挡试验的目的:通过手动换挡试验,能区分故障在自动变速器电子控制系统还是在机械和液压系统。

手动换挡试验的方法:将自动变速器换挡控制阀的导线插接器全部拔下,用手动换挡驾驶车辆,检查发动机的转速和车速与自动变速器挡位的对应关系。手动换挡试验时,挡位和操纵手柄的关系见表 4-2。

丰田轿车电子控制行动变速器手动换挡时挡位和操纵手柄的关系　　表 4-2

操纵手柄位置	对应的挡位	操纵手柄位置	对应的挡位
P	驻车挡	D	超速挡
R	倒挡	S 或 2	2 挡
N	空挡	L 或 1	1 挡

试验结果分析:如果车辆故障没有变化,则说明故障发生在机械和液压系统;如果车辆故障发生变化,则说明故障发生在电子控制系统。

小提示

路试或车辆悬空,起动发动机,热车后按操作方法进行试验。手动换挡试验结束后,应再次读取故障码以确认电子控制系统故障自诊断功能是否正常。

3)液压试验

液压试验是在自动变速器工作时,通过测量液压控制系统各回路的压力来判断各元件的功能是否正常,目的是检查液压控制系统各管路及元件是否漏油及各元件(如液力变矩器、蓄压器等)工作是否正常,以及判别故障在液压控制系统还是在机械系统的主要依据。

几种常见车型自动变速器主油路油压标准见表4-3。

常见自动变速器主油路油压标准　　表4-3

车　型	变速器型号	发动机型号	换挡杆位置	主油路油压(kPa)	
				怠速工况	失速工况
丰田 CROWN	A340E	2JZ-GE	D	363~422	902~1 147
			R	500~598	1 236~1 589
雷克萨斯 LS400	A341E A342E	1UZ-FE	D	382~441	1 206~1 363
			R	579~657	1 638~1 863
尼桑 L4N71B	VG30E	VG30S	D	314~373	1 157~1 275
			R	549~686	2 187~2 373

主油路油压测试方法如图4-16、图4-17所示。测试主油路油压时,通常分别测出前进挡和倒挡的主油路油压。

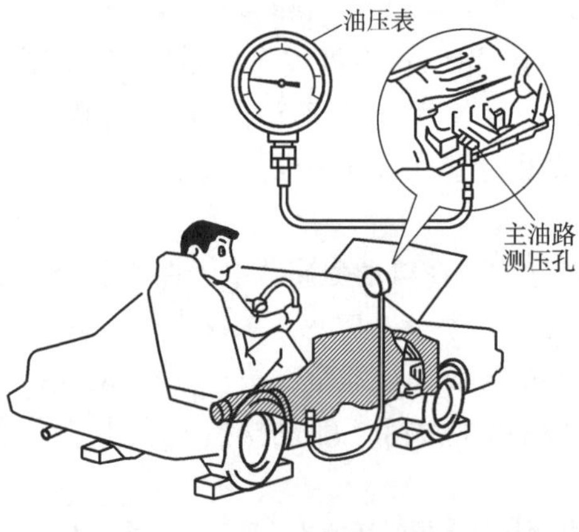

图4-16　A340E自动变速器测压孔

图4-17　主油路油压测试

主油路油压测试操作步骤:

(1)拆下自动变速器壳体上的主油路测压孔或前进挡油路测压孔螺塞,接上油压表,用三角木抵住车轮,拉紧驻车制动器操纵杆。

(2)起动发动机,将换挡操纵手柄拨至前进挡(D)位置。

(3)读出发动机怠速运转时的油压,该油压即为怠速工况下的前进挡主油路油压。

(4)用左脚踩紧制动踏板,同时用右脚将加速踏板完全踩下,在失速工况下读取油压,该油压即为失速工况下的前进挡主油路油压。

(5)将换挡操纵手柄拨至空挡(N)或停车挡(P)位置,让发动机怠速运转 1min 以上。

(6)将换挡操纵手柄拨至各个前进低挡(S、L 或 2、1)位置和倒挡(R)位置,重复上述(2)~(4)的步骤,读出各个前进低挡和倒挡在怠速工况和失速工况下的主油路油压。

试验结果分析:

所有挡位油压均高,说明主油路调压阀故障;

所有挡位油压均低,说明油泵或主油路调压阀故障;

某一挡位油压偏低,说明该挡油路堵塞或泄漏。

小提示

测主油压时,最好两个人配合操作,主要便于其中一人换挡、操纵加速踏板和观察仪表,另一人观察油压表。

4)时滞试验

在发动机怠速运转时,将换挡操纵手柄从空挡(N)位置拨至前进挡(D)或倒挡(R)位置后,需要有一段短暂时间的迟滞或延时才能使自动变速器完成挡位的接合(此时汽车会产生一个轻微的振动),这一短暂的时间,称为自动变速器换挡的迟滞时间,此项试验即称为时滞试验。

时滞试验的目的:是测出自动变速器的迟滞时间,根据迟滞时间的长短来判断主油路油压及换挡执行元件的工作是否正常。迟滞时间的大小,取决于自动变速器油路油压、油路密封情况以及离合器和制动器的磨损情况。

时滞试验的操作方法如图 4-18 所示。

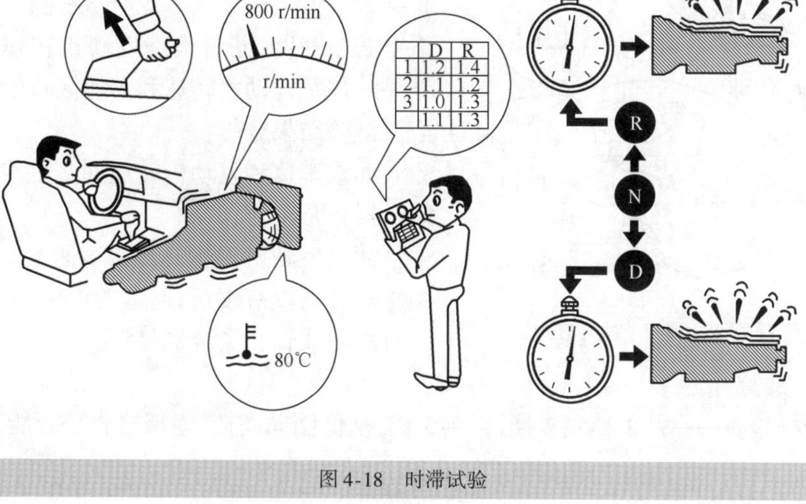

图 4-18 时滞试验

(1)发动机和自动变速器达到正常工作温度,让 ATF 油在变速器内充分流动。

(2)将汽车停放在水平地面上,拉紧驻车制动器操纵杆。

(3)检查发动机怠速,如不正常,应按标准予以调整。

(4)将自动变速器换挡操纵手柄从空挡(N)位置拨至前进挡(D)位置,用秒表测量从拨动换挡操纵手柄开始到感觉到汽车振动为止所需的时间,称为 N→D 迟滞时间。

(5)将换挡操纵手柄拨至空挡(N)位置,让发动机怠速运转 1min 之后,再重复作一次同样的试验。

小提示

此操作是防止自动变速器 ATF 油因试验时温度过高而变质,甚至损坏密封零件。

(6)按照上述方法,将换挡操纵手柄由空挡(N)位置拨至倒挡(R)位置,以测量 N→R 迟滞时间。

(7)N→D、N→R 分别做 3 次试验,取其平均值。

试验结果分析:

大部分自动变速器 N→D 迟滞时间小于 1.2s,N→R 迟滞时间小于 1.5s;

若 N→D 迟滞时间过长,则说明主油路油压过低、前进挡离合器摩擦片磨损过甚或前进挡单向超越离合器工作不良;

若 N→R 迟滞时间过长,则说明倒挡主油路油压过低,倒挡离合器或倒挡制动器磨损过甚或工作不良。

5)锁止离合器试验

锁止离合器通常采用道路试验来进行。

试验目的:检验锁止离合器是否能正常工作。

具体试验方法:如图 4-19 所示,行驶中,将汽车加速到超速挡,以高于 80km/h 的速度行驶,节气门保持在低于 1/2 开度位置,离合器锁止装置应该已经锁止。此时,快速将加速踏板踩下至 2/3 开度,同时检查发动机转速变化情况,结果应该是发动机转速和车速同步上升。

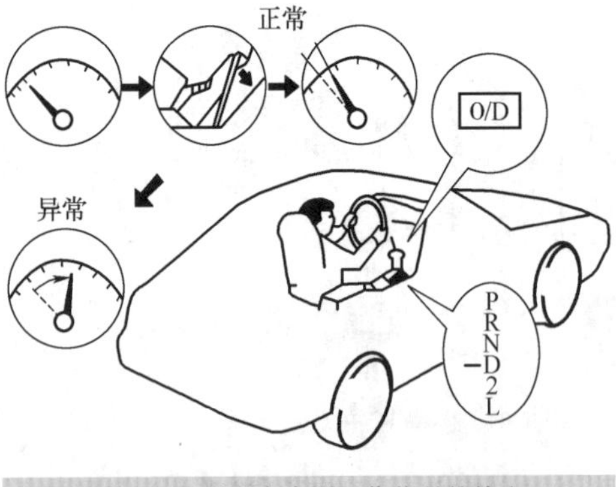

图 4-19 锁止离合器工作状况的检查

试验结果分析:

如果车速和发动机转速同步上升,表明锁止离合器正常工作;

如果发动机转速上升比车速上升得快,表明锁止离合器没有锁止,通常的原因是锁止控制系统有故障或锁止离合器打滑。

6)道路试验

(1)升挡检查——从 1 挡到 2 挡,再到 3 挡,从低挡向高挡,逐挡检查是否能升挡或换挡顺畅。

(2)升挡点检查(图4-20、图4-21实线所示)——检查有无升挡过早或过迟现象,主要检查升挡时的发动机转速和车速。

(3)降挡检查——从高挡往低挡,逐挡检查是否能降挡或换挡顺畅。

(4)降挡点检查(图4-20、图4-21虚线所示)——检查有无降挡过早或过迟现象,主要检查降挡时的发动机转速和车速。

(5)人工换挡检查,参见本节“手动换挡试验”,并对应表4-3对试验作出判断。

(6)换挡品质检查——观察汽车在换挡时是否顺畅,正常换挡应没有冲击感,该项检查主要用来检验各换挡阀和各蓄压器性能的好坏。

图4-20、图4-21分别为丰田A43D和A43DE两种自动变速器的换挡图。图中,实线为升挡曲线,虚线为降挡曲线。通常液力控制自动变速器的升挡车速和节气门开度的变化关系图呈曲线状如图4-20所示,而微机控制自动变速器的升挡车速和节气门开度的变化曲线呈阶梯状折线如图4-21所示。

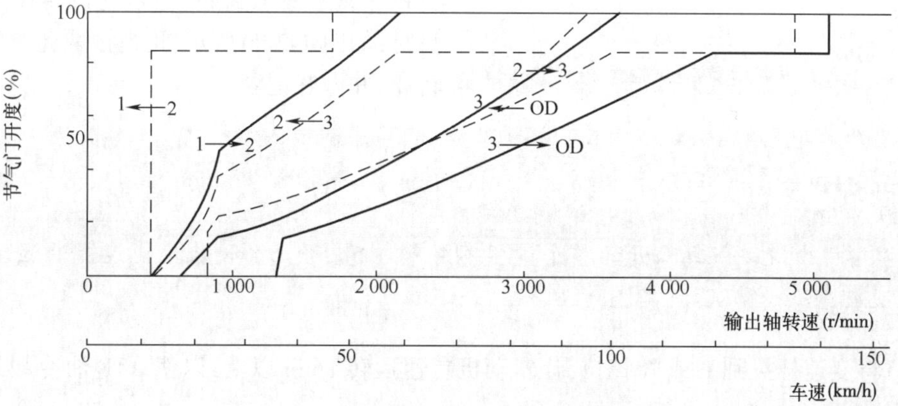

图4-20　丰田A43D型液力自动变速器换挡图

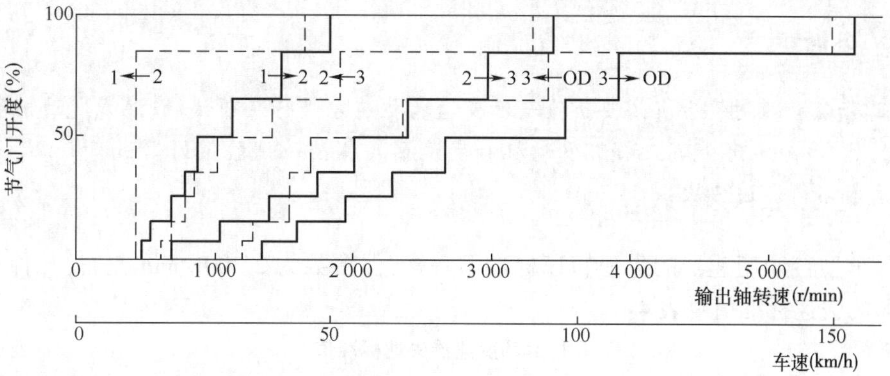

图4-21　丰田A43DE型电子控制自动变速器经济模式换挡图

7)失速试验

失速试验是用来检测失速状态下的发动机转速。

失速试验的目的:失速试验是检查发动机功率大小、油泵的泵油能力、液力变矩器单向离合器性能好坏及自动变速器中有关换挡执行元件的工作是否正常的一种常用方法。用来诊断可能的机械故障部位,如离合器、制动器的磨损、打滑情况等。

失速试验的方法如图 4-22 所示,操作步骤如下。

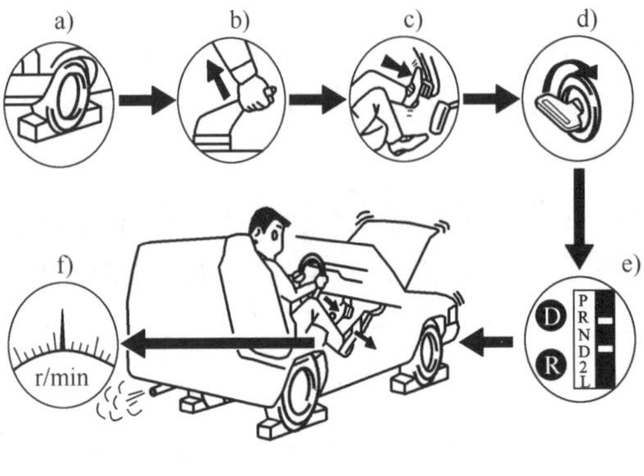

图 4-22　失速试验

(1)将车停在水平、开阔路面,用三角木塞紧车轮,拉紧驻车制动器操纵杆,同时用力踩紧制动踏板,起动发动机到发动机冷却液温度和自动变速器油温正常,如图 4-22a)~图 4-22d)所示。

(2)将变速器操纵杆拨入 D 挡位置,如图 4-22e)所示。

(3)在左脚踩紧制动踏板的同时,用右脚将加速踏板踩到底,当发动机转速不再升高时,如图 4-22f)所示,迅速读取此时发动机转速,并做好记录。

小提示

从踩下加速踏板到松开的整个过程不得超过 5s,否则会使自动变速器油温度过高而变质,甚至损坏密封零件。

(4)将变速杆拨到 P 或 N 挡位,让发动机怠速运转 1min 以上,以使 ATF 油冷却到正常温度。

(5)将变速杆拨入其他挡位(R、S 或 2、L 或 1),作同样的试验。

小提示

只有在检测到最后有必要拆检自动变速器之前才进行此项试验,注意发动机和变速器的运行安全,不能因此损坏发动机和变速器。各挡位试验最好只进行一次,全部试验次数不得超过 3 次。

不同车型自动变速器的失速转速标准不一样,但多数为 2 300r/min 左右,几种常见自动变速器的失速标准值见表 4-4。

几种自动变速器失速标准值　　表 4-4

车　型	变速器型号	发动机型号	失速转速(r/min)
丰田皇冠	A340E	2JZ-GE	2 300 ~ 2 600
雷克萨斯 LS400	A241E、A342E	1UZ-FE	2 050 ~ 2 350

试验结果分析:

所有挡位失速转速均低，说明发动机功率不足；

所有挡位失速转速均高，说明如果油压正常，则说明液力变矩器损坏；

某一挡位失速转速偏高，说明如果油压正常，则说明该挡液压执行元件打滑。

3. 电控自动变速器的故障自诊断

电控自动变速器的 ECU 内部有一个自诊断电路，它能自动监测控制系统的故障，并以代码的形式记录在 ECU 内。自动变速器故障码的读取，可利用汽车电控单元检测仪读取故障码，也可以进行人工读码。汽车电控单元检测仪有专用和通用两种形式。人工读码则通过仪表板上的"O/D OFF"指示灯（此灯也作为故障警示灯）闪烁读码。

在对电控自动变速器进行读码诊断前需要具备以下测试条件。

（1）汽车电源正常，自动变速器控制电控单元熔断丝正常。

（2）蓄电池、发动机、自动变速器、继电器盒、控制电控单元等各个搭铁点搭铁可靠。

（3）变速器操纵杆位于"P"位，并拉紧驻车制动器操纵杆。

4. 自动变速器常见故障的分析与诊断

自动变速器常见故障的分析与诊断方法见表 4-5。

自动变速器常见故障的分析与诊断　　表 4-5

故障特征	故障现象	故障原因	检查要点或顺序
无前进挡和倒挡	（1）发动机能正常工作，但冷车和热车状态，挂入任何前进挡或倒挡都不能行驶； （2）冷车时能行驶一小段路程，但热车后汽车不能行驶	（1）自动变速器无 ATF 油； （2）油泵进油滤网堵塞或油泵损坏； （3）主油路严重泄漏或调压阀和其他阀体损坏； （4）变速杆到变速器的连杆或拉索松脱，手动阀保持在空挡或停车挡位置； （5）液力变矩器安装不当； （6）驻车锁止爪故障； （7）变速器内部机件故障	（1）检查油面高度及油质； （2）检查变速杆到变速器的连杆或拉索的安装状况； （3）检测主油压； （4）拆检油底壳，检查进油滤网； （5）检查手动阀安装状况； （6）进一步拆检变矩器、油泵、驻车锁止爪及内部机件
无前进挡	汽车倒挡能正常行驶，但挂入前进挡时不能行驶	（1）变速杆及连杆或拉索调整不当； （2）前进挡离合器油路严重泄漏； （3）前进单向超越离合器打滑或装反； （4）前进挡离合器严重打滑	（1）检查变速杆位置； （2）测量前进挡油路油压； （3）检测或拆检前进挡离合器和前进单向超越离合器
无倒挡	汽车在前进挡能正常行驶，但挂入倒挡时不能行驶	（1）变速杆及连杆或拉索调整不当； （2）倒挡油路严重泄漏； （3）驱动倒挡的离合器、制动器严重打滑	（1）检查变速杆位置； （2）测量倒挡油路油压； （3）检测或拆检倒挡及高挡离合器或低挡及倒挡制动器是否打滑
不能自动升挡	（1）汽车行驶中自动变速器始终保持在 1 挡，不能升入 2 挡和高速挡； （2）行驶中能升入 2 挡，不能升入 3 挡或超速挡	（1）节气门拉索或节气门位置传感器调整不当； （2）车速传感器故障； （3）挡位开关有故障； （4）换挡电磁阀工作不可靠或换挡阀卡滞； （5）前进挡离合器、制动器故障	（1）检查节气门拉索或节气门位置传感器； （2）测试车速传感器和挡位开关及线路； （3）测试换挡电磁阀及线路； （4）检测换挡阀工作情况； （5）拆检各前进挡离合器、制动器

续上表

故障特征	故障现象	故障原因	检查要点或顺序
升、降挡时滞过长	(1)升挡时滞过长:①行驶中升挡车速明显高于标准值,升挡前发动机转速偏高;②必须采用抬加速踏板的方法才能升入高挡或超速挡; (2)降挡时滞过长:①行驶中降挡车速明显低于标准值;②必须采用踩加速踏板的方法才能降入低挡	(1)节气门拉索或节气门位置传感器调整不当; (2)节气门位置传感器损坏; (3)电子控制器或车速传感器有故障; (4)换挡电磁阀或换挡阀有故障; (5)前进挡离合器、制动器摩擦片间隙偏大	(1)检查节气门拉索或节气门位置传感器; (2)检查车速传感器及其线路; (3)检查换挡电磁阀及其线路; (4)检查换挡阀; (5)拆检各换挡执行元件
直接挡无力	汽车行驶中,当换到直接挡时,踩下加速踏板,车速提不起来,明显感觉直接挡驱动无力	(1)发动机功率不足; (2)节气门拉索或节气门位置传感器安装、调整不当; (3)节气门位置传感器及线路损坏; (4)变速器油面高度不正常或油温传感器及线路故障; (5)换挡电磁阀或换挡阀有故障; (6)直接挡的控制油路泄漏; (7)直接挡相关的离合器、制动器打滑; (8)液力变矩器内锁止离合器功能失效	(1)检查发动机功率并检修发动机; (2)检查节气门拉索或节气门位置传感器; (3)检查油面高度; (4)检查油温传感器及线路; (5)检查换挡电磁阀及线路; (6)检查锁止离合器、锁止离合器电磁阀及线路; (7)检查换挡阀; (8)拆检各换挡执行元件
空挡汽车爬行	在平地上,发动机工作正常,释放驻车制动器,N位时不踩加速踏板也不踩制动踏板,汽车仍会向前或向后行驶	(1)变速杆拉索、挡位开关安装调整不当; (2)换挡阀卡滞; (3)换挡电磁阀及线路故障; (4)离合器、制动器间隙过小; (5)离合器、制动器活塞上的单向止回阀球活动不畅	(1)检查变速杆拉索、挡位开关; (2)检查换挡电磁阀及线路; (3)拆检换挡阀、离合器、制动器
换挡冲击	(1)汽车挂挡起步时振动较严重; (2)行驶中,在自动变速器升挡或降挡的瞬间汽车有较明显的闯动感	(1)发动机怠速过高; (2)节气门拉索或节气门位置传感器调整不当,使主油路油压过高; (3)主油路调压阀有故障,使主油路油压过高; (4)升挡过迟; (5)离合器、制动器间隙过小; (6)止回阀球漏装,执行元件接合过快; (7)蓄压器活塞卡滞,不起缓冲作用; (8)油压电磁阀不工作; (9)变速器油温传感器及线路有故障; (10)发动机ECU和自动变速器ECU不匹配	(1)检查发动机怠速; (2)检查节气门拉索或节气门位置传感器; (3)检查油压电磁阀及线路; (4)检查升挡车速; (5)检查主油路油压; (6)测试起步和换挡瞬间冲击情况; (7)拆检阀板,检查止回阀损坏或漏装; (8)检查蓄压器活塞是否卡滞; (9)拆检变速器,检查执行元件自由间隙是否过小

(四)万向传动装置的故障诊断与检测

1. 万向传动装置的应用范围

万向传动装置在汽车上有如下应用:

(1)传动系统中用来传递不在同一轴线上转矩的地方。

(2)转向系统中转向盘到转向器之间。

2. 万向传动装置的作用及组成

万向传动装置的作用是能保证两轴轴间夹角和距离经常变化的条件下可靠地传递转矩。

万向传动装置的基本组成有万向节、传动轴和中间支承等,如图4-23所示。

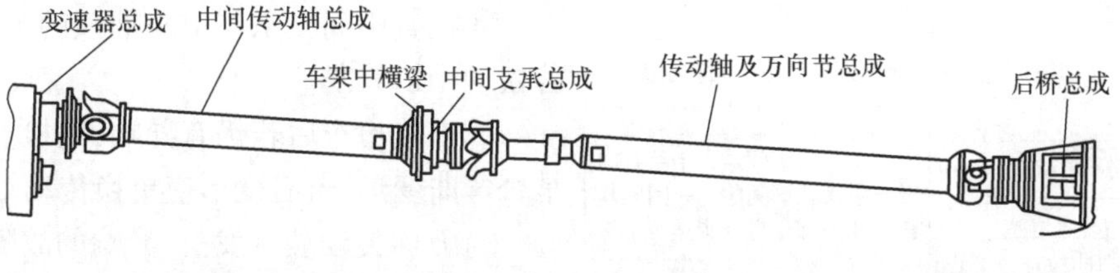

图4-23　万向传动装置的组成

3. 万向传动装置的故障诊断与检测

万向传动装置的故障主要有传动轴发抖和万向装置异响,其分析与诊断方法如下。

1)传动轴发抖

(1)故障现象:汽车行驶达到一定车速时,车身出现严重振动,车门、转向盘等强烈震响。

(2)故障原因。

①传动轴装配错误,两端万向节叉不处在同一平面内。

②传动轴轴管凹陷或平衡片脱落。

③传动轴弯曲变形。

④中间支承轴承或支架橡胶垫环隔套磨损松旷。

⑤十字轴滚针轴承磨损松旷或破裂。

(3)故障诊断与检测。

①检查装配标记是否对正,若不正确,则按规定重新装配。

②检查平衡片是否脱落,传动轴轴管是否凹陷,若不符合规定,予以修理或更换。

③检查各连接螺栓是否松动,传动轴花键配合是否松旷,若松动或松旷,予以调整或修理。

④检查传动轴是否弯曲变形,若有变形应及时修理或更换。

⑤检查十字轴和滚针轴承是否磨损松旷和碎裂,若损坏则更换。

⑥检查中间支承支架固定螺栓是否松动、轴承是否磨损松旷,垫环隔套径向间隙是否过大,若不符规定,应修理或更换。

2)万向装置异响

(1)故障现象:汽车在起步时或行驶中有撞击声响,车速变化时响声更加明显。

(2)故障原因。

①传动轴两端万向节叉不在同一平面内。

②万向节十字轴装配过紧或缺油,轴承磨损严重。

③传动轴弯曲变形,万向传动装置各连接处螺栓松动。

④传动轴花键齿与凸缘花键槽磨损松旷。

⑤中间支承或支承架橡胶垫环套磨损松旷。

(3)故障诊断。

①检查传动轴两端万向节叉是否处于同一平面内,若不符合规定要重新装配。

②检查万向节传动装置各连接处的螺栓是否松动,若松动予以紧固。

③检查十字轴装配是否过紧或缺少润滑油,轴承是否严重磨损,伸缩节花键齿与槽是否磨损过大,不符合规定应予以修复。

④检查中间支承与中间轴颈的配合状况,若松动予以修复。

⑤上述检查后若仍有异响,则检查传动轴是否弯曲变形,若有变形应更换传动轴。

3)万向传动装置发抖、异响的故障诊断

万向传动装置发抖、异响的故障诊断流程如图4-24所示。

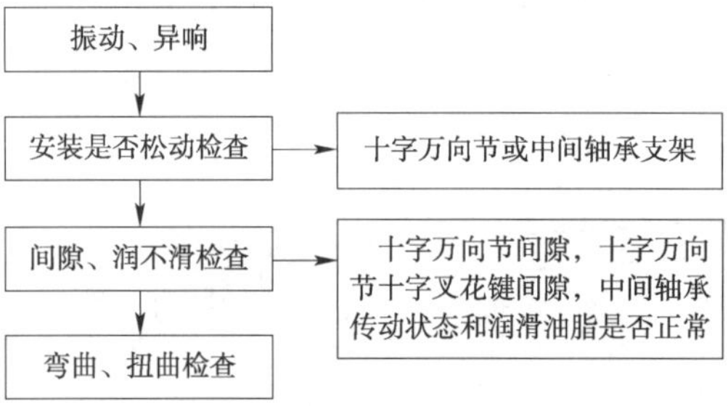

图4-24　万向传动装置故障的诊断流程

(五)驱动桥的故障诊断与检测

1. 驱动桥的作用及组成

驱动桥按动力传递方向是传动系统的最后一个总成,直接与驱动车轮相连。其作用是将万向传动装置传来的发动机转矩传给驱动轮,并降速增矩、改变动力传递方向,使汽车行驶,而且允许左右驱动轮以不同的转速旋转。

驱动桥一般由驱动桥壳、主减速器、差速器、半轴和轮毂等组成,如图4-25、图4-26所示。

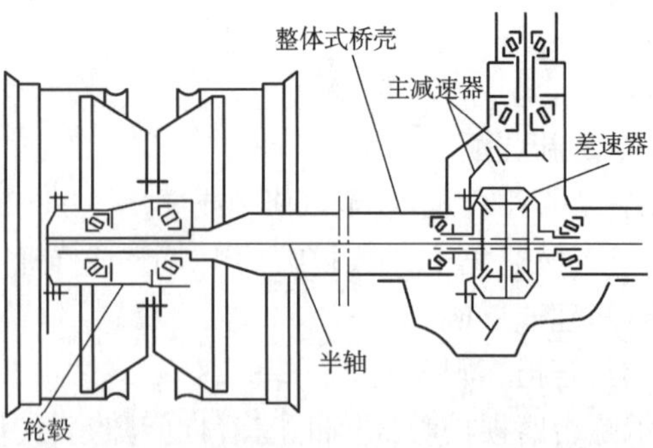

图4-25　整体式驱动桥

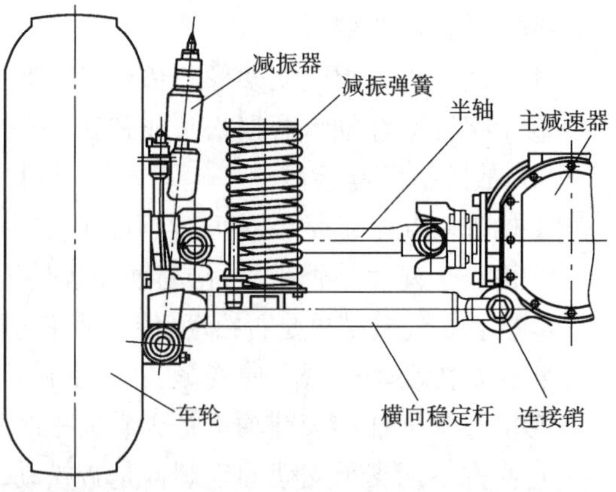

图4-26　断开式驱动桥

2. 驱动桥的故障诊断与检测

汽车驱动桥不仅要承受很大的径向力和轴向力,更要承受巨大的扭力和剧烈的冲击荷载，使配合部分的磨损加剧，间隙变大，齿轮啮合不良，致使汽车产生异响及功能性故障。驱动桥常见故障的诊断与检测如下。

1）驱动桥漏油

（1）故障现象：润滑油经驱动桥的减速器和半轴油封或其他衬垫向外渗漏。

（2）故障原因。

①润滑油加注过多。

②放油螺塞松动。

③通气孔堵塞。

④主动锥齿轮轴承油封、半轴油封等漏油。

⑤驱动桥接合面漏油。

（3）故障诊断：根据观察漏油痕迹，查明故障部位，并予以排除。

2）驱动桥过热

（1）故障现象：汽车行驶一定里程后，驱动桥壳发烫。

（2）故障原因。

①润滑油不足。

②油质变差或润滑油规格不符。

③驱动桥轴承预紧度调整过紧。

④驱动桥主、从动锥齿轮啮合不良。

（3）故障诊断。

①驱动桥壳普遍过热，检查油量，若不足按规定添加。

②检查润滑油品质，如果变色、变稀应更换新油。

③检查主、从动锥齿轮间隙。

④触摸轴承部位感觉烫手，说明轴承装配过紧，应予以重新调整。

3）驱动桥异响

（1）故障现象。

①直线行驶时无异响，转弯时有异响。

②直线行驶或转弯时均有异响。

③汽车上、下坡时有异响。

④驱动轮运转时有噪声或异响沉重。

（2）故障原因。

①行星齿轮、半轴齿轮、行星齿轮轴磨损松旷或不配套。

②主、从动锥齿轮损伤或折断，啮合间隙过大，啮合痕迹不符合要求。

③润滑油量不足，差速器轴承损坏。

④轮毂轴承松旷，轮辋变形、轮胎螺栓孔磨损过大。

（3）故障诊断与检测。

①路试，若直线行驶无异响而转弯时产生异响，应拆检行星齿轮、半轴齿轮和行星齿轮轴是否磨损松旷或不配套。

②行驶有异响，空挡滑行时异响减轻或消失，应拆检主、从动锥齿轮是否折断损伤；啮合

图4-27 驱动桥异响的故障诊断流程

间隙是否过大,啮合印痕是否符合要求。

③行驶或空挡滑行均有异响,应检查润滑油油量是否充足,再拆检主、从动锥齿轮的啮合间隙和差速器轴承。

④上、下坡时有异响,应拆检主、从动锥齿轮的啮合间隙和啮合印痕是否合适。

⑤后轮出现异响,应检查轮毂轴承是否松旷,轮辋是否变形,车轮螺栓孔是否磨损。

(4)驱动桥异响的故障诊断流程如图4-27所示。

二、行驶系统和转向系统的故障诊断与检测

(一)行驶系统的故障诊断与检测

1. 汽车行驶系统的作用及组成

汽车行驶系统的作用有以下几个方面。

(1)支撑汽车的总质量(车架)。

(2)接受传动系统的动力,并通过驱动轮与地面的作用产生牵引力(车桥)。

(3)承受车轮与车身之间的侧向力、制动力以及来自地面的冲击力(车桥、悬架)。

(4)缓和路面对车身的冲击力,并衰减车身的振动(悬架、轮胎)。

汽车(轮式汽车)行驶系统一般由车架、车桥、悬架、车轮及轮胎四个部分组成。

2. 车轮定位

车轮定位有转向轮定位和四轮定位之分。转向轮定位是指汽车只对转向车轮进行定位;四轮定位是指汽车前后轮都对车轮进行定位,一般轿车都要对四个车轮进行定位。

转向轮定位具有保持汽车直线行驶的稳定性,使转向轻便和减少轮胎磨损的功用。

车轮定位有主销内倾、主销后倾、车轮外倾(图4-28)、车轮前束(图4-29)四个参数,其中转向轮定位包含四个参数,而后轮(非转向轮)定位一般指车轮外倾和车轮前束两个参数。

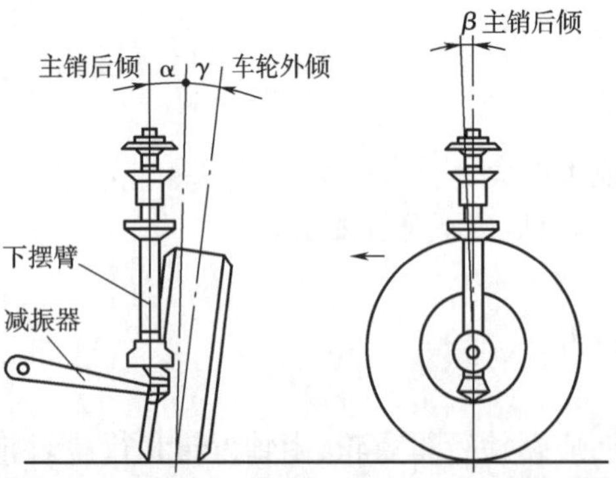

图4-28 车轮定位示意图

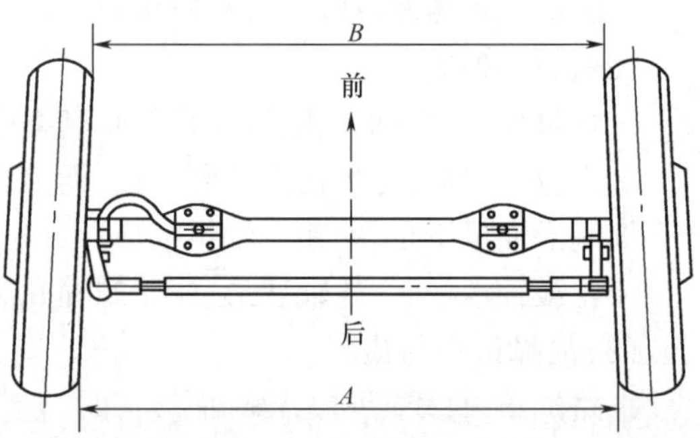

图4-29 车轮前束示意图

部分车型的车轮定位参数值见表4-6。

车轮定位参数　　表4-6

汽车型号	主销内倾	主销后倾	车轮外倾	车轮前束(左+右)
雪佛兰科鲁兹	—	前轮:4.7°±0.5°	前轮:-0.3°±0.5° 后轮:-1.45°±0.25°	前轮:-0.1°±0.15° 后轮:0.1°±0.3°
别克威朗	—	前轮:4.46°±0.6°	前轮:-0.3°±0.7° 后轮:-1.25°±0.5°	前轮:0.35°±0.15° 后轮:0.05°±0.3°
别克凯越	13.20°	前轮:4°±0.75° 后轮:±0.75°	前轮:-0.33°±0.75° 后轮:-1.00°±0.75°	前轮:0°±0.08° 后轮:0.13°±0.04°
北汽绅宝 D50	12.6°±0.5°	前轮:2.9°±0.5°	前轮:0.8°±0.5° 后轮:0.4°±0.25°	前轮:0.28°±0.08° 后轮:0.42°±0.2°
北京现代悦动	13°31′±30′	前轮:4°22′±30′	前轮:-34′±30′ 后轮:-1°30′±30′	前轮:0±2.0mm 后轮:4.4±2.2mm
比亚迪*唐	10°40′±45′	前轮:2°35′±45′	前轮:-40′±45′ 后轮:-45′±45′	前轮:0±09′ 后轮:14′±09′
长安福特 福睿斯 MT	—	前轮:4°05′±45′	前轮:-28′±45′ 后轮:-1°34′±45′	前轮:12′±12′ 后轮:23′±15′
长城哈弗 H9	—	前轮:2°17′±30′	前轮:11′±30′	前轮:13′±05′
东风景逸 S50	10°40′±30′	前轮:5°48′±45′	前轮:-18′±45′ 后轮:09′±30′	前轮:10′±05′ 后轮:12′±30′
一汽 迈腾 2016	—	前轮:7°23′±30′	前轮:-32′±30′ 后轮:-1°20′±30′	前轮:10′±10′ 后轮:10′±10′

3. 行驶系统的故障诊断与检测

行驶系统一旦发生故障或损坏，会影响汽车的正常操纵，使汽车行驶的平稳性变差，甚至发生意外事故。其常见故障有减振器失效、钢板弹簧折断、钢板弹簧移位和轮胎异常磨损等。

1)减振器失效

(1)故障现象:汽车在不平路面行驶时，车身产生强烈振动并连续跳动。

(2)故障原因。

①减振器变形、锈蚀，阀门开启困难，阻尼力过大。

②减振器缺油、磨损，阻尼力过小。

(3)故障诊断。

①汽车在不平路面行驶后，用手触摸减振器外壳，如果没有明显发热感觉，表明减振器失效。

②如图4-30所示，拆下减振器，在减振器一端穿入木棍或铁棒，用双脚固定减振器下端，双手推拉减振器上端。拉伸时阻力大，压缩时阻力小，推拉时阻力平滑无卡滞现象，表明减振器性能良好。否则，应检修或更换减振器。

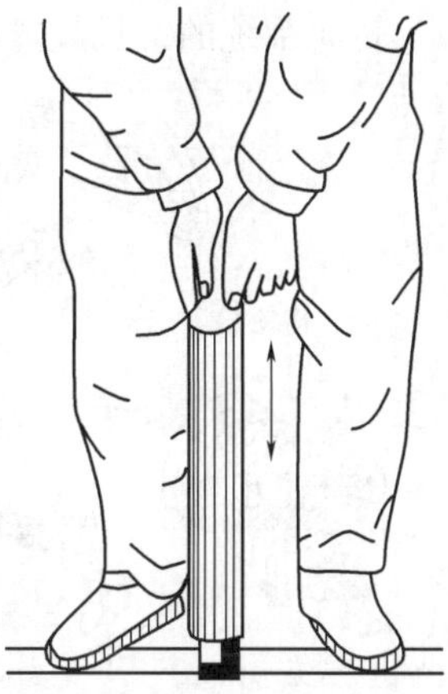

图4-30　减振器性能的检查

2)行驶系统的其他故障

行驶系统常见故障及诊断见表4-7。

行驶系统常见故障及诊断　　表4-7

故障名称	故障现象	主要故障原因
钢板弹簧折断	停车检查时,车身向一侧倾斜,行驶时有跑偏现象	(1)超载、超速行驶、转弯时车速过快; (2)装载不均匀; (3)钢板弹簧U形螺栓松动; (4)更换的钢板弹簧片曲率与原弹簧片曲率不一致; (5)钢板弹簧销、衬套及吊耳支架之间磨损过大; (6)紧急制动过多,尤其在满载下坡时的紧急制动
钢板弹簧移位	行驶中转动转向盘,左、右轻重不一,有时跑偏	(1)钢板弹簧U形螺栓松动脱扣; (2)钢板弹簧中心螺栓折断; (3)钢板弹簧与车轴间定位失准
轮胎磨损异常	轮胎出现非正常磨损	(1)前轮外倾角、前轮前束不符合要求; (2)前轴、车架或转向节变形; (3)钢板弹簧U形螺栓松动; (4)轮胎气压不正常,左、右轮胎尺寸规格不一; (5)车轮动平衡失准; (6)横、直拉杆或球头销、座磨损过大、车轮轮毂轴承磨损过大

(二)转向系统的故障诊断与检测

1.汽车转向系统的作用与组成

汽车转向系统的作用是通过转向轮(一般是前轮)在路面上偏转一定的角度来实现转向,并能自动恢复直线行驶方向。

转向系统由转向操纵机构、转向器和转向传动机构三大部分组成,有的转向系统还安装了助力装置。转向系统的基本组成如图4-31所示。

2.转向系统的故障诊断与检测

转向系统的常见故障有转向沉重、转向轮摆动、行驶跑偏和动力转向系统故障。下面以转向沉重为例详细说明转向系统故障的诊断思路,其他故障列表说明。

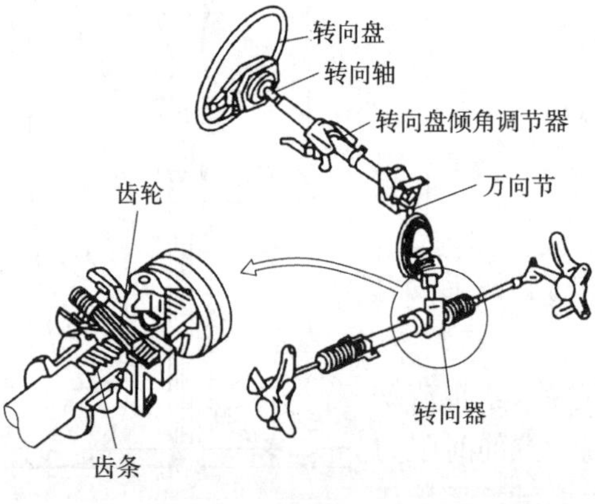

图4-31　齿轮齿条式机械转向器

1)转向沉重

(1)故障现象。

①转动转向盘感到阻力较大。

②转向盘自动回正效果不良。

(2)故障原因。

①转向轮气压过低。

②转向桥变形,转向轮定位失准。

③转向器缺油或调整不当。

④转向节推力轴承锈蚀或损坏。

⑤转向节主销与衬套装配过紧或缺少润滑。

⑥转向传动机构拉杆的球头销锈蚀或缺少润滑。

(3)故障诊断。

①检查轮胎气压是否过低。

②检查转向器是否缺油,油液是否变质。

③如果转向仍沉重,可拆下转向摇臂,将转向桥架起,使转向轮离开地面。转动转向盘,如果阻力较大,应检修转向器。如果转动转向盘轻松自如,可左、右扳动转向轮。如果能轻松地使转向轮偏转,应校准转向轮定位。如果用较大的力量才能使转向轮偏转,则应检修转向拉杆的球头销、主销衬套及推力轴承。

(4)转向沉重的故障诊断流程如图4-32所示。

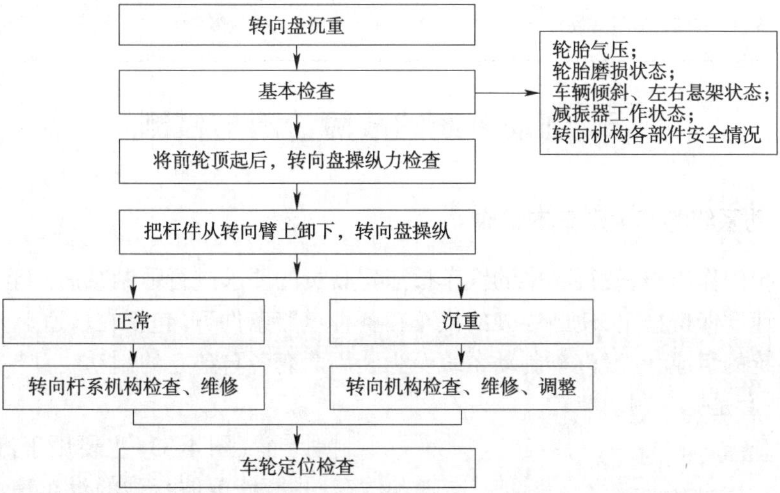

图4-32　转向沉重的故障诊断流程

2)转向系统的其他常见故障

转向系统其他常见故障的故障现象、原因分析见表4-8。

转向系统常见故障及分析　　表4-8

故障名称	故 障 现 象	主要故障原因
转向轮摆动	大幅度地转动转向盘才能控制汽车的行驶方向,直线行驶时感到行驶不稳	(1)前轴与车轮: ①前轮前束失准; ②前钢板弹簧、减振器失效; ③转向器固定螺栓松动; ④前轴、车架变形; ⑤前轮轮毂轴承松旷。 (2)转向传动机构: ①转向节主销与衬套磨损严重,间隙过大; ②横、直拉杆球头销与座磨损、球头松旷; ③转向摇臂与摇臂轴的紧固螺栓、螺母松动。 (3)转向器: ①蜗杆与指销(螺母齿条与齿扇)啮合间隙过大; ②转向器螺杆(蜗杆)两端轴承磨损间隙过大

续上表

故障名称	故障现象	主要故障原因
行驶跑偏	行驶时必须握紧转向盘才能保持车辆直线行驶，转向盘稍微放松车辆便自行跑偏	(1)轮胎规格或轮胎气压不一致； (2)制动间隙不一致，轮毂轴承松动； (3)钢板弹簧折断或弹力不均； (4)前轴或车架变形； (5)前轮定位不符合要求； (6)两侧轴距相差过多
动力转向系统故障	(1)发动机在各种转速下均无转向助力作用，转向沉重； (2)转向突然沉重； (3)左、右转向力不一致	(1)助力油泵传动带松紧度不符合要求； (2)助力油量不足，油质变差； (3)各接头及油管、油封紧固螺钉松动； (4)助力油泵内部故障

三、制动系统的故障诊断与检测

(一)制动系统的作用及基本组成

制动系统的作用，是使行驶中的汽车按照驾驶员的要求进行强制减速甚至停车，使下坡行驶的汽车速度保持稳定，使已停驶的汽车在各种道路条件下(包括在坡道上)稳定驻车。

制动系统的组成，一般汽车制动系统至少装用两套各自独立的制动装置：一套是行车制动装置，另一套是驻车制动装置。

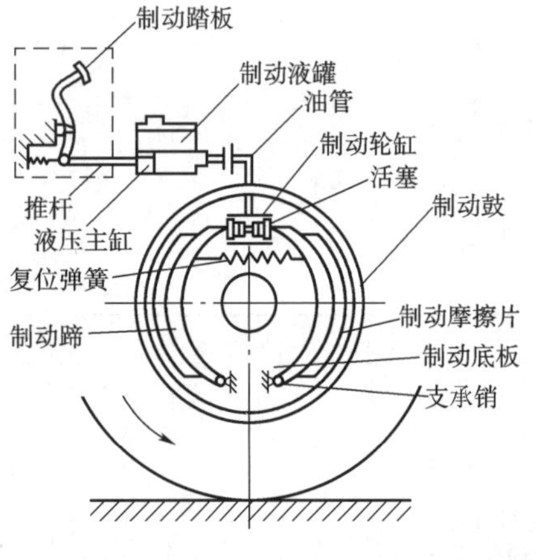

图4-33　制动系统的基本组成及工作原理

行车制动装置(图4-33)主要用于汽车行驶中的减速和停车，并能使下坡行驶的汽车速度保持稳定。行车制动器通常装在车轮上，由驾驶员用脚操纵，称为车轮制动装置或行车制动装置。行车制动装置按传力介质可分为气压制动系统和液压制动系统。目前多数车辆的行车制动装置还装有防抱死制动控制系统(ABS)等。

驻车制动装置主要用于停车后防止汽车溜滑，通常由驾驶员用手操纵，称为驻车制动装置(俗称“手刹”)。

两套制动装置都由制动器和操纵传动机构两部分组成，而ABS是在传统的制动传动机构中加装制动控制阀、相关传感器、执行器和控制电控单元。

(二)传统制动系统的故障诊断与检测

制动系统技术状况的完好与可靠是保证汽车安全行驶、充分发挥汽车行驶速度和提高经济性能的重要条件。

制动系统的常见故障有制动不良、制动跑偏、制动失灵和制动拖滞。下面结合气压制动装置、液压制动装置和驻车制动装置分别阐述这些故障的分析和诊断。

1. 气压制动装置制动不良

(1)故障现象:踩下制动踏板时,制动力不足,汽车减速缓慢。

(2)故障原因。

①储气筒内压缩空气压力过低。

②制动踏板自由行程过大。

③制动控制阀调整不当。

④制动鼓严重磨损使其内径超大,制动蹄与制动鼓之间的间隙过大。

⑤制动蹄与制动鼓之间的接触面积过少。

⑥制动蹄支承销、制动凸轮轴锈蚀发卡。

(3)故障诊断。

①检查制动踏板的自由行程。

②如果储气筒内的压缩空气达不到规定的工作气压,应检查空气压缩机供气能力及其传动带的张紧度,检查空气压缩机、储气筒、制动控制阀之间的气压管道是否漏气。

③检查制动控制阀的最大输出气压,若不符合规定应进行调整。

④调整制动蹄与制动鼓之间的间隙,必要时检修车轮制动器。

2. 液压制动装置制动跑偏

(1)故障现象:制动时汽车自动偏离原来的行驶方向。

(2)故障原因。

①同轴车轮制动器的制动蹄与制动鼓之间的间隙不一致,接触面积不一致。

②个别车轮制动器液压轮缸漏油或有空气。

③个别车轮制动器液压轮缸锈蚀卡滞。

(3)故障诊断。

①制动跑偏是因为同轴车轮制动器产生的制动力大小不等造成的,应该使制动拖印浅的车轮增强制动力。

②调整制动力较弱(拖印较浅)的车轮制动蹄与制动鼓之间的间隙,并对该车轮制动器液压轮缸排空气。

③经调整仍不能排除制动跑偏的故障,应拆下制动鼓,检查和修整制动蹄与制动鼓之间的接触面积,检查液压轮缸是否漏油或卡滞。

(4)液压制动装置制动跑偏的故障诊断流程如图 4-34 所示。

3. 驻车制动装置制动拖滞

(1)故障现象。

①放开驻车制动器操纵杆,汽车起步困难。

②行驶无力,在松开加速踏板并踩下离合器时还有制动感觉。

③制动鼓有发热感。

(2)故障原因。

①制动蹄摩擦片与制动鼓之间间隙过小。

②制动鼓转动困难。

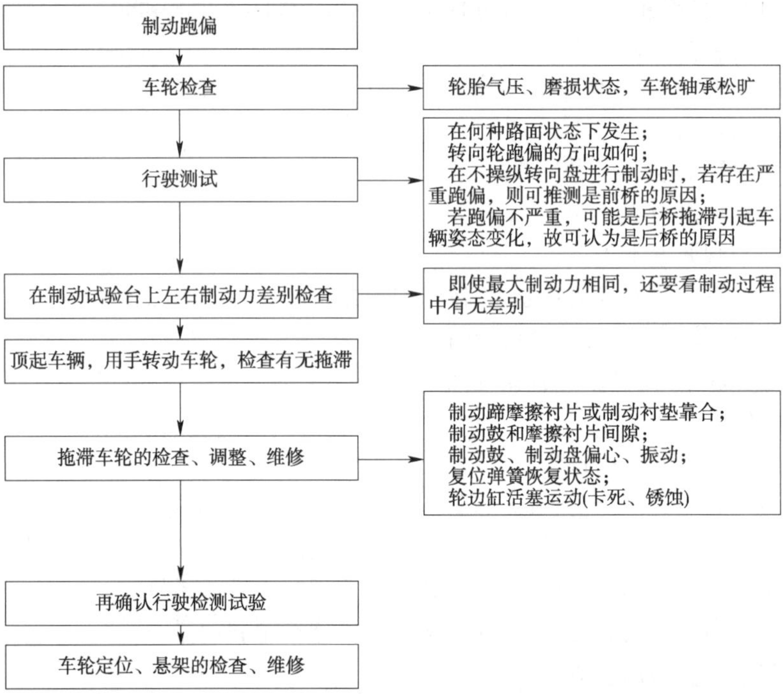

图 4-34　液压制动装置制动跑偏的故障诊断流程

③制动蹄复位弹簧过软或折断。

④驻车制动器操纵杆行程过小。

(3)故障诊断。

①检查驻车制动器操纵杆行程是否符合规定要求。

②检查制动蹄摩擦片与制动鼓之间间隙。

③检查制动鼓转动是否困难。

④拆检制动蹄复位弹簧过软或折断。

(4)驻车制动装置制动拖滞的故障诊断流程如图 4-35 所示。

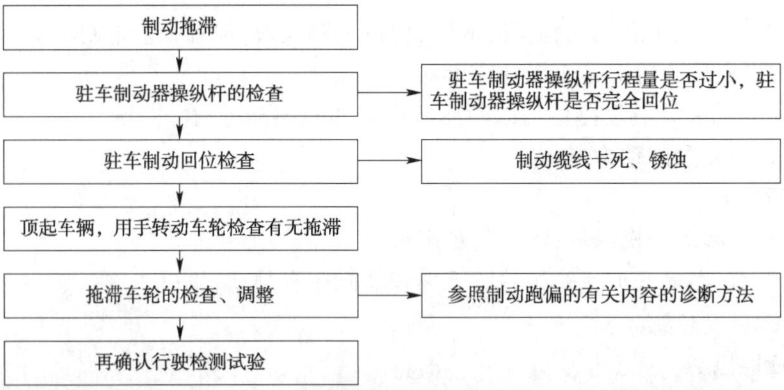

图 4-35　驻车制动拖滞的故障诊断流程

4. 制动系统的其他故障

制动系统的其他故障及分析见表4-9～表4-11。

1)气压制动系统常见故障及分析

气压制动系统其他常见故障及诊断分析见表4-9。

气压制动系统的常见故障及诊断　　表4-9

故障名称	故障现象	主要故障原因
制动失灵	汽车行驶途中将制动踏板踩到底,制动装置不起作用,或使用一次或几次后制动装置突然失灵	(1)储气筒内无压缩空气或空气量不足; (2)制动阀进、排气间隙调整不当、制动阀膜片老化破裂; (3)制动气室膜片破裂、老化或制动管路漏气; (4)制动踏板与制动阀臂脱落或自由行程过大; (5)车轮制动器失效
制动跑偏	行驶中制动时,左、右车轮的制动效果不一致,车辆不能沿直线方向停车,而是偏向一侧	(1)左、右轮胎气压不一致; (2)前轮定位失准; (3)车轴移位、偏斜; (4)前轮前钢板弹簧弹力不均; (5)左、右气室推杆伸张速度不等、制动气室推杆行程过大; (6)制动气室膜片弹簧及复位弹簧不良; (7)制动软管堵塞、老化; (8)凸轮轴和制动蹄轴转动不灵; (9)车轮制动器间隙过大; (10)制动蹄摩擦片表面状况不良
制动拖滞	(1)解除制动时制动阀不排气或排气慢,制动灯不灭; (2)停车,制动鼓过热; (3)车辆起步困难,加速费力,行驶无力	(1)制动踏板自由行程过小或无自由行程; (2)制动踏板及操纵机构复位不良; (3)车轮制动器:制动间隙过小;凸轮轴或制动端轴卡滞;制动蹄复位弹簧过软、折断; (4)制动气室推杆卡住

2)液压制动系统其他常见故障及分析

液压制动系统常见故障及诊断分析见表4-10。

液压制动系统的常见故障及诊断　　表4-10

故障名称	故障现象	主要故障原因
制动失效	制动时汽车不能减速或停车	(1)制动液不足; (2)管路和接头有破漏或堵塞; (3)制动管路内有气阻; (4)机械部位脱开,主缸活塞移动; (5)制动踏板自由行程过大; (6)制动主缸故障:主缸皮碗损坏、翻转;复位弹簧过软、折断;活塞与缸壁磨损过量; (7)制动轮缸故障:制动轮缸皮碗损坏、翻转;活塞与缸壁磨损过大;复位弹簧过软、折断

续上表

故障名称	故 障 现 象	主要故障原因
制动不良	制动时汽车不能立即减速或停车、制动不灵;连续踩下踏板,制动力能逐渐加大但仍感不足,制动效果差	(1)制动踏板自由行程过大; (2)制动管道和制动轮缸有空气; (3)制动管路有渗漏或堵塞; (4)制动主缸皮碗变形损坏、活塞与缸壁磨损过大; (5)制动主缸出油阀损坏、补偿孔、通气孔堵塞
制动拖滞	(1)汽车起步困难,行驶无力,在松开加速踏板并踩下离合器时还有制动感觉; (2)制动鼓发烫	(1)制动踏板自由行程过小或无自由行程; (2)主缸皮碗发胀、老化,复位弹簧过软; (3)制动蹄摩擦片与制动鼓间隙过小; (4)制动蹄复位弹簧过软,制动蹄轴锈蚀,转动复位困难; (5)摩擦片铆钉外露

5. 驻车制动装置的其他常见故障及诊断

驻车制动装置除了会有制动拖滞的故障,还会有制动不灵的故障,其故障现象及原因分析见表4-11。

驻车制动装置的常见故障及诊断 表4-11

故障名称	故 障 现 象	主要故障原因
制动不灵	在坡道上停车,虽拉紧驻车制动器操纵杆,车辆仍会溜滑	(1)驻车制动器操纵杆自由行程过大; (2)驻车制动鼓或制动盘与制动蹄摩擦片间隙过大,有油污; (3)摩擦片磨损过薄,表面硬化,铆钉外露; (4)制动鼓磨损、起槽或有裂纹

(三)防抱死制动系统(ABS)的故障诊断与检测

1. ABS故障诊断与检测的基本思路

ABS故障诊断与检测的基本内容一般包括初检、故障码检查与诊断、传感器及液压调节器和电路的检测等。根据自身特点,ABS具有一些特殊的检查、诊断方法。特定的诊断与检查可及时发现ABS的故障,是维修中非常重要的部分。对于不同的车型,甚至同一系列不同年代生产的车型,诊断方法和程序都会有所不同,这一点只要比较相应维修手册就可以知道。但是ABS的基本自诊断与检查方法的内容是不变的,它们一般包括如下4个步骤:

(1)初步检查。

(2)故障自诊断。

(3)元件检测。

(4)确认故障部位及原因。

通常情况下,只要按照上述4个步骤进行诊断与检查,就会迅速找到系统的故障点。当然还得对ABS的组成主要零部件:车轮转速传感器、液压调节器、电控线束等进行检测和诊断,其中有的要尽可能结合故障自诊断的功能进行,有的则要单独进行。

2. ABS诊断与检测的过程和要求

1)初步检测项目

ABS出现故障时,应先初步目视检查下列内容。

(1)驻车制动是否完全释放。

(2)制动液有无渗漏,制动液面是否正常。

(3)ABS所用熔断丝、继电器是否完好,插接是否牢固。

(4)ABS ECU插接器(插头和插座)连接是否良好。

(5)有关元器件(轮速传感器、电磁阀体、电动泵压力警示开关和压力控制开关等)的插接器和导线是否连接良好。

(6)压力调节器等的搭铁线是否接触可靠。

(7)蓄电池电压是否在规定范围内,正、负极柱的导线是否连接可靠。

2)故障自诊断

通过仪表板的ABS警告指示灯或专用解码仪对ABS进行故障自诊断检查,读出相应的故障码。

3)ABS系统主要元件检测

(1)车轮转速传感器检测。

①通过读取故障码检测车轮转速传感器。

②利用指示灯检查传感器电平信号。

③检验车轮转速传感器的工作过程是否正常。

④车轮转速传感器的技术性能检测。

a. 用万用表检测传感器的电阻:前后轮转速传感器电阻应符合要求。如果不符合要求应更换;

b. 检查传感器电极与外壳是否连通。若连通则判断为短路,应更换;

c. 检测传感器的安装是否符合要求:拧紧力矩和传感器与信号齿间间隙应为规定值;

d. 用示波器检测传感器信号:将示波器连接到传感器接头上,架起汽车并且使汽车速度达到20km/h,检查传感器的输出波形。检查波幅C(图4-36)是否大于或等于0.5V,若小于0.5V,应更换传感器;检查最小波幅B是否大于或等于最大波幅A的70%,若不满足,应更换传感器齿圈。

(2)ABS液压调节器的检测。

①调节器外观检查,调节器外观应无机械损坏、无漏油或漏电现象。

②调节器动作效果检测。

③利用专门的检测仪进行检测。这种检测仪上有电源开关、ABS回流泵开关、四个电磁阀的选择开关等,使用专门的标准检测线与车上的液压调节器连接,如图4-37所示。

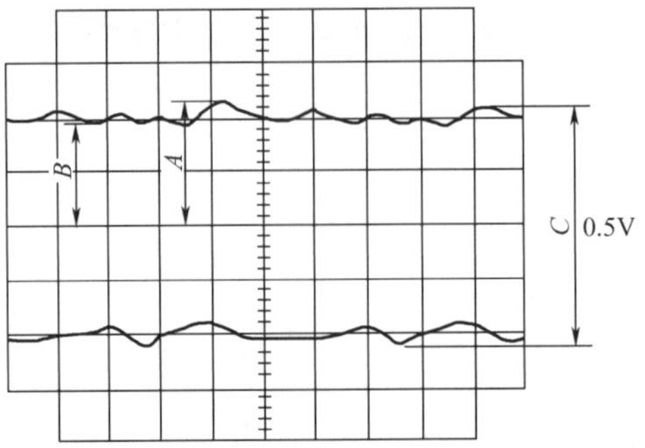

图 4-36　轮速传感器的信号波形

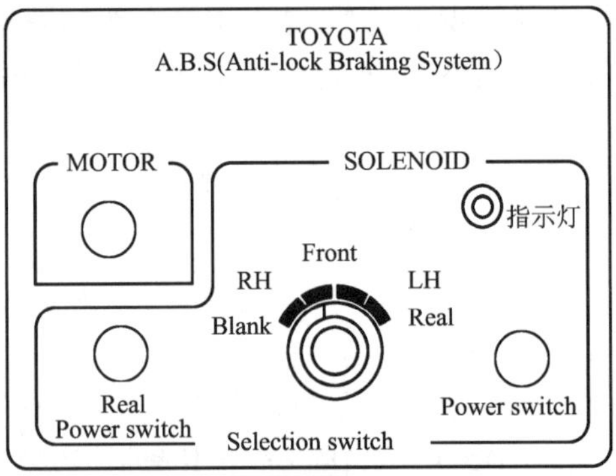

图 4-37　丰田 ABS 专用检测仪

3. ABS 常见故障诊断与检测

ABS 常见故障及诊断方法见表 4-12。

防抱死制动系统(ABS)故障及诊断　　表 4-12

	故障名称	故障现象	主要故障原因
有故障码	ABS 液压泵工作不良	(1)ABS 指示灯亮; (2)制动时 ABS 工作不起作用; (3)有该故障码产生	(1)熔断丝烧断或线路断路; (2)ABS 导线和插接器连接不良; (3)电动机故障; (4)ABS ECU 故障
	车速传感器信号不良	(1)ABS 指示灯亮; (2)制动时 ABS 工作不良; (3)有该故障码产生	(1)车速传感器故障或漏装; (2)传感器与齿圈间隙不符合规定; (3)齿圈有无变形、断齿和异物; (4)传感器线束导通不良
无故障码	打开点火开关不起动发动机时,ABS 指示灯不亮	(1)正常打开点火开关但不起动发动机,ABS 指示灯不亮; (2)查无故障码	(1)ABS 熔断丝烧断、无电源; (2)ABS 线路故障; (3)搭铁线路断路; (4)ABS 指示灯控制器故障
	发动机起动,ABS 指示灯常亮	(1)正常起动发动机后,ABS 指示灯常亮; (2)查无故障码	(1)ABS 指示灯控制器到指示灯、ABS ECU 线路故障; (2)ABS 指示灯控制器故障; (3)ABS ECU 故障
	ABS 工作异常	(1)制动力不足; (2)制动力不均匀; (3)ABS 工作异常; (4)ABS 指示灯显示正常	(1)传感器安装不正确; (2)各车轮轴承、传感器齿圈不正常; (3)线路故障; (4)传感器输出电压异常; (5)ABS ECU 故障

四、常见故障诊断实训

项目:离合器分离不彻底

1. 教学目标

(1)掌握对离合器分离不彻底故障的原因分析方法。

(2)熟悉离合器分离不彻底故障诊断操作步骤。

(3)能举一反三地对汽车底盘其他故障进行诊断分析。

2. 故障现象描述

桑塔纳2000轿车起步时离合器踏板踩到底仍感到挂挡困难,或虽能勉强挂上挡,但未放松踏板汽车就向前移动或熄火;行驶过程中变速器挂挡困难,有时离合器踏板踩到底也挂不进挡,变速器内伴有齿轮撞击声。

3. 项目基础

桑塔纳2000轿车离合器的组成及结构特点:桑塔纳2000轿车的离合器是液压操纵式、膜片弹簧、单片式离合器,踏板自由行程调整装置在踏板前方的主缸推杆上,其结构特点如图4-38～图4-41所示。

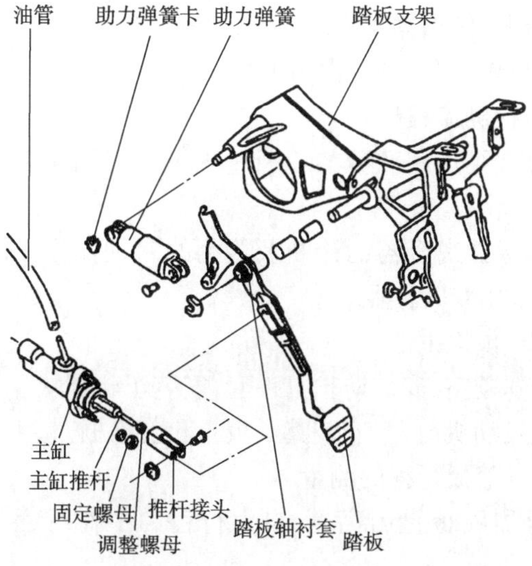

图4-38　离合器踏板机构

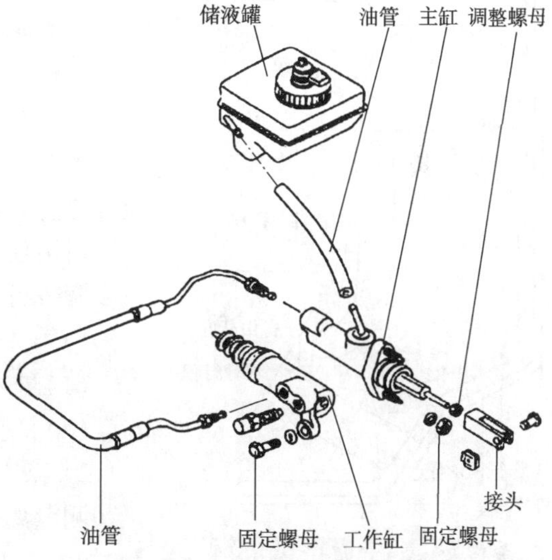

图4-39　离合器液压系统

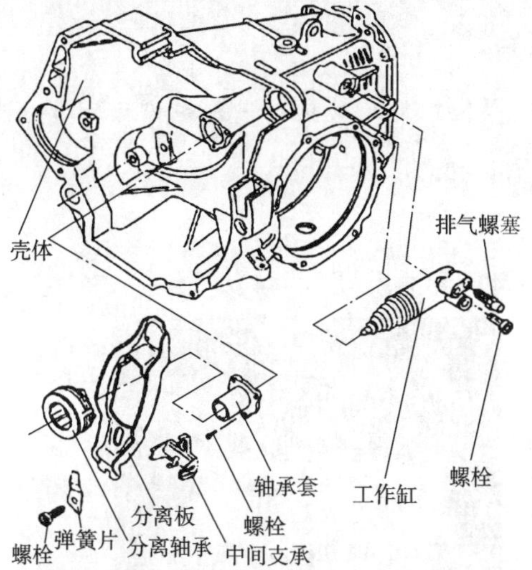

图4-40　离合器分离机构

图4-41　桑塔纳2000轿车离合器实物

4. 技术标准

部分车型的离合器踏板行程见表4-13。

部分车型离合器踏板行程(单位:mm)　　表4-13

检查项目	奇瑞旗云	SANTANA2000	一汽天津威驰	丰田雷克萨斯 LS400
离合器踏板自由高度	160~180	150±5	125~145	142.8~152.8
离合器踏板自由行程	5~15	15~20	5~15	3~5
离合器踏板行程余量	10~20	13.2~14.9	5~10	62.8~74.8

5. 教学组织

将学生分成10人一组,每组由2人操作,其他8人观察学习,并对操作进行记录,完成作业表的填写。每组操作15min。

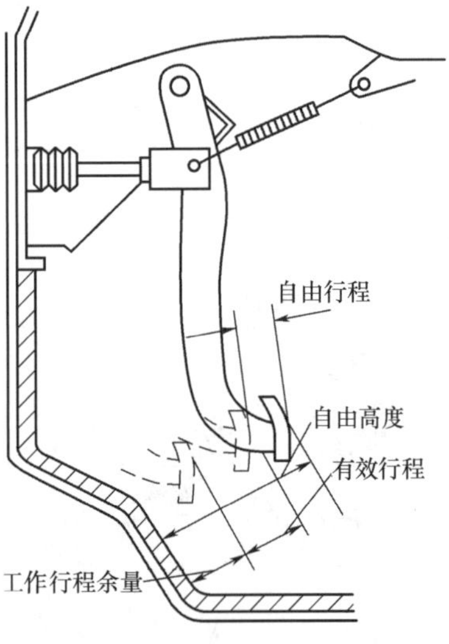

图4-42　离合器各种行程示意图

6. 教学资源、实训器材

桑塔纳2000轿车一辆,常用工具一套,直尺。

7. 诊断与检测流程

离合器分离不彻底故障的诊断过程可参考图4-2的流程进行。

对液压操纵式离合器的诊断及检测的实训操作按以下步骤进行,采用双人作业。

1)第一步:预检工作

(1)进入驾驶室,安装防护五件套,安装车轮挡块。

(2)打开发动机舱盖,安装翼子板布和前格栅布。

2)第二步:踏板行程的测量

测量离合器踏板自由高度、自由行程和工作行程余量,如图4-42所示。

小提示

用直尺测量,若各行程中有不符合维修手册规定的,应该通过踏板前方到离合器主缸后端的可调推杆进行调整。

3)第三步:检查离合器操纵系统状况

(1)目视离合器主缸储液罐液面高度(图4-43)和油质(图4-44)。

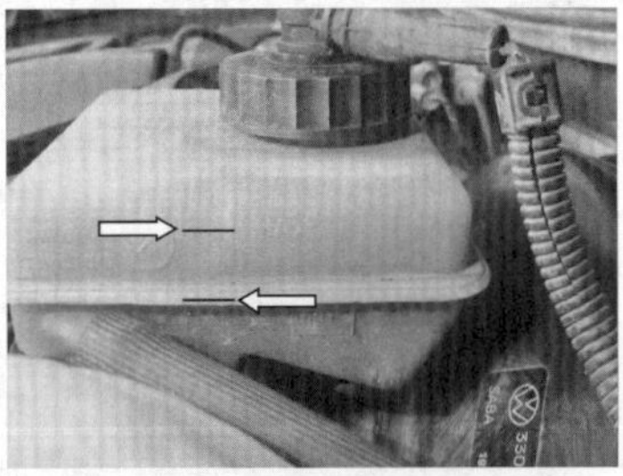
图4-43　液面高度检查

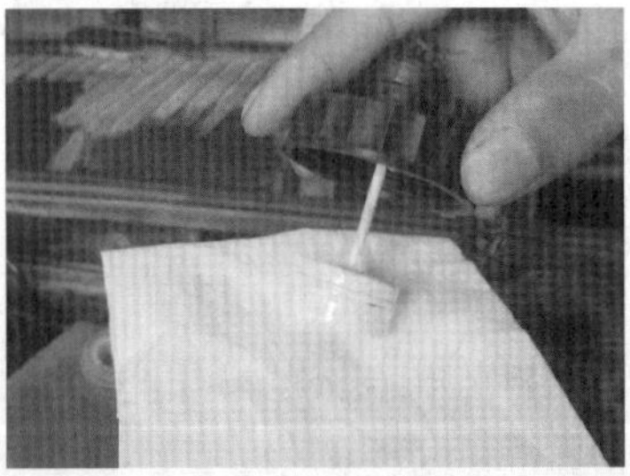
图4-44　检查油质

小提示

液面高度要求在max刻度线和min刻度线之间。如果液面在min以下,则可直接添加液压油到min刻度线与max刻度线之间的位置;油质要求用试纸滴滤,没有明显杂质,用手捏有黏性,否则更换离合器液(制动液)。

(2)目视检查液压管路与各机件是否连接良好。

(3)安装举升机,将车辆可靠举升到适当位置,检查离合器工作缸的安装状况,从主缸到工作缸的油管管路连接状况和泄漏、压痕情况。

4)第四步:离合器操纵性能试验

(1)试踩离合器踏板,目视离合器工作缸是否工作灵敏、正常。

(2)如不正常,对离合器液压系统执行排空气作业。

(3)检查分离轴承与膜片弹簧内端面的自由间隙。

小提示

此处间隙应在0.8~1mm范围内,用塞尺就车测量此间隙,注意要转动离合器完整检查一圈,整圈的间隙要一致,如果不一致则需拆解离合器总成,检测分离杠杆的技术状况;如果一致但不符合规定,则通过工作缸前端的可调推杆调整至规定要求。

5)第五步:拆检工作

(1)拆检离合器主缸和工作缸。

离合器主缸、工作缸拆卸后应进行如下操作。

①清洗各部件并用压缩空气清洁。

②检查主缸、工作缸是否有划痕或锈蚀,如有则清理或更换主缸。

③检查活塞和活塞皮碗是否有磨损,划痕裂缝或凸起。

④检查推杆是否磨损或损坏。

(2)拆检离合器总成。

①检查从动盘。目视从动盘的状况,如图4-45所示;用百分表测量从动盘的平面度,如图4-46所示;用游标卡尺或深度规测量从动盘摩擦片到铆钉的深度,如图4-47所示,要求在2mm以上。

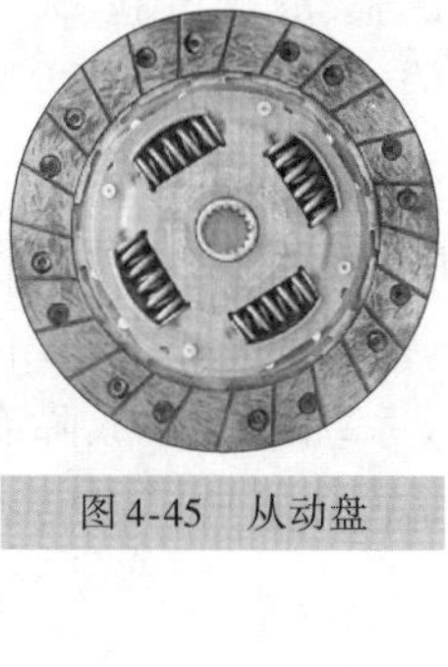

图4-45　从动盘

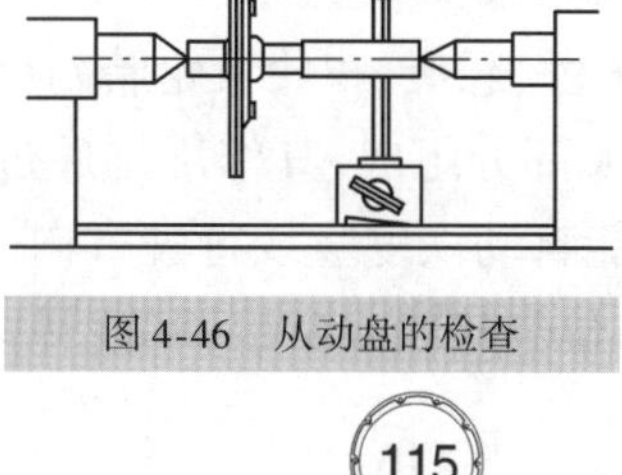

图4-46　从动盘的检查

图4-47　摩擦片磨损程度的检查

②检查压盘和飞轮是否有明显沟槽或裂纹,否则更换。

③目视检查膜片弹簧和离合器盖,如图4-48所示;用游标卡尺测量弹簧内端面的磨损情况,如图4-49所示。

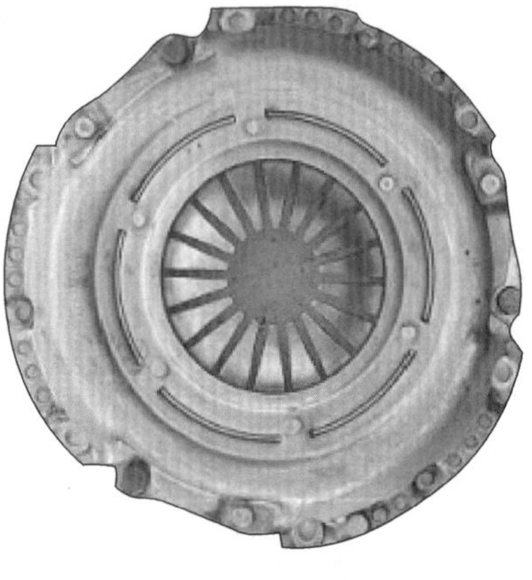

图4-48 膜片弹簧和离合器盖

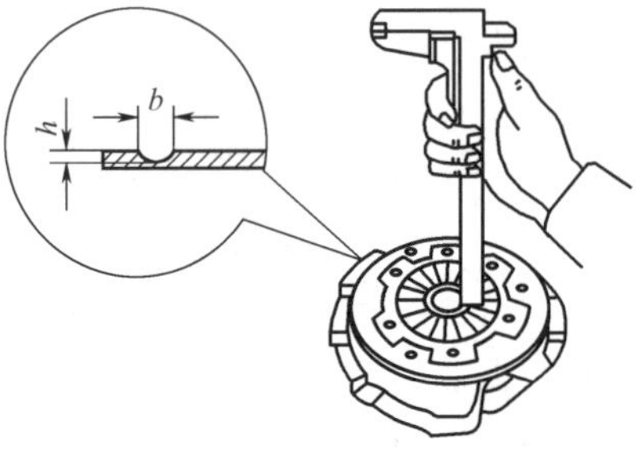

图4-49 膜片弹簧内端面磨损程度的检查

相关知识链接

(1)离合器踏板自由行程:消除离合器的自由间隙和分离机构、操纵机构零件的弹性变形所需要的离合器踏板的行程称为离合器踏板的自由行程。

(2)离合器自由间隙:离合器处于接合状态时,分离轴承与分离杠杆内端之间预留的间隙称为离合器的自由间隙。

单元小结

(1)汽车传动系统由离合器、变速器、万向传动装置、驱动桥等部分组成,其作用是将发动机的动力传递到驱动车轮使汽车产生运动。离合器的故障有分离不彻底、打滑和异响等;普通齿轮式多级手动变速器的常见故障有跳挡、乱挡、挂挡困难、异响及漏油;自动变速器的常见故障有无前进挡和倒挡,无前进挡,无倒挡,不能自动升挡,升、降挡时滞过长,直接挡无力,空挡汽车爬行,换挡冲击等,其故障可以通过基础检验、手动换挡试验、液压试验、失速试验、时滞试验、道路试验、液力变矩器试验等性能试验分析诊断;万向传动装置的故障主要是发抖和异响;驱动桥的常见故障有驱动桥漏油、过热和异响。

(2)汽车行驶系统一般由车架、车桥、悬架、车轮及轮胎四个部分组成;转向系统由转向操纵机构、转向器和转向传动机构三大部分组成,其作用是通过转向轮(一般是前轮)在路面上偏转一定的角度来实现转向,并能自动恢复直线行驶方向。行驶系统的常见故障有减振器失效、钢板弹簧折断、钢板弹簧移位和轮胎异常磨损等;转向系统的常见故障有转向沉重、转向轮摆动、行驶跑偏和动力转向系统故障。

(3)气压制动系统、液压制动系统、驻车制动装置的常见故障有制动不良、制动跑偏、制动失灵和制动拖滞。防抱死制动系统(ABS)的故障分有故障码和无故障码两类,通过初步检查、故障自诊断和元件检测进行诊断,确认故障部位及原因。

(4)离合器分离不彻底的故障现象是起步时离合器踏板踩到底仍感到挂挡困难,或虽能勉强挂上挡,但未放松踏板汽车就向前移动或熄火;行驶过程中变速器挂挡困难,有时离合器踏板踩到底也挂不进挡,变速器内伴有齿轮撞击声。以桑塔纳2000轿车为例,通过测量踏板行程,检查离合器操纵系统的性能状况,以及拆检离合器总成等检测工作对故障进行诊断分析。

思考与练习

一、填空题

1. 离合器踏板自由行程是______与______在踏板上的反映。

2. 从动盘在装配时,有减振盘的面应朝向压盘。如无减振盘,则选______应朝向压盘。

3. 误装了过厚的从动盘分离不彻底时,只需在离合器盖与飞轮的每两根螺栓之间______即可分离彻底。

4. 变速器常见故障有______、______、______、______、______和______。

5. 两侧横拉杆长度不一致,汽车在道路上行驶时,会造成______。

6. 前轮定位包括______、______、______及______四个参数。

二、选择题

1. 分离杠杆内端与分离轴承之间应留有一定量的间隙,桑塔纳2000型汽车的离合器分离杠杆内端与分离轴承的间隙为(　　),以保证摩擦片在正常的磨损过程中离合器仍能完全接合。

A. 4~5mm　　B. 5~6mm　　C. 3~4mm　　D. 0.8~1mm

2. 汽车修理应贯彻(　　)修理的原则。

A. 视情　　B. 提前　　C. 必要时　　D. 选择

3. 两轴式变速器的特点是输入轴与输出轴(　　),且无中间轴。

A. 重合　　B. 垂直　　C. 平行　　D. 斜交

4. 下面A、B、C、D是某三挡变速器的各挡传动比,则最有可能是倒挡传动比的是(　　)。

A. $i=2.4$　　B. $i=3.6$　　C. $i=1.8$　　D. $i=1$

三、判断题(对的画"√",错的画"×")

1. 汽车底盘由传动系统、行驶系统、转向系统和制动系统四大系统组成,其功用就是接

受发动机的动力,使汽车产生运动,并保证其正常行驶。 ( )

2. 解码仪的首要功能有读取故障码和清除故障码。 ( )

3. 自动变速器油液散热器的主要作用,是散发行星齿轮换挡机构在换挡时产生的大量热量。 ( )

4. 差速器的十字形孔是在其左、右壳装合后加工的,因此装配时要对号入座,不允许错位。 ( )

5. 螺旋齿轮不发生根切的最小齿数比直齿齿轮的最小齿数要多。 ( )

6. 为了避免分离杠杆与分离套筒直接接触,减少运动阻力和机件磨损,在分离套筒前端没有必要安装有推力式分离轴承。 ( )

7. 节气门开度信号和车速信号是自动变速器换挡的主要信号。 ( )

8. 自动变速器必须使用规定品牌的液力传动油。 ( )

9. 从动盘上的摩擦片是离合器使用中主要易损零件。铆钉头部的埋入深度 h 不得少于1mm,否则应换用新摩擦片。 ( )

10. 汽车在使用中一般只调整前轮定位中的前束。 ( )

四、简答题

1. 底盘常见的故障有哪些?
2. 离合器常见的故障有哪些?
3. 如何排除离合器打滑的故障?
4. 如何处理变速器乱挡故障?
5. 简述变速器跳挡的原因。
6. 传动轴异响的原因有哪些?
7. 汽车行驶系统的主要作用有哪些?

单元五　电气设备的故障诊断与检测

学习目标

完成本单元学习后，你应该能：

1. 熟悉蓄电池的作用、组成、使用与维护；
2. 熟悉起动系统、点火系统的作用、组成及故障诊断与检测；
3. 掌握照明系统与信号系统的故障诊断与检测；
4. 学会中控及防盗系统的作用及故障诊断与检测；
5. 学会空调系统的作用、组成及故障诊断与检测。

建议学时：14 学时

一、蓄电池的故障诊断与维护

1. 蓄电池的作用

(1)起动发动机时，供给起动机强大的起动电流。

(2)当发电机不工作或转速低时，向汽车用电设备供电。

(3)当发电机过载时，与发电机共同向汽车用电设备供电。

(4)蓄电池存电不足，而发电机负载较大时，它可将发电机的电能转化为化学能储存起来。

2. 蓄电池的组成

蓄电池主要由接线柱、加液塞、极板组、电解液及外壳等部分组成，如图 5-1 所示。蓄电池的正极接线柱与起动机相连，负极接线柱与车身、发动机和车架相连，加液塞用于添加电解液，极板组和电解液用来产生电化学反应。

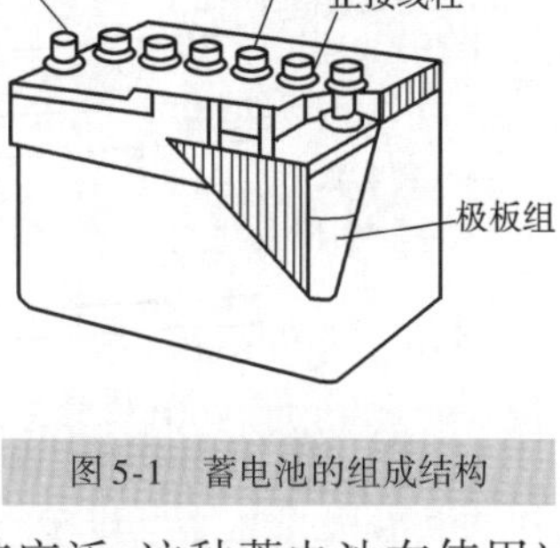

图 5-1　蓄电池的组成结构

3. 蓄电池的种类

(1)普通铅酸蓄电池。普通铅酸蓄电池加工工艺简单，但启用时需加电解液，然后经初充电后才能使用。

(2)干荷蓄电池。干荷蓄电池在存放期内启用，注入符合规定的电解液之后，静置 20 ~ 30min 即可使用。

(3)免维护蓄电池。免维护蓄电池目前在汽车上使用比较广泛，这种蓄电池在使用过程中无须添加蒸馏水，内阻小，起动性能好，使用寿命长。

(4)胶体电解质铅酸蓄电池。这种蓄电池的电解质由硅酸钠溶液和硫酸水溶液混合凝结成胶状物质构成,电解质不流动,不易溅出,使用中只需加蒸馏水,不需要测量和调整密度值。但其内阻大,起动性能较差。

4. 蓄电池的使用与维护

(1)调整液面高度。电解液液面高度应在液面上限与液面下限之间(图5-2),同时正常液面应高出极板组上限10~15mm(图5-3),极板不允许露出液面,以防硫化。

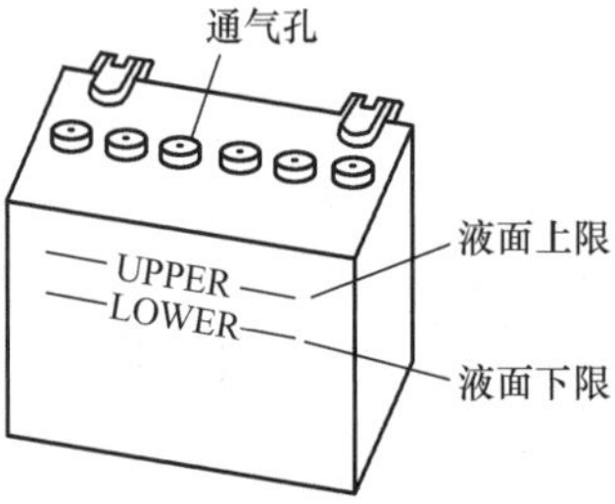

图5-2　液面高度刻线

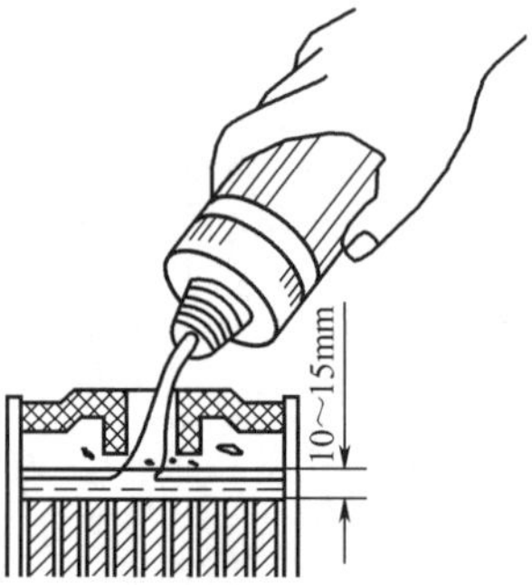

图5-3　添加电解液

(2)检查放电程度。用高率放电计检查蓄电池的放电程度,是确定蓄电池放电程度的一个方法(图5-4);如果没有高率放电计,在车辆起动系统正常情况下,可用起动机作为试验负荷,步骤如下:将万用表表笔接于蓄电池正、负极接线柱上,在起动过程中,电压表读数不应低于9.6V。

(3)经常清除蓄电池盖上的脏物,如图5-5所示,清洗盖上的电解液;疏通加液盖上的通气孔,如图5-6所示。

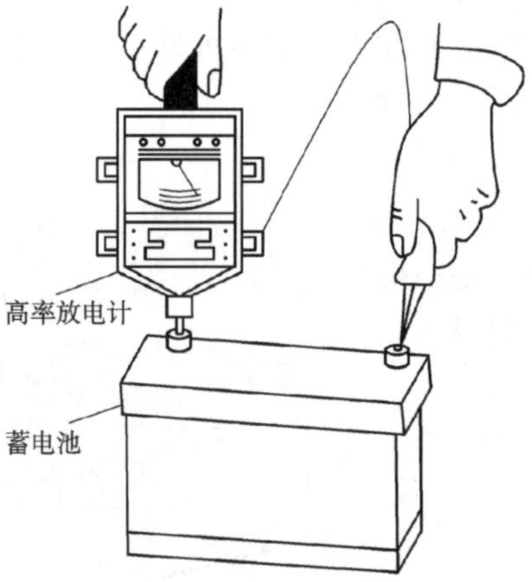

图5-4　检查放电程度

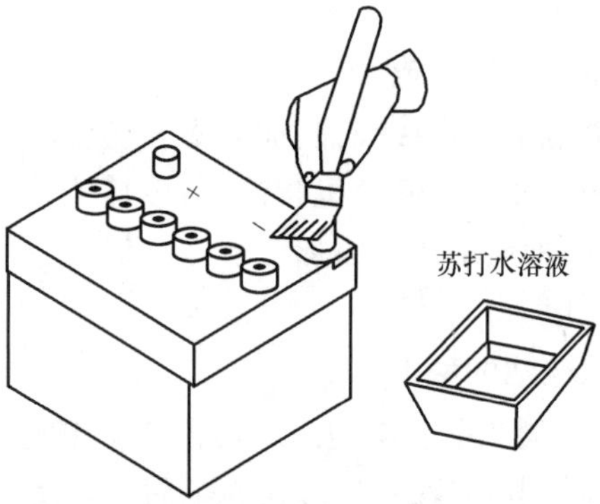

图5-5　清洁蓄电池

(4)检查蓄电池外壳有无渗漏;检查蓄电池在车上安装是否牢固,导线与接线柱连接是否紧固(图5-7)。

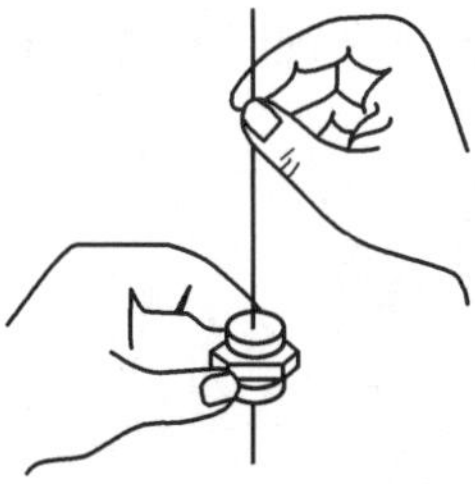

图 5-6 疏通通气孔

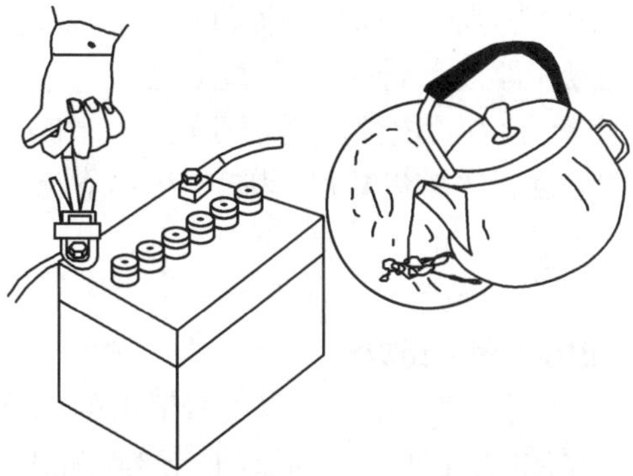

图 5-7 检查导线与接线柱连接是否紧固

二、起动系统和点火系统的故障诊断与检测

(一)起动系统

1. 起动系统的作用及组成

起动系统的作用是迅速、可靠地起动发动机;发动机起动后自动退出工作。

起动系统主要由点火开关、起动继电器(有些车型无起动继电器)、起动机等部分组成。

2. 起动系统常见故障及原因分析

起动系统常见的故障有起动机不运转、起动机运转无力、起动机空转等。

1)起动机不运转

(1)故障现象:将起动开关打到起动挡,起动机不能转动。

(2)原因分析:蓄电池严重缺电,接头松动、脏污;继电器烧蚀;控制电路断路或接触不良;电磁开关接触不良;起动机内部有故障;蓄电池与车身、发动机与车身之间搭铁不良。

(3)故障诊断:开启前照灯或按下喇叭,若前照灯不亮、喇叭不响,表明蓄电池严重缺电或主电缆接触不良;搭接起动机电磁开关上的蓄电池接线柱与磁场接线柱,若起动机运转,则检查控制电路,若起动机不运转,则检查起动机。

2)起动机运转无力

(1)故障现象:起动机运转缓慢,或不能使发动机快速连续运转;起动继电器或电磁开关有断续的声响发出。

(2)故障原因:蓄电池存电不足,主电缆接触不良;电磁开关接触不良;起动机换向器与电刷接触不良;起动机轴承配合间隙过松或过紧;继电器接触不良。

(3)故障诊断:当出现起动机运转无力时,首先应检查蓄电池存电情况,必要时对其充电或更换;其次清洁或紧固蓄电池电缆接头;再搭接起动机电磁开关上的蓄电池接线柱与磁场接线柱,若不正常,再作其他检查。

3)起动机空转

(1)故障现象:将点火开关置于起动挡时,起动机空转;起动发动机时伴有齿轮撞击声,曲轴不能转动。

(2)故障原因:起动机单向离合器打滑;起动机电磁开关损坏;蓄电池电量不足;发动机飞轮齿缺损;起动机驱动齿轮的行程过小。

(3)故障诊断:检查蓄电池电是否亏电;使曲轴转动一个角度,再次起动发动机,若能起动发动机,表明发动机飞轮齿缺损;若起动机仍空转,对起动机进行调整或检修。

(二)点火系统

1. 点火系统的作用及组成

点火系统的作用是将蓄电池或发电机输出的低电压转变为高电压,并按发动机的工作顺序轮流分配给各缸火花塞跳火,适时地点燃汽缸内的可燃混合气。

2. 点火系统的主要元件

(1)点火线圈。点火线圈是将蓄电池或发电机输出的低电压转变为高电压的元件,根据铁芯的磁路不同可将点火线圈分为开磁路点火线圈和闭磁路点火线圈两种类型(图5-8)。

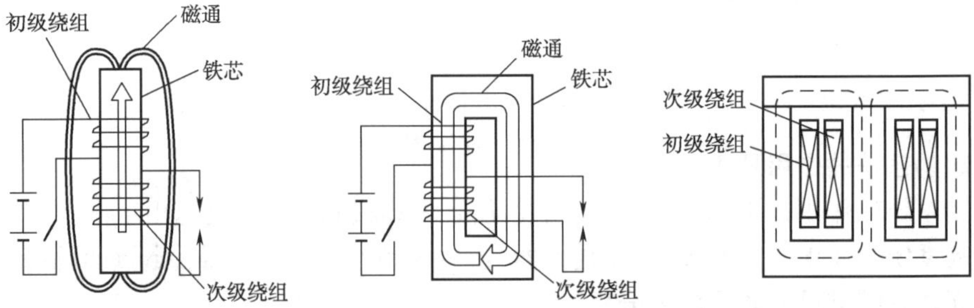

a)开磁路点火线圈　b)闭磁路点火线圈

图5-8　点火线圈

(2)火花塞(图5-9)。火花塞的作用是把高压电引入燃烧室,并产生电火花。

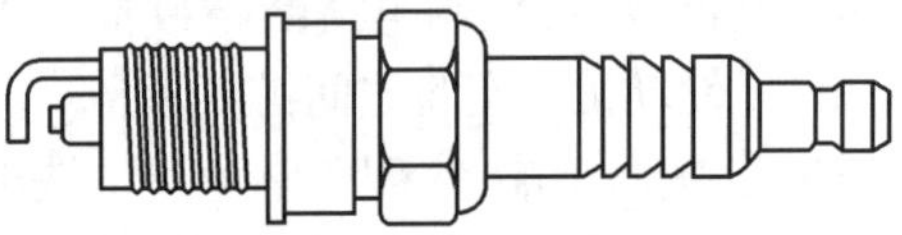

图5-9　火花塞

(3)微机控制的点火系统。微机控制的点火系统取消了机械的点火提前装置,可使发动机在任何工况下均获得最佳点火时刻,同时还具有故障自诊断功能。微机控制的点火系统通常由传感器、微机控制器、点火执行器等组成,如图5-10所示。

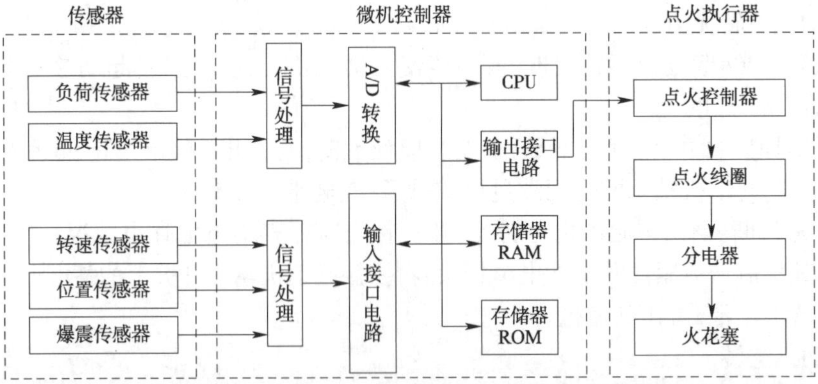

图5-10　微机控制的点火系统

3. 点火系统常见故障及原因分析

发动机个别缸工作不良。

(1)故障现象：发动机在不同转速时，消声器均发出有节奏的“突、突”声；发动机运转不稳定，排气管冒黑烟甚至放炮，动力下降。

(2)故障原因：个别缸高压分线脱落或漏电；个别缸火花塞工作不良；点火线圈漏电或高压线漏电。

(3)故障诊断：采用逐缸断火的诊断方法，若对某缸断火，发动机转速发生变化，则该缸工作正常；若无变化，则说明该缸不工作，然后再根据高压电路故障的诊断流程进行诊断。

三、照明系统与信号系统的故障诊断与检测

1. 作用及组成

为了保证汽车行驶安全，提高汽车的行驶速度，在现代汽车上装有各种照明与信号装置。汽车的照明灯一般由前照灯、雾灯、内部照明灯等组成，主要用于夜间照明道路、车内照明、仪表照明等。汽车上除了照明作用外，还有一些信号灯，作为汽车使用中指示其他车辆或行人的灯光信号。汽车上常用的信号灯主要有转向信号灯、危险报警信号灯、停车灯、制动灯等。不同车型所配置的照明设备不完全相同。

1)前照灯

前照灯的主要作用是保证汽车前方有明亮而均匀的照明，使驾驶员能辨明车前 100m 内道路上的障碍物，同时还应具有防眩目装置，以免夜间两车迎面相遇时使对方驾驶员炫目而发生事故。照明系统控制电路如图 5-11 所示。

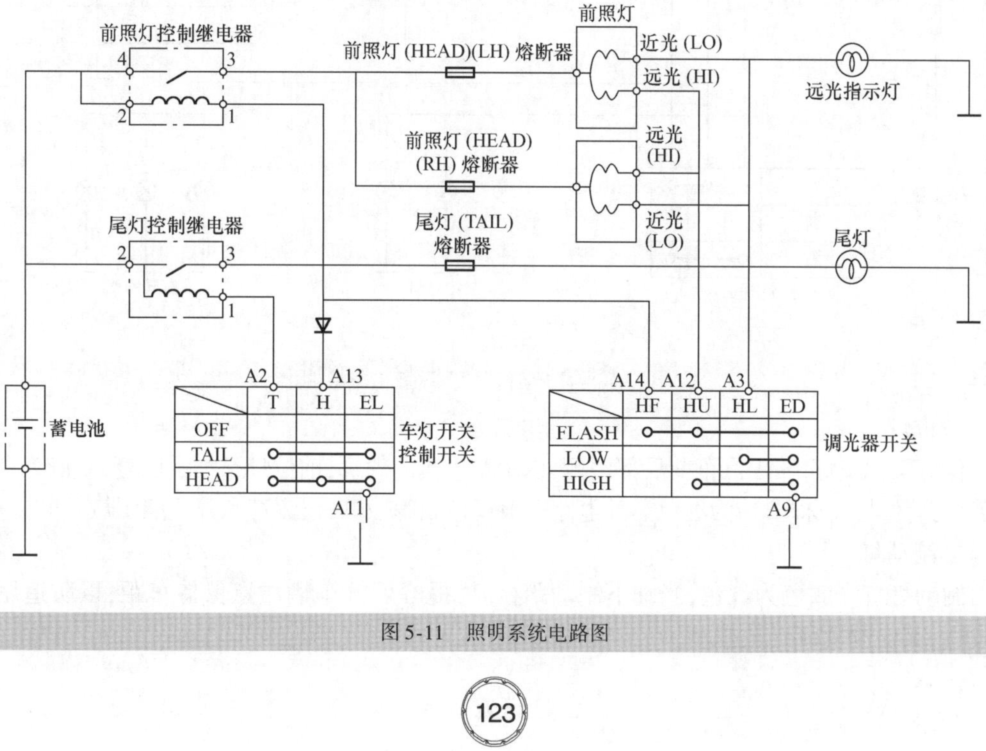

图 5-11　照明系统电路图

2)雾灯

雾灯是在有雾、下雪、暴雨和尘埃弥漫时有效地照明道路和提供信号的灯具,灯光一般为黄色。

3)牌照灯和倒车灯

牌照灯是用于照亮汽车后牌照的灯具,灯光一般为白色。

倒车灯是汽车倒车时为观察后方路面和障碍物的指示和照明灯具,受倒车灯开关控制,一般汽车倒车灯开关置于变速器上,变速器挂上倒挡时,此开关接通。

4)内部照明灯

内部照明灯包括顶灯、踏步灯、阅读灯、工作箱灯和仪表板灯等。

5)转向信号灯及危险警告灯

转向信号灯是汽车转向时告知周围车辆和行人的灯具,发出亮、灭交替的闪光信号,颜色为琥珀色,受转向灯开关和闪光器控制。

危险警告灯由转向信号灯兼任。当汽车发生故障或遇有特殊情况时,按下开关,此时汽车两侧的转向灯同时闪烁作为危险警告灯。转向灯及危险警告灯系统控制电路如图5-12所示。

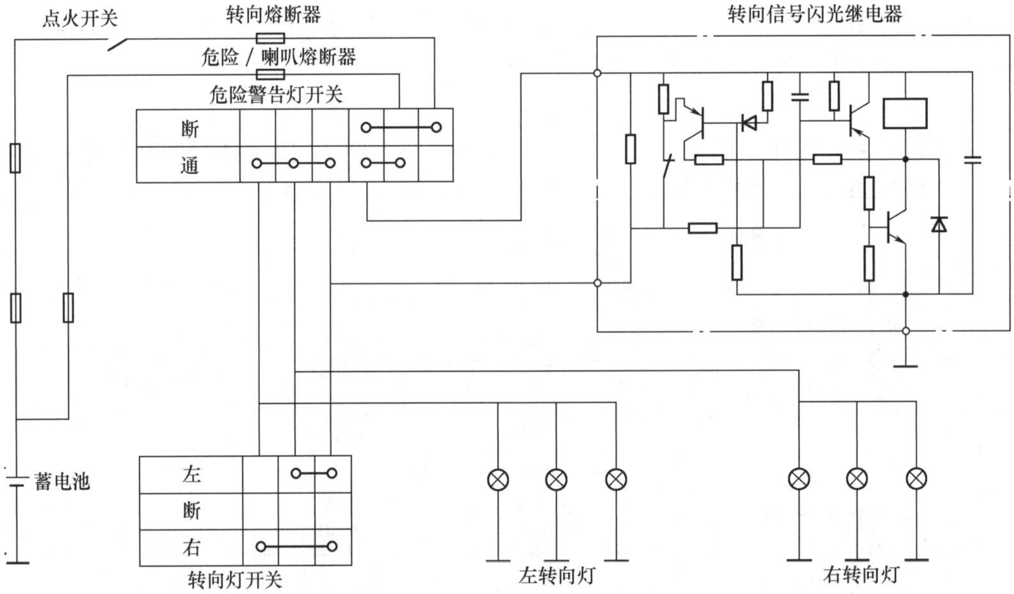

图5-12 转向灯及危险警告灯系统电路原理图

6)位灯

位灯又称小灯,装于汽车前后部两侧,以示意车辆的轮廓,前位灯又称示廓灯,一般为白色或黄色,后位灯又称尾灯,为红色。其电路一般还控制牌照灯、仪表灯和开关照明灯。

7)制动灯

制动灯灯光颜色为红色,当踩下制动踏板时,提醒后方车辆注意保持车距,以防追尾事故发生,其由制动灯开关控制。

2. 照明系统与信号系统常见故障及原因分析

照明系统与信号系统常见故障及原因分析见表 5-1。

照明系统与信号系统常见故障及原因分析　　表 5-1

系统	现象		原因
照明系统常见故障及诊断	系统中的一个灯或数个灯不亮		(1)熔断器烧断； (2)灯丝烧断； (3)灯座松动； (4)线路短路或断路； (5)接插件不良
	前照灯工作不良	前照灯过亮	(1)交流发电机输出电压过高(交流发电机的电压调节器失效)； (2)变光开关内部接触不良,使变光开关黏在远光挡
		前照灯暗淡	(1)灯泡规格不对,功率较小； (2)搭铁不良,灯座有锈蚀或脏物,使搭铁不良,前照灯电压不足； (3)反射镜发生了氧化或积有灰尘
		前照灯不亮	(1)前照灯熔断器烧断,前照灯每个灯泡有一个熔断器保护,如果只有一个灯不亮,很可能是由于熔断器烧断； (2)前照灯灯丝烧坏； (3)变光开关损坏或接触不良,导致电路不通； (4)电路中有开路,导致电路不通,前照灯不工作
信号系统	转向灯工作不良	接通转向开关时,左、右转向灯的闪烁频率不同	(1)转向灯线路松动； (2)左、右转向灯功率不同； (3)闪光系电器调整不当,导致转向灯闪烁频率不正常
		转向灯不亮	(1)熔断器烧断,导致电路不通,转向灯不亮； (2)闪光继电器工作不良； (3)转向灯开关内部接触不良,导致线路不通； (4)转向灯灯泡损坏或接触不良
	制动灯或倒车灯不亮		(1)熔断器烧坏； (2)电路中存在开路或搭铁不良； (3)开关损坏； (4)灯泡损坏
其他灯光系统常见的故障及诊断	位灯系统	位灯过亮或灯失效	(1)交流发电机输出电压过高； (2)灯泡使用不当
		位灯间歇性闪烁	搭铁不良
		灯泡不亮	(1)灯泡烧坏或熔断器烧坏； (2)接触不良
	仪表灯	仪表灯闪烁	车灯开关的变阻器失效

四、中控及防盗系统的故障诊断与检测

(一)中央门锁控制系统

1. 中央门锁的作用及组成

(1)中央控制门锁的作用。中央控制门锁的作用是当用钥匙或中控开关控制车门门锁时,所有门锁应同时解锁或上锁,从而防止驾乘人员误开车门、外来人员侵入,有效提高汽车使用方便性和安全性。

(2)中央门锁的组成。中央门锁一般由控制器、控制开关、门锁执行器和机械操纵机构组成。

2. 中央门锁控制电路

中央控制门锁系统控制电路如图 5-13 所示。

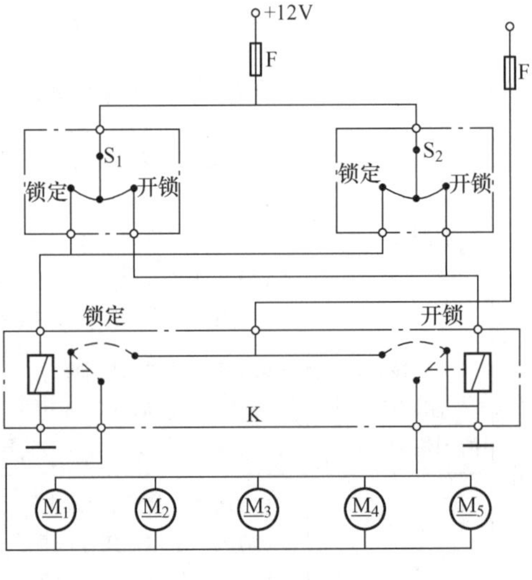

图 5-13　中央门锁控制电路

(二)防盗系统

防盗系统的作用是防止非法人员盗走汽车,保护车主财产安全。防盗系统分为机械防盗和电子防盗。

(1)机械防盗。当驾驶员取出钥匙后,转向柱自动锁住,即使偷窃者不用钥匙而把发动机起动,也不能正常驾驶。

(2)电子防盗。当有人企图不用钥匙强行进入汽车、打开发动机舱盖、打开行李舱或当蓄电池端子拆下又重新连接时,防盗系统会使喇叭发出声音,并闪烁危险警告灯报警,与此同时,系统关闭所有车门并控制发动机不能起动。

①电子防盗系统的组成如图 5-14 所示,其中脉冲转发器安装在车钥匙中,它是一种不需要用电池来驱动的感应和发射元件。

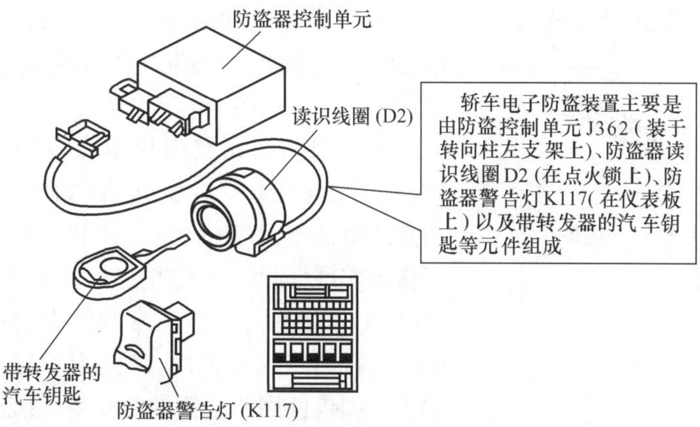

图 5-14 防盗系统的组成

②电子防盗系统的控制原理如图 5-15 所示。

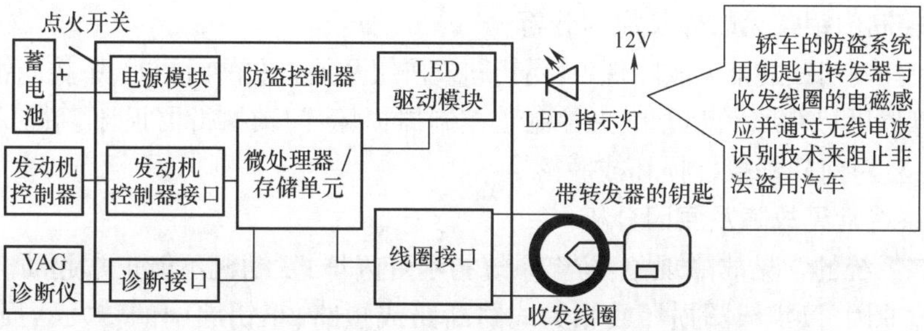

图 5-15 防盗系统控制原理框图

a. 当接通点火开关时,防盗系统开始工作。防盗系统电控单元(ECU)通过读识线圈把能量和信号传递给钥匙中的脉冲转发器,如图 5-16 所示。

b. 防盗系统电控单元(ECU)向脉冲转发器输送能量和信号时,脉冲转发器被激活,同时脉冲转发器通过读识线圈把“程控代码”输送给防盗系统电控单元(ECU),如图 5-17 所示,防盗系统电控单元(ECU)接收脉冲转发器发射的“程控代码”后,立即将输入的“程控代码”与预先存储在防盗控制单元中的识别代码进行比较。

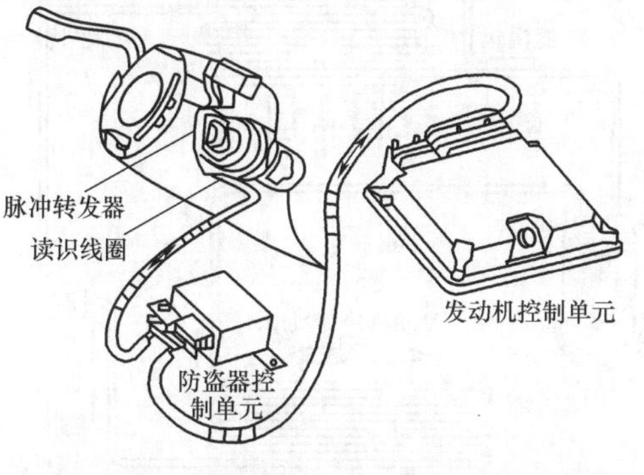

图 5-16 读识线圈把信号传送给脉冲转发器

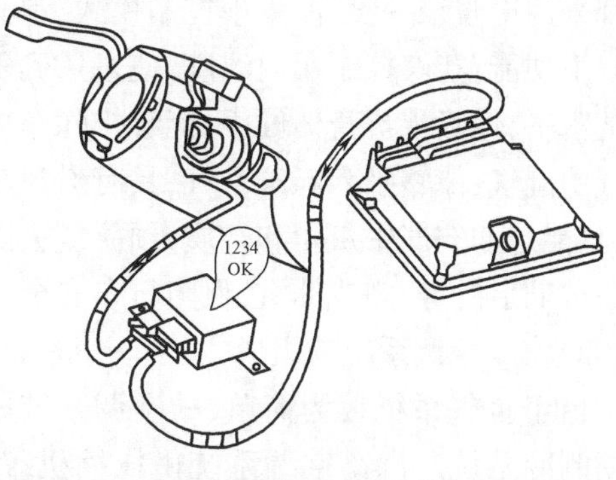

图 5-17 输送程控代码给防盗系统电控单元(ECU)

c. 通过比较防盗系统电控单元(ECU)判定代码与识别代码正确后,再核对发动机电控单元(ECU)的代码是否正确,如图5-18所示。每一次起动发动机时,发动机电控单元(ECU)中的随机代码发生器都会向防盗系统电控单元(ECU)发送一个可变代码。

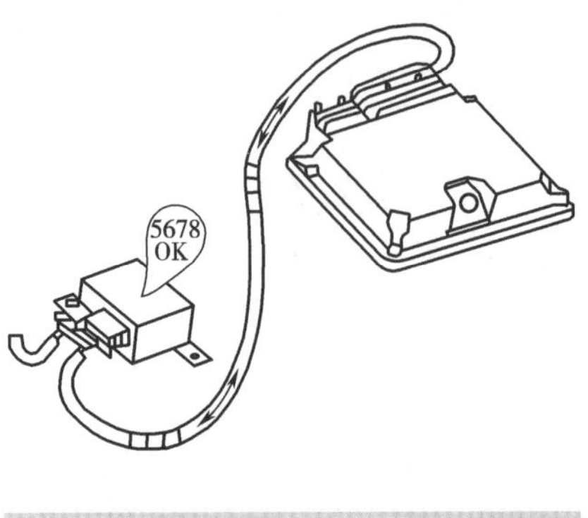

图5-18 核对发动机电控单元(ECU)的代码

d. 如果防盗系统电控单元(ECU)核对代码不一致,发动机将在起动后2s内自动熄火,防盗功能是由防盗系统电控单元(ECU)与发动机电控单元(ECU)匹配工作来实现,因此,只有当点火钥匙与防盗系统电控单元(ECU)匹配时,才能正常起动发动机。当使用合法的钥匙接通点火开关时,防盗指示灯点亮几秒后自动熄灭。如果使用非法钥匙或防盗系统存在故障的情况下接通点火开关时,防盗指示灯会连续不停地闪烁。

(三)中控及防盗系统常见故障及原因分析

1. 中央控制门锁常见故障及原因分析

(1)中央控制门锁的常见故障现象:用钥匙或按钮开关关左前门锁时,中控门锁不动作。

(2)故障原因:熔断丝烧断、中央控制锁控制器损坏、门锁执行器损坏、系统相关连接线路短路或断路、左前门锁拉杠损坏或脱落。

2. 防盗系统常见故障及原因分析

(1)防盗系统的常见故障现象:防盗系统指示灯闪烁,发动机不能正常起动。

(2)故障原因:读识线圈损坏或相关线路断路或短路、车钥匙中的转发器损坏、钥匙不匹配、发动机控制单元与防盗系统电控单元(ECU)不匹配。

五、空调系统的故障诊断与检测

1. 汽车空调基础知识

1)汽车空调的功能

空调是空气调节器的简称,汽车空调系统都采用冷暖统一设计、集中控制模式,都具有以下功能:能够控制车内温度,使之达到舒适的水平,保障乘员身体健康;能够排除车内空气中湿气;能够吸入新鲜空气;具有通风功能,且能过滤空气中灰尘和杂质;预防或去除风窗玻璃上的雾、霜或冰雪,保障行车安全。

2)汽车空调系统的组成

由于暖气系统较为简单,故空调系统一般指制冷系统。汽车空调系统由压缩机、冷凝器、蒸发器、膨胀阀、储液干燥器、高低压管路、控制电路等部分组成(图5-19)。

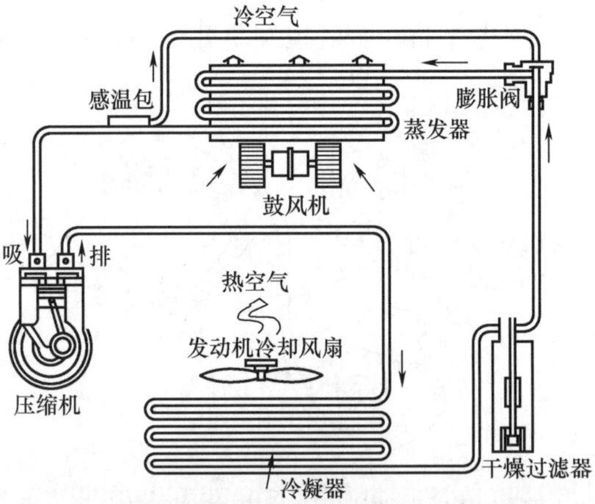

图5-19 汽车空调的组成

2. 空调系统检测的基本操作技能

1）系统检漏

系统检漏的目的是检查系统的气体密封性，防止制冷剂泄漏。

（1）抽真空。抽真空是为了排除制冷系统内的空气和湿气，它是空调系统修理中一项十分重要的工序。因为对空调系统进行检修或更换零部件时，必然有空气进入系统中，而空气又是含有水分的，从而给制冷系统带来了水分。

抽真空的方法如图5-20所示，连接好压力表和真空泵；打开压力表的高、低压侧手动阀，起动真空泵，对制冷系统抽真空；抽真空直至低压表指针指示在99.98kPa，关闭高、低压侧手动阀并观察低压表，如果低压表指针在10min或更长时间内没有回升，则表明制冷系统无泄漏，如果低压表指针回升，说明制冷系统有泄漏。

（2）加压试漏法。加压试漏法如图5-21所示，把压力表的高压表接在压缩机的排气管道上，低压表接在吸气管道上；打开高压侧手控阀，向空调系统中充入氮气（如果没有氮气，也可用干燥的空气代替），当压力达到规定值时，停止充气；用肥皂水涂在空调系统的连接处和焊缝上，如果发现有排气声或出现气泡，则说明该处是泄漏部位。

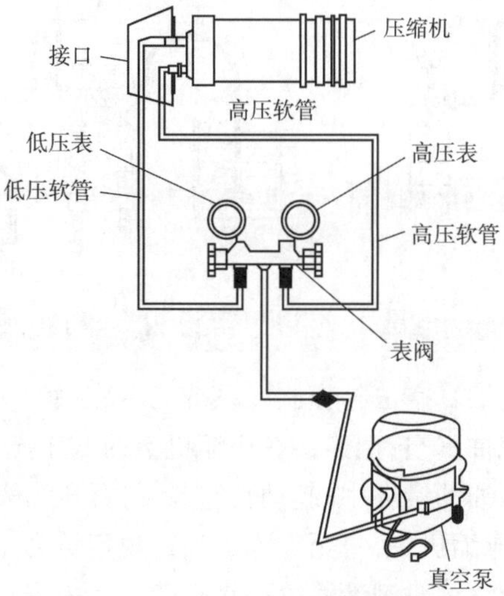

图5-20　汽车空调系统抽真空

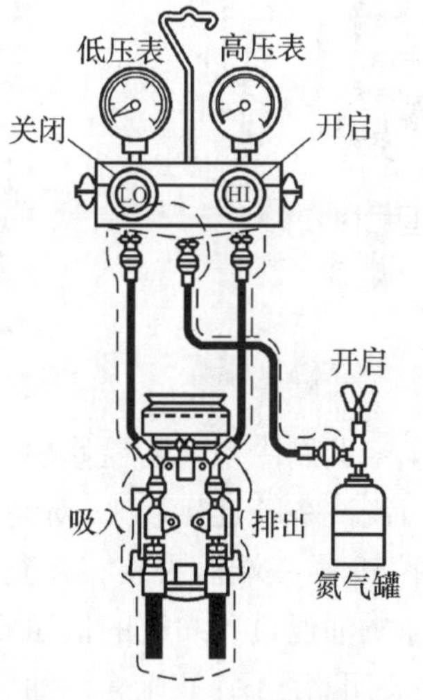

图5-21　加压试漏法

2）充注制冷剂

制冷剂的充注方法分为高压端充注法和低压端充注法。高压端充注法适于空调大修和抽真空后的充注，充注速度较快；低压端充注法适用小量补充充注，充注速度慢，但安全性好。

（1）高压端充注法。高压端充注法如图5-22所示，连接压力表、制冷剂罐和空调系统；将压力表的中间软管接头螺母稍松一点，直至能听到"咝咝"的制冷剂泄漏声，排除软管内的空气，然后拧紧螺母；打开压力表高压端阀，将制冷剂罐倒立，使制冷剂流入管路直至制冷系统内达到规定数量为止，拆下压力表和制冷剂罐，完成制冷剂的充注工作。

（2）低压端充注法：如图5-23所示，连接压力表、制冷剂罐和空调系统；将制冷剂罐处于直立状态，打开制冷剂罐手阀；将压力表的中间软管接头螺母稍松一点，直至能听到"咝咝"的制冷剂泄漏声，排除软管内的空气，然后拧紧螺母；打开压力表低压端阀，充入气体制冷剂,同时起动发动机,保持转速在 1 000 ~ 1 500r/min,起动空调系统,温控开关置于最冷位置,风扇处于高速挡,使制冷剂加注至规定数量为止(低压表读数不超过 0.55MPa);关闭制冷剂罐手阀和低压端阀,完成制冷剂的充注工作。

3)充注冷冻机油

充注冷冻机油如图 5-24 所示,通常情况下,汽车空调制冷系统的冷冻机油消耗量很少,可每两年更换一次,如果制冷系统某一部件损坏时损失一定的冷冻机油,因此更换新的冷凝器、蒸发器、储液干燥器以及制冷管道时,应补充更换零部件所损失的那部分冷冻机油。在给空调系统添加冷冻机油时,一定要注意油的牌号,因为不同牌号的冷冻机油混合,使用后会形成沉淀物,使压缩机的润滑油受到影响。

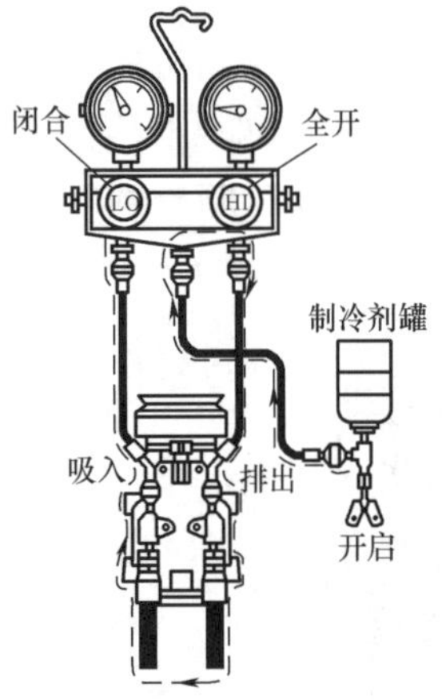

图 5-22　高压端充注法

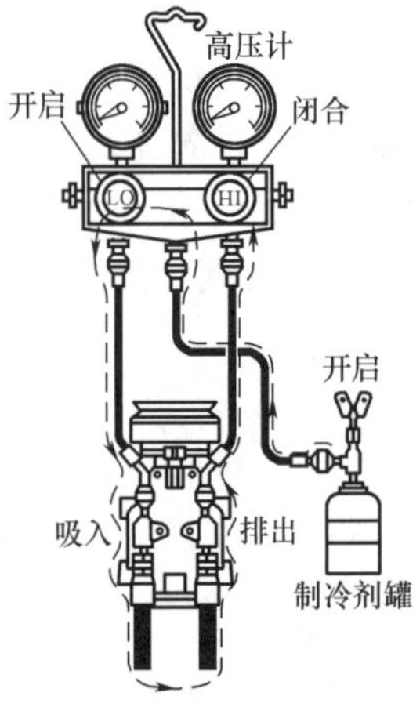

图 5-23　低压端充注法

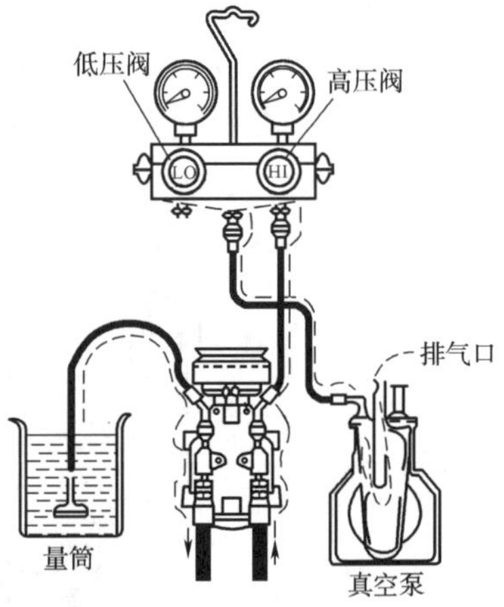

图 5-24　充注冷冻机油

在汽车空调制冷系统的检修中,常使用抽真空法补充制冷系统的冷冻机油。其方法是:把压力表与制冷系统连接起来,对制冷系统抽真空;把连接在压缩机上的低压充注软管从压力表上拧下来,另一端插入装有补充冷冻机油的量杯中;起动真空泵,打开压力表高压端阀,补充的冷冻机油通过压缩机的低压侧进入压缩机中,直至冷冻机油达规定量为止,停止真空泵运转,并关闭高压阀;补充冻机油后,还应继续对制冷系统抽真空。

3. 空调系统的故障诊断分析

1)空调系统的检查方法

判定汽车空调系统是否正常工作的检查方法很多。在实际工作中,通过目视、耳听、手摸的经验方法比较实用。

(1)目视:当空调运行后,看玻璃观察窗制冷剂的流动情况,正常为均匀透明的液体;看低压管路的结霜情况,正常为表面结霜;看制冷系统各个接头处渗油情况,正常为干燥无油渍;看空调压缩机电磁线圈的工作情况,正常为压缩机能吸合,且无异常现象;看蒸发器淌水情况,一般空调运行后从蒸发器接水盘有水淌出为正常。

(2)耳听:当空调运行后,听压缩机运转时有无杂音或撞击声;听冷凝器风扇、蒸发器风机电机等运转有无杂音。

(3)手摸:当空调运行后,摸空调系统的高压管应烫手,低压管应冰手或很凉;冷凝器热且从上至下应有温差;储液干燥器进出口应无明显温差。

2)常见故障及现象

汽车空调制冷系统不正常的故障大致可分为制冷系统不制冷;制冷系统制冷不足;制冷系统间断工作;制冷系统噪声大。

3)空调系统的故障诊断

空调系统的故障诊断流程如图 5-25 所示。

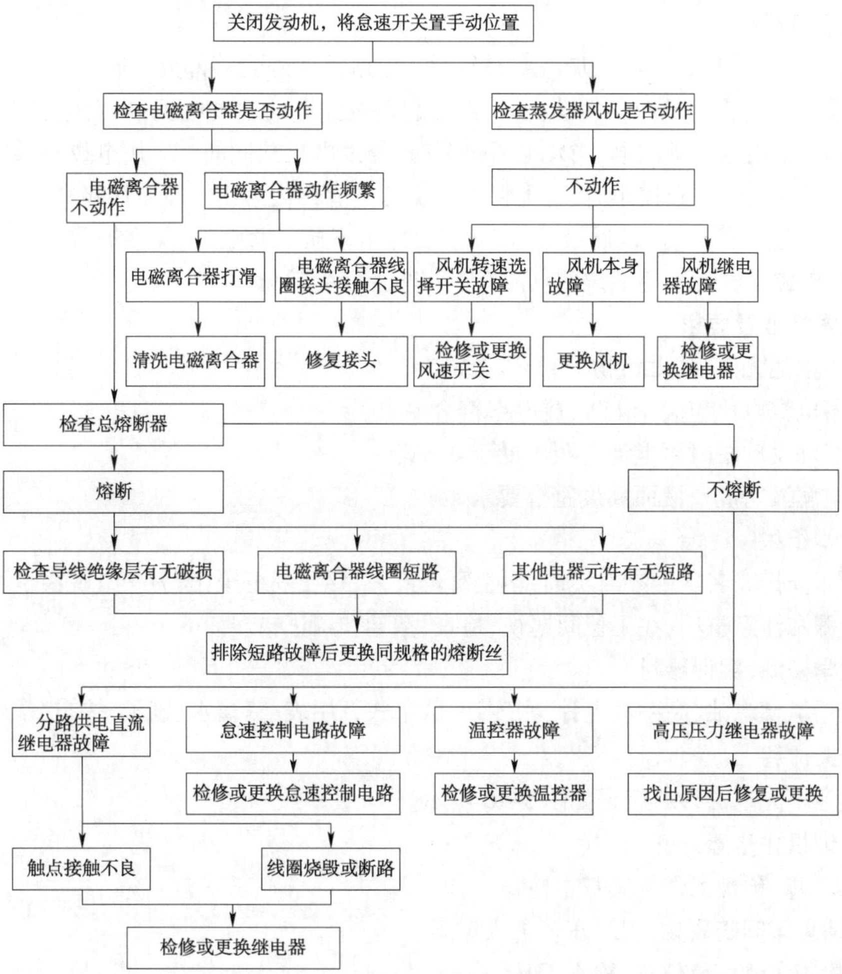

图 5-25　空调系统的故障诊断流程

六、常见故障诊断实训

项目 1:蓄电池不充电

1. 教学目标

(1)了解蓄电池的组成、作用。

(2)掌握用高率放电计检测蓄电池、会用密度计测量蓄电池电解液密度。

(3)对蓄电池进行维护工作。

2. 故障现象描述

(1)发动机不能起动。

(2)在起动时,起动机运转无力,发动机曲轴运转缓慢。

(3)起动机电磁开关有断续的声响。

3. 项目基础

(1)蓄电池主要由接线柱,加液塞、极板组、电解液及外壳等部分组成。

(2)蓄电池的作用是起动发动机时,供给起动机强大的起动电流;当发电机不工作或转速低时,向汽车用电设备供电;当发电机过载时,与发电机共同向汽车用电设备供电;蓄电池存电不足,而发电机负载较小时,它可将发电机的电能转化为化学能储存起来。

(3)蓄电池的种类有:普通铅酸蓄电池、胶体电解质铅蓄电池、免维护蓄电池、干荷蓄电池。其中,铅酸蓄电池和免维护蓄电池在上汽车上较为常见。

4. 技术标准及要求

(1)蓄电池无破损、无污物。

(2)蓄电池电压应大于11V,放电率符合要求。

(3)起动发动机时蓄电池电压不低于9.6V。

(4)电解液密度及液面高度符合要求。

5. 教学组织

每辆车安排8名学生参与实训,学生每4人为一组,一组操作,另一组观察学习;教师讲解操作步骤和注意事项,在工位间巡视、检查、指导和纠正错误。

6. 教学资源、实训器材

普通铅酸蓄电池、高率放电计、密度计、数字式万用表、蒸馏水、刷子、抹布、常用工具等。

7. 诊断流程

蓄电池不充电的诊断流程如图5-26所示。

8. 实训操作步骤

1)第一步:预检工作及其基本检查

(1)清理车间障碍物,引导车辆进入车间。

(2)检查车辆停放位置,检查工具。

(3)安装车轮挡块,安装防护五件套,安装翼子板布及前格栅布。

(4)检查冷却液、机油、蓄电池电压、制动液等是否符合要求。

(5)关闭相关电气设备,变速器置于空挡或驻车挡,拉好驻车制动器操纵杆。

2)第二步:观察、检测蓄电池

(1)观察蓄电池外观无破损、接线柱无氧化物及无松动。

(2)观察电解液的液面高度应在上下刻度之间,如果是免维护蓄电池则观察存电情况,正常为绿色。

(3)用万用表测量蓄电池端电压应大于11V。

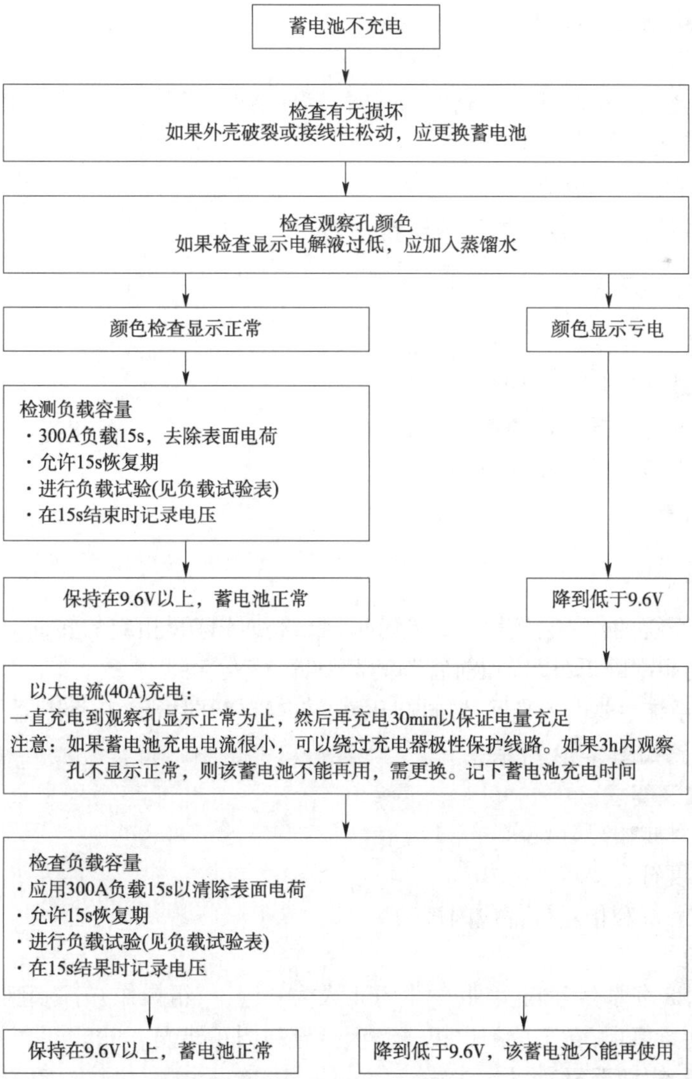

图 5-26　蓄电池不充电诊断流程

小提示

使用万用表前应先对表进行校零。

(4)蓄电池放电测试应符合要求。

(5)检查蓄电池的搭铁电缆与发动机的接触情况。

3)第三步:检查起动机及发电机

(1)跨接起动机主接线柱与起动接线柱。

(2)检查起动机继电器。

(3)检测发电机的充电电压。

(4)进行蓄电池充电测试。

(5)漏电测试。

经上述流程检查,在对蓄电池充电测试时,发现蓄电池不存电,更换蓄电池后故障排除。

4)第四步:验证故障是否排除

(1)起动试验,工作正常。

(2)车辆、场地、工具、仪器的清洁整理。

项目2:转向灯不亮

1. 教学目标

(1)正确描述转向灯的作用。

(2)熟悉转向灯的控制电路图。

(3)掌握转向灯的故障检测方法。

2. 故障现象描述

转向灯都不亮。

3. 项目基础

(1)转向灯系统的作用:当汽车要转弯时,由驾驶员打开相应的转向灯开关,转向信号灯亮并按一定的频率闪烁,以告知前后车辆驾驶员、行人。

(2)转向灯系统主要由闪光器、转向灯开关、转向灯、转向指示灯、熔断器及其连线组成。

(3)控制电路如图5-12所示。

4. 技术标准及要求

(1)灯光闪烁频率符合要求。

(2)灯光亮度符合要求。

(3)转向信号灯和指示灯都应闪烁。

5. 教学组织

每辆车安排8名学生参与实训,学生每4人为一组,一组操作,另一组观察学习;教师讲解操作步骤和注意事项,在工位间巡视、检查、指导和纠正错误。

6. 教学资源、实训器材

实训车一辆、万用表一块、跨接线、相关车型维修手册、试灯一个、常用工具一套。

7. 原因分析

(1)转向信号灯熔断器烧断。

(2)蓄电池至转向开关之间线路有断路、接触不良的地方。

(3)转向灯开关有故障。

(4)闪光器失灵或损坏。

(5)线束搭铁有故障。

8. 诊断方法

(1)检查闪光器电源接线柱上的电压应为12V。

(2)拆下闪光器B、L两个接线柱上的导线并连接在一起:拨动转向开关转向灯不亮,闪光器损坏;一边亮一边不亮:不亮的一端转向灯至转向开关有短路、断路故障,或灯泡烧坏;灯仍不亮:将电源直接引到转向灯接线柱,灯亮了,说明闪光器至转向开关间导线断路、转向开关损坏;若灯仍不亮,说明灯泡损坏、线束中有断路、接触不良现象。

9. 故障诊断与排除步骤

1)第一步:预检工作及其基本检查

(1)清理车间障碍物,引导车辆进入车间。

(2)检查车辆停放位置,检查工具。

(3)安装车轮挡块,安装防护五件套,安装翼子板布及前格栅布。

(4)检查冷却液、机油、蓄电池电压、制动液是否符合要求。

(5)关闭相关电气设备,变速器置于空挡或驻车挡,拉好驻车制动器操纵杆。

2)第二步:检查闪光器及其线路

(1)打开危险警告灯不亮。

(2)用万用表检查转向灯熔断器良好。

(3)用万用表测量闪光器电源接线柱电压为12V,正常。

小提示

在使用万用表测量过程中应使用跨接线。

(4)用跨接线跨接闪光器上的B、L接线柱,转向灯点亮。

(5)换闪光器后故障排除。

3)第三步:验证故障

(1)转向灯故障验证,工作正常。

(2)车辆、场地、工具、仪器的清洁整理。

项目3:中控门锁系统不工作

1. 教学目标

(1)了解中央控制门锁系统的作用。

(2)掌握中控及防盗系统的故障诊断与检测方法。

2. 故障现象描述

科鲁兹轿车,行驶里程为5万多km,中控门锁不动作。

3. 项目基础

(1)中央控制门锁的作用是当用钥匙或中控开关控制车门门锁时,所有门锁应同时解锁或上锁。

(2)汽车防盗分为机械防盗和电子防盗。

(3)防盗系统电控单元(ECU)与发动机电控单元(ECU)需匹配。

4. 技术标准及要求

(1)当用钥匙或中控开关控制车门门锁时,所有门锁应同时开锁或关锁。

(2)防盗系统电控单元(ECU)与发动机电控单元(ECU)需匹配正确。

5. 教学组织

每辆车安排8名学生参与实训,学生每4人为一组,一组操作,另一组观察学习;教师讲解操作步骤和注意事项,在工位间巡视、检查、指导和纠正错误。

6. 教学资源、实训器材

科鲁兹轿车一辆、数字式万用表一块、检测仪一台、常用工具一套、相关维修手册。

7. 原因分析

(1)熔断丝熔断。

(2)中控锁控制器损坏。

(3)其他三扇门锁执行器损坏。

(4)系统相关连接线路短路或断路。

(5)安装集控门锁控制器时,门锁拉杆损坏、脱落。

8. 诊断流程

(1)熔断丝熔断,中控门锁系统电源断路,中控门锁将无法工作。

(2)中控锁控制器损坏,用钥匙或按车门按钮开、关左前门时,其他门锁将不受控制。

(3)门锁执行器损坏,中央门锁也不能正常工作。

(4)系统相关连接线路短路或断路,系统将不能工作。

(5)左前门门锁拉杆损坏、脱落,用钥匙或按左前车门按钮开、关左前门时,中控锁控制器门锁拉杆摇臂将不能动作,从而中控锁控制器不能工作。

9. 故障诊断与排除步骤

1)第一步:预检工作及其基本检查

(1)清理车间障碍物,引导车辆进入车间。

(2)检查车辆停放位置,检查工具。

(3)安装车轮挡块,安装防护五件套,安装翼子板布及前格栅布。

(4)检查冷却液、机油、蓄电池电压、制动液等是否符合要求。

(5)关闭相关电气设备;变速器置于空挡或驻车挡,拉好驻车制动器操纵杆。

2)第二步:电源、线束、中控锁控制器检测

(1)检查熔断丝,未烧断。

(2)用万用表测量熔断器电源,正常为蓄电池电压。

(3)取下中控锁控器电源插接器,用数字式万用表测量插接器电源端子电压,正常为蓄电池电压。

小提示

断开线束插接器时禁止用力拉扯线束。

(4)用数字式万用表测量中控制器输出线束两端电压,正常为蓄电池电压。

(5)检查门锁拉杆与中控锁控制器门锁拉杆是否连接可靠。

(6)取下门锁执行器电动机电源接头,操纵门控开关,测量插接器(从中控锁控制器来的线)两端子电压,正常为蓄电池电压。

(7)检查门锁执行器电动机。

发现从中控锁控制器来的线无电压输出，检查线路后，修复导线并恢复系统的安装和连接。

3）第三步：验证故障排除

（1）对中控门锁动作进行验证，故障已排除。

（2）车辆、场地、工具、仪器的清洁整理。

项目4：空调系统制冷量不足

1. 教学目标

（1）学会对空调系统进行检漏。

（2）掌握空调系统加注制冷剂的方法。

2. 现象描述

一辆新科鲁兹轿车，开启空调时发现制冷效果不好。

3. 项目基础

（1）加注制冷剂前应先对空调系统进行抽真空，抽出系统中空气和水分。

（2）加注制冷剂的方法有高压端加注法和低压端加注法。

4. 技术标准及要求

（1）加注制冷剂时空调系统中空气及水分应抽净。

（2）空调系统中密封件均不能重复使用。

（3）空调系统中制冷剂压力应符合要求。

（4）冷冻机油加注要适量。

5. 教学组织

每辆车安排8名学生参与实训，学生每4人为一组，一组操作，另一组观察学习；教师讲解操作步骤和注意事项，在工位间巡视、检查、指导和纠正错误。

6. 教学资源、实训器材

实训车辆一辆、空调加注回收机、制冷剂、冷冻机油、肥皂水、常用工具、抹布等。

7. 原因分析

（1）从玻璃观察窗中没有看到的液态制冷剂的流动，初步诊断为制冷剂量不够。

（2）进一步用压力表测压缩机高压端制冷剂压力，压力表显示制冷压力过低，说明系统中制冷剂数量不足，造成制冷数量不足的原因多为制冷系统有泄漏。

8. 诊断流程

制冷量不足的诊断流程如图5-27所示。

9. 故障诊断与排除步骤

1）第一步：预检工作及其基本检查

（1）清理车间障碍物，引导车辆进入车间。

（2）检查车辆停放位置，检查工具。

（3）安装车轮挡块，安装防护五件套，安装翼子板布及前格栅布。

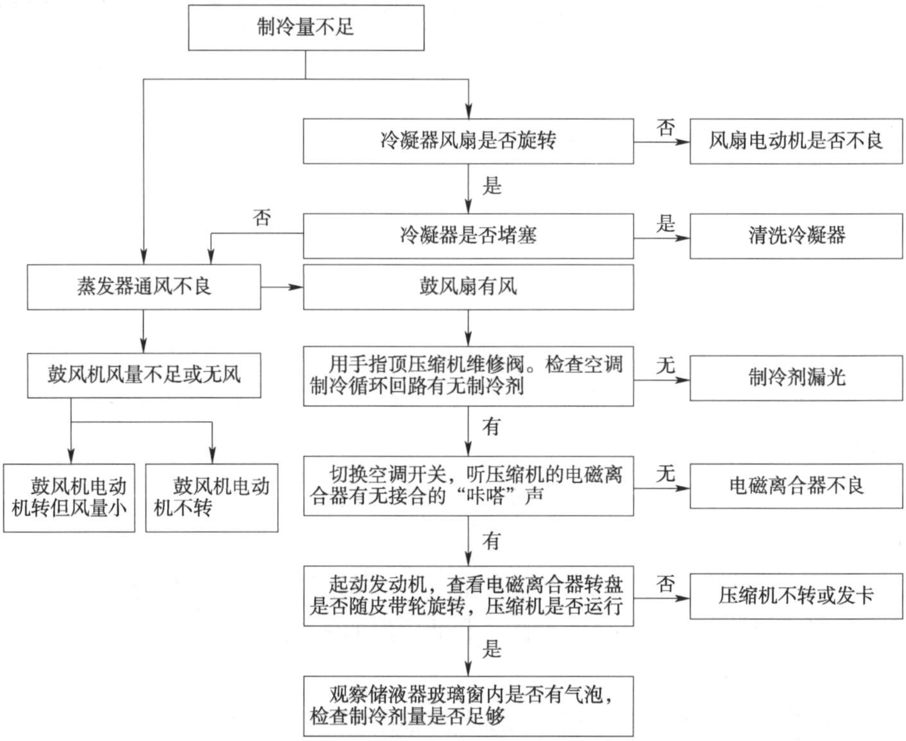

图5-27　制冷量不足的诊断流程

(4)检查冷却液、机油、蓄电池电压、制动液等是否符合要求。

(5)关闭相关电气设备;变速器置于空挡或驻车挡,拉好驻车制动器操纵杆。

2)第二步:检测、加注制冷剂

(1)起动发动机,开启空调开关,检查空调压缩机电磁离合器工作情况。

(2)检测空调系统管路情况,高压管应为60℃左右,低压管应结霜。

(3)从玻璃观察窗中没有看到液态制冷剂的流动,发现有连续气泡。

小提示

发现有气泡是系统中制冷剂不足。

(4)对系统进行加压检漏,发现管路接头有泄漏,更换管路接头密封圈。

(5)抽真空。

小提示

如果系统中还有空气,则会影响制冷效果。

(6)加注符合要求的冷冻机油。

(7)加注适量的制冷剂。

3)第三步:验证故障排除

(1)验证制冷效果。

(2)车辆、场地、工具、仪器的清洁整理。

单元小结

(1)蓄电池主要由接线柱,加液塞、极板组、电解液及外壳等部分组成,蓄电的种类有普通铅酸蓄电池、干荷蓄电池、免维护蓄电池、胶体电解质铅酸蓄电池。

(2)起动系统的作用是迅速、可靠地起动发动机;发动机起动后自动退出工作。起动系统主要由点火开关、起动继电器(有些车型无起动继电器)、起动机等部分组成。起动系统常见的故障有起动机不运转、起动机运转无力、起动机空转。

(3)点火系统的作用是将蓄电池或发电机输出的低电压转变为高电压,并按发动机的工作顺序轮流分配给各缸火花塞跳火,适时地点燃汽缸内的可燃混合气。传统点火系统的组成主要由电源、点火线圈、分电器、高压线、火花塞等。点火系统的故障可归纳为断路、短路、点火能量不足、点火错乱或点火不正时等。点火系统故障将导致发动机不能起动、动力不足、燃料消耗增加和行驶中熄火等不良后果。根据部位可分为低压电路故障和高压电路故障。

(4)汽车上常用的信号灯主要有转向信号灯、危险报警信号灯、停车灯、制动灯等。不同车型所配置的照明设备不完全相同。

(5)防盗系统的作用是防止非法人员盗走汽车,保护车主财产安全。防盗系统分为机械防盗和电子防盗。中央门锁一般由控制器、控制开关、门锁执行器和机械操纵机构组成。中央控制门锁的常见故障是用钥匙或提钮开关关左前门锁时,中控门锁不动作。

(6)空调系统一般指制冷系统。汽车空调系统由压缩机、冷凝器、蒸发器、膨胀阀、储液干燥器、高低压管路、控制电路等部分组成。空调系统的检测主要是检漏项目,其故障常表现为制冷量不足和不制冷。

思考与练习

一、填空题

1. 蓄电池的种类有__________、__________、__________和__________。

2. 起动发动机时,对于是12V的蓄电池,电压表读数不应低于__________V。

3. 蓄电池的作用是____。

4. 起动系统的作用是____。

5. 汽车防雾灯的作用是____。

6. 点火系统主要由__________、__________、__________和__________组成。

7. 转向信号灯及指示灯的作用是______________________________________。

8. 中央控制门锁的作用是____。
9. 汽车空调制冷系统主要由__________、__________、__________和__________组成。
10. 空调系统的主要故障有__________、__________、__________和__________。
11. 中央门锁控制系统主要由__________、__________、__________和__________组成。
12. 汽车危险警告灯的作用是____。
13. 火花塞的作用是____。

二、简答题

1. 蓄电池有哪些作用?
2. 点火系统的作用是什么?
3. 点火控制器的作用是什么?
4. 如何对空调系统抽真空?抽真空的目的是什么?
5. 如何加注制冷剂?
6. 如何加注冷冻机油?
7. 如何对空调系统进行检漏?
8. 检修空调系统时应注意哪些事项?
9. 简述空调系统不制冷的诊断流程。
10. 画出转向信号灯的控制电路图。

单元六　安全气囊系统的故障诊断与检测

学习目标

完成本单元学习后,你应该能:

1. 了解安全气囊系统的作用、组成;
2. 掌握安全气囊系统的故障诊断及检修方法;
3. 会分析汽车安全气囊警告灯常亮故障的原因;
4. 会进行汽车安全气囊警告灯常亮故障的诊断;
5. 能排除汽车安全气囊警告灯常亮故障,并验证排除效果。

建议学时:10 学时

一、安全气囊系统基本知识

(一)汽车安全气囊的作用

汽车安全气囊系统的作用是:当汽车遭受冲撞导致车速急剧变化时,安全气囊迅速膨胀,承受并缓冲驾驶员或乘员头部与身体上部产生的惯性力,从而减轻人体遭受伤害的程度,如图 6-1 所示。

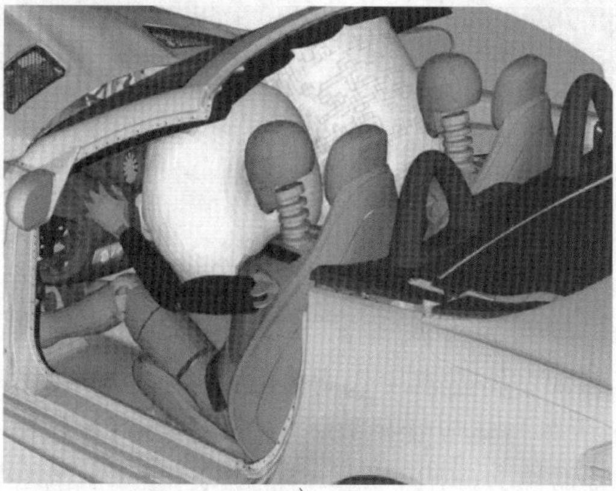
a)

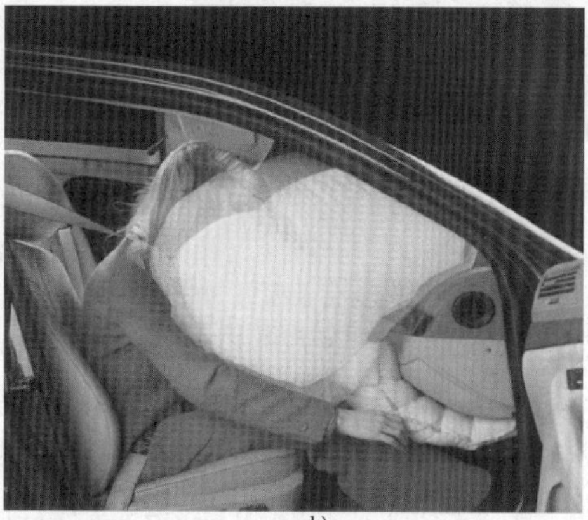
b)

图 6-1　安全气囊的功用

(二)汽车安全气囊系统的结构组成

汽车安全气囊系统的分类较多,但其基本结构与原理都是大同小异,汽车安全气囊系统主要由安全气囊传感器、安全气囊警告灯、安全气囊组件及电控单元(ECU)等部分组成,每一部分的部件安装在汽车上的位置不同。

1. 安全气囊警告灯

安全气囊警灯安装在仪表板上,如图6-2所示,有的用图形显示,有的用字母显示。安全气囊警告灯可反映安全系统的工作情况,一般把点火开关置于ON位置后,安全气囊警告灯先点亮(或不断闪亮)6~8s后熄灭,说明安全气囊系统正常。如果安全气囊警告灯不亮或不停闪烁或常亮,则说明安全气囊系统有故障。

2. 安全气囊传感器

安全气囊系统能否可靠和正确工作,传感器是第一个关键,安全气囊传感器根据其所承担的任务不同,可分为碰撞传感器、中央传感器和安全传感器;按其结构原理不同,一般有机电式、电子式和水银式。

(1)碰撞传感器。碰撞传感器是碰撞信号的输入元件,如图6-3所示,它的数量因车而异,一般为2~4个,大多安装在左前、右前翼子板内侧,有的汽车在前保险杠中央也安装一个,还有的与汽车安全气囊系统ECU集成安装,主要用来感知汽车低速时正面所受到的冲击信号,负责检测碰撞强度。如果汽车以40km/h的车速撞到一辆停放的同样大小的汽车上,或以不低于22km/h的车速撞到一个不可变形的固定障碍物上,碰撞传感器就会接通电路。

图6-2　安全气囊警告灯

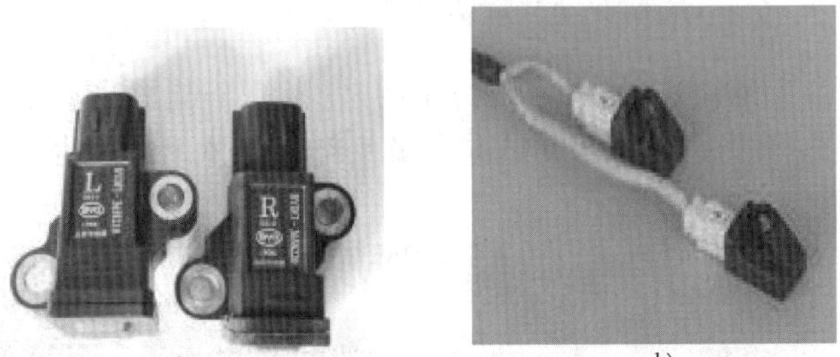

a)　　b)

图6-3　碰撞传感器

(2)中央传感器。中央传感器通常安装在安全气囊ECU中,主要用来感知汽车高速碰撞信号,并将信号输送到ECU,引爆气囊传爆管,使安全气囊打开。中央传感器大多采用电子式,电子式主要有电阻应变式和压电效应式两种。压电效应式中央传感器(图6-4)由集成电路、测量悬臂、半导体应变片和悬臂架组成。半导体应变片被固定在传感器测量悬臂端部。当汽车发生碰撞时,半导体应变片在测量臂惯性力作用下发生弯曲应变,受压后的半导体应变片电阻变化引起集成电路输出电压 U_s 的变化。汽车的速度越快,碰撞后产生的惯性越大,则输出的电压也越大。

(3)安全传感器。汽车安全气囊系统通常装有2个安全传感器,安装在汽车安全气囊ECU内,实际是一个水银开关,如图6-5所示。安全传感器起安全保险作用,防止因碰撞传感器短路而造成安全气囊误打开。当汽车减速度超过预定值时,在惯性力下作用下水银被上抛而接通触点,安全传感器闭合,它只有在车辆前方发生碰撞时才对汽车减速度作出反应;当碰撞以外的其他原因,即使中央传感器和碰撞传感器有信号输出,如果安全传感器无信号输出,则汽车安全气囊系统ECU判定汽车无碰撞,以防止安全气囊误动作。

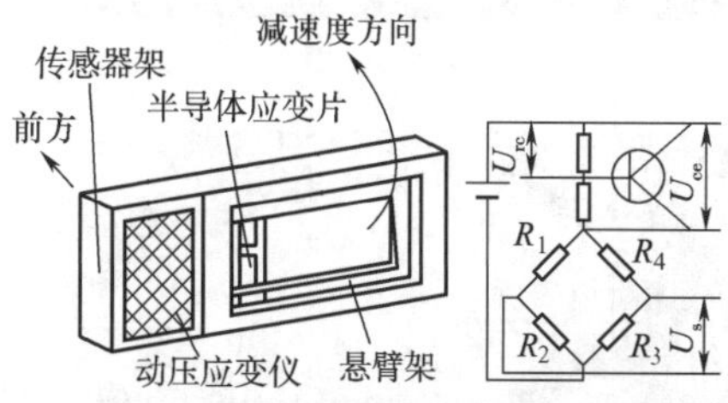

图6-4　中央传感器工作原理

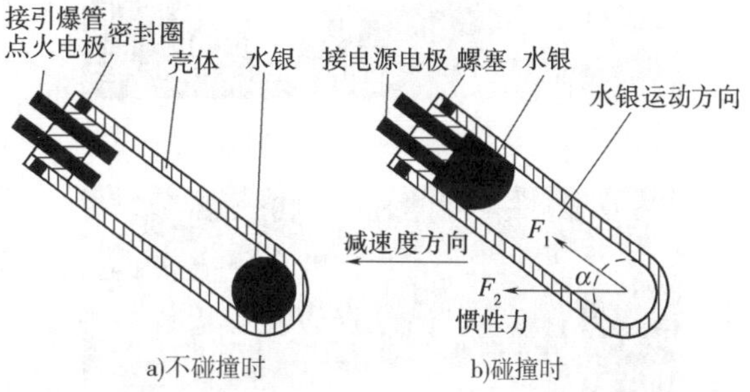

图6-5　安全传感器

3. 安全气囊ECU

安全气囊ECU(图6-6)是安全气囊系统的核心部件,其通常安装在驾驶室内变速操纵杆前、后的装饰板下面。主要作用是根据各个传感器传来的信号来检测汽车的减速度或惯性力是否达到设定值,控制安全气囊组件中的点火器,此外还对系统进行自诊断。

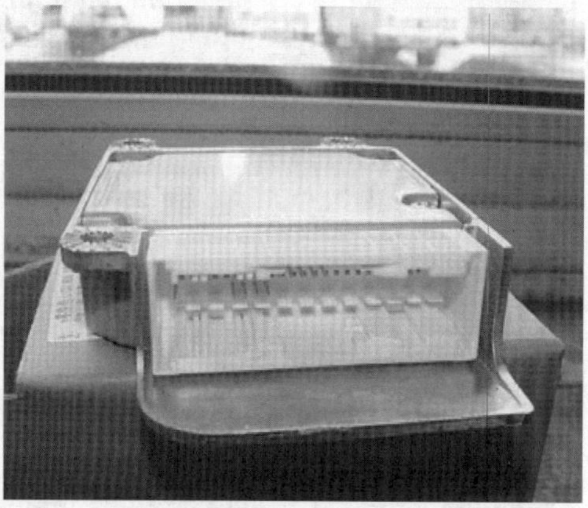

图6-6　安全气囊ECU

4. 安全气囊组件

安全气囊组件由气囊、点火器和气体发生器等组成。驾驶席安全气囊组件安装在转向盘的中央,前排乘客席安全气囊组件安装在座椅正前方的仪表台上。按位置分为驾驶员席前气囊、前乘客席前气囊、后座前气囊、侧面气囊;按大小可分为保护整个上身的大型气囊和主要保护头部的小型气囊,如图6-7所示。

(1)气囊。气囊一般由尼龙布制成,在尼龙布上还有一些排气用的小孔,如图6-8所示。气囊充气膨胀展开后,能吸收冲击能量,保护乘客的头部与胸部,而气囊上设置小孔,可在气囊充气后通过小孔排气,以加强缓冲作用并保证膨胀后的气囊不致影响车内人员适当的活动。

(2)气体发生器。气体发生器由外壳、增压充剂、过滤器、气体发生剂等组成,如图6-9所示。

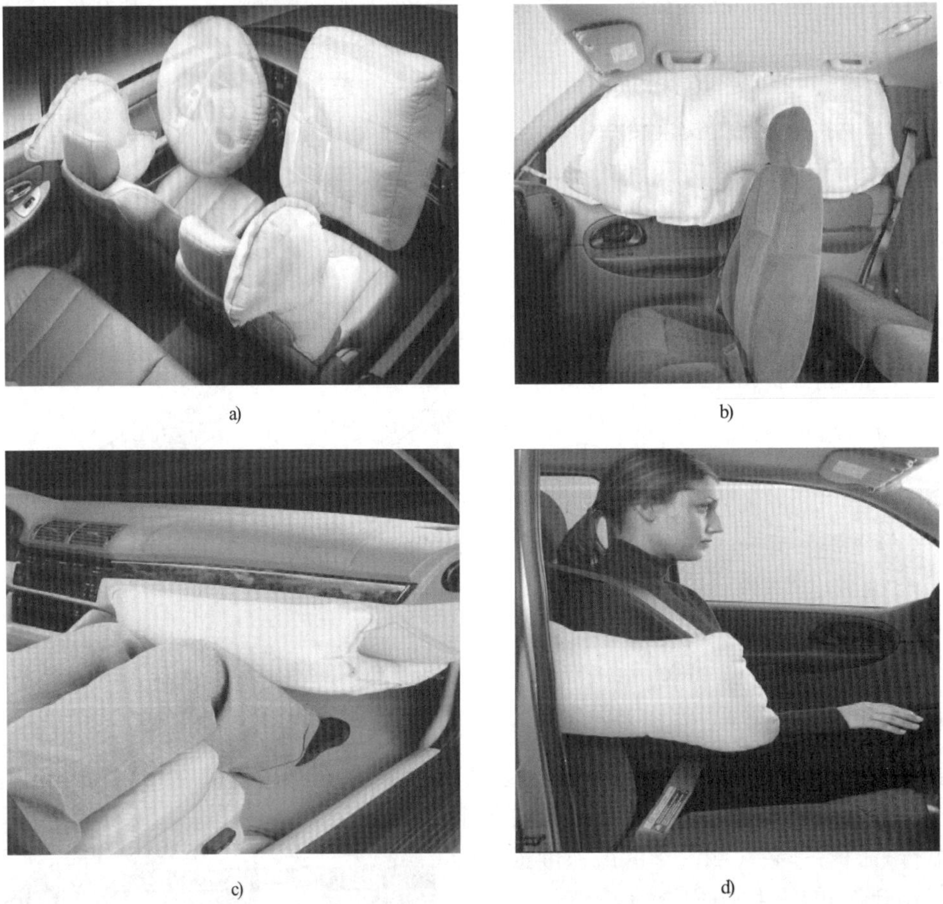

图6-7　安全气囊安装位置

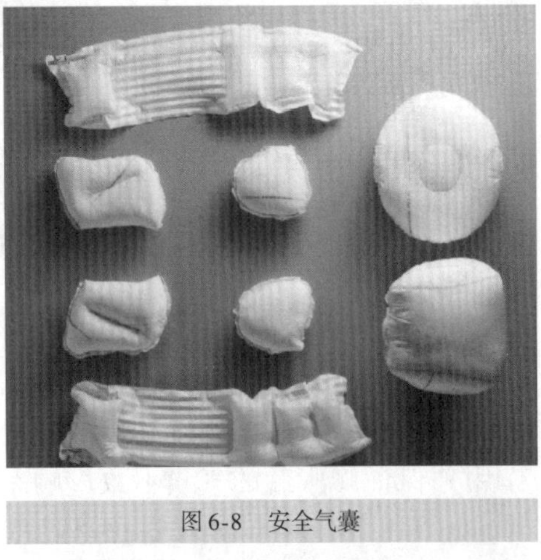

图6-8　安全气囊

图6-9　转向盘气囊气体发生器

外壳一般采用铝合金或钢板冲压成型。目前,铝合金外壳已逐步取代钢板外壳。铝合金外壳底部采用惰性气体焊接,出气口处用铝箔黏结封严。

增压充剂一般装于点火器与气体发生剂之间，当点火器引燃后，点燃增压剂，冲撞气体发生剂，促使气体发生剂的快速燃烧。

气体发生剂目前使用的是片状的叠氮化钠合剂，该合剂燃烧后产生氮气。气体发生剂的填装量决定充气装置密封筒的最高输出压力，可通过改变气体发生剂厚度来调节充气特性。

过滤器冷却生成的气体，并滤去气体中燃烧后产生的杂质。

(3)点火器。点火器(图6-10)又称引爆器或触发器。点火器固定在气体发生器的中间，当汽车发生碰撞达到引爆条件时，安全气囊ECU接通点火器控制电路，电流经过点火器，使点火器的电热丝产生热量，引燃火药，产生的热量冲破药筒将增压充剂点燃。

5. 安全气囊系统电器连接件

安全气囊系统的电器连接件有螺旋电缆、插接器线束。

(1)螺旋电缆(图6-11)。螺旋电缆的作用是把电信号输送到安全气囊点火器的接线上，由于驾驶员席安全气囊是安装在转向盘上，而转向盘需要转动，为了实现这种静止与活动端的可靠连接，保证转向盘有足够的转动角度而不至于损伤汽车安全气囊系统的连接线束。螺旋电缆被安装在托盘内，托盘则通过螺栓固定在转向轴顶部，它是以顺、逆时针两个方向的盘绕来实现旋转运动的可靠连接，电缆的内侧是固定端，用键与转向轴固定在一起，外侧是活动端，通过插接器与点火器连接在一起。通常电喇叭线束也安装在螺旋电缆内。

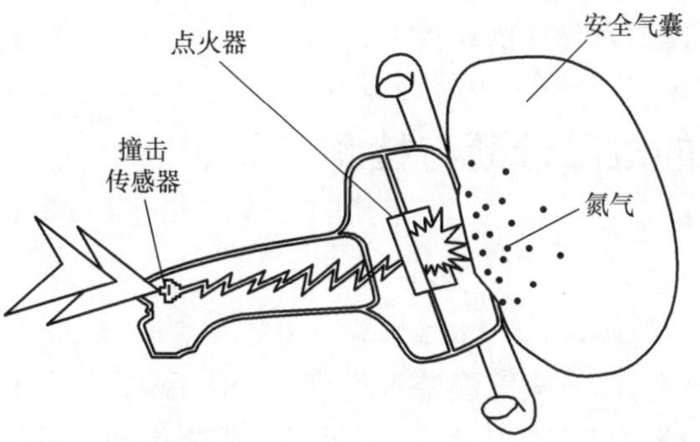

图6-10 点火器

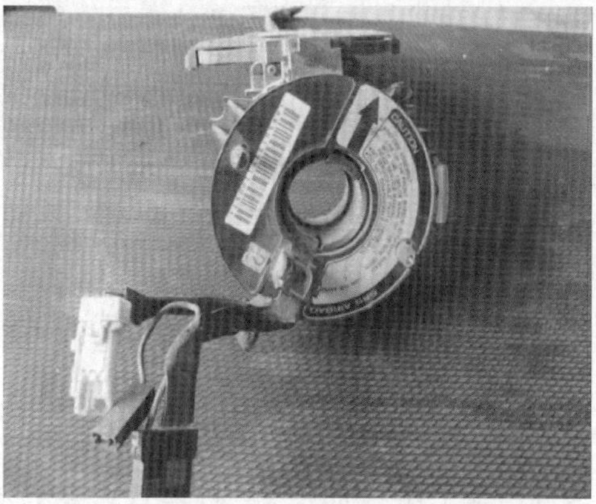
图6-11 螺旋电缆

螺旋电缆的电阻取决于其本身材料的长度。电缆材料为复合铜带，一面是铜，另一面是聚酯薄膜。其长度由转向盘最大转向圈数和转向轴安装的最小内径决定，一般电缆长约为50cm。当转向轴处于中间位置时，可分别向左右转动2.5圈。由于与电缆连接的点火器阻抗很小，故对电缆阻抗的偏差要严格控制，否则会影响安全气囊ECU对点火器故障的诊断。

螺旋电缆的中心与转向轴的同心度对于能否保证安全气囊系统的性能有很大关系，如果偏差过大，可能导致螺旋电缆转动过量而造成永久损坏，考虑到偏差的缘故，螺旋电缆正、反两面各个方向上要留出半圈余量。初装时就要注意这个问题,拆卸时应做好标记,以保证其准确还原。

(2)插接器。为了便于区别电器线路插接器,安全气囊系统的插接器与汽车上其他电器系统的插接器有所不同,目前基本上采用黄色插接器,安全气囊系统的插接器采用导电性能和耐久性能好的镀金端子,并设计有防止安全气囊误爆机构、端子双重锁定机构、插接器双重锁定机构和电路连接诊断机构等,用以保证安全气囊系统可靠工作。

(三)安全气囊系统检修注意事项

(1)在进行汽车安全气囊系统及相关的其他检修工作以前,一定要关闭点火开关和断开蓄电池负极,并至少等待3min后,备用电源放完电再开始检修操作。

(2)检查安全气囊系统时,即使只发生了轻微碰撞而安全气囊并未引爆,也应对碰撞传感器和汽车安全气囊系统其他部件进行检查。

(3)安全气囊系统对零部件的工作可靠性要求极高,所有零部件均为一次性使用件,决不要试图修复碰撞传感器和汽车安全气囊系统系统部件,在更换系统零部件时,只能使用正品部件。且不允许使用不同型号车辆上的零部件。

(4)严禁对安全气囊点火器进行电阻测量。

(5)安全气囊拆下放置时,应将缓冲垫(软面)朝上,且要远离水、机油、油脂。

(6)电焊作业前,应按规定程序断开蓄电池负极电缆。

(7)对不同车型的安全气囊系统故障码的读取与消除方法应有区别。

(8)在安全气囊检修完毕以后,应检查汽车安全气囊系统警告灯是否工作正常。

(9)中央传感器总成含有汞,更换后应将其作为有害物处置。

二、安全气囊系统的故障诊断与检测

1. 安全气囊系统故障诊断与检测的步骤和方法

1)查明安全气囊(汽车安全气囊系统)系统故障部位

安全气囊系统的故障检测:当打开点火开关后,安全气囊警告灯亮6~8s后熄灭,表示系统正常工作。如果警告灯一直亮着,表明气囊系统存在故障,这时就需要检查修理。进行故障检修时,首先应查明故障是在传感器、电控单元(ECU)、线束上,还是在插接器上,然后根据具体部位进行修理。在维修好故障零件后,装回分解的零件。维修工作必须在点火开关转至OFF位置及蓄电池负极接头拆去至少3min后才能进行。如果不按正确步骤进行,系统可能发生故障且有可能在维修过程中气囊突然引爆。所以应采用正确的方法按正确的步骤检修。

2)检查方法

(1)接通点火开关时,安全气囊警告灯应点亮,否则应检查安全气囊警告灯灯泡是否烧坏、线路是否断路。

(2)诊断读取故障码后,为防气囊意外打开,先将气囊的接线插接器拆去,并将气囊线端短接。

(3)传感器的直流阻抗一般为0.5～1kΩ，用数字式万用表检查其线路是否断路或短路。

(4)检查部件的安装情况，如发现松动时，应加以紧固。

(5)当所有出现的故障码均被修复后，必须清除故障码。然后再重复进行点火开关的开与关操作，检查故障码，若警告灯7s后熄灭，则正常。必要时进行验证试验，如输出故障码，再按故障码及部件进行检修。

(6)再次检查警告灯，确保所有的故障被排除，如果警告灯显示不正常，再重新检修。

(7)必要时再进行路试。起动发动机，汽车行驶至车速超过80km/h时，紧急制动。或让车辆在崎岖道路上行驶，或设置常见障碍进行路试，以确认安全气囊系统良好。

2. 读取和清除故障码

1)故障码

汽车安全气囊系统出现故障时，安全气囊系统将在储存器中储存相关的故障码，并点亮安全气囊系统的警告灯，使用车上自诊断系统或用检测仪通过电控单元(ECU)可读取故障码。

(1)当前故障码。当前故障码是：刚刚检测到的故障码，或因故障码仍旧存在而未能清除的故障码。如果拆开蓄电池电缆，将清除当前的所有故障码。因此当汽车安全气囊系统出现故障，还未读取故障码时，不能断开蓄电池。

(2)历史故障码。历史故障码指的是自上次清除了电控单元(ECU)储存器中的故障码后，检测到的所有故障码，如果存在历史故障码，相关的故障部位不一定存在。历史故障码可使用检测仪进行清除。

2)读取和清除故障码

(1)读取故障码。检测仪可用于读取当前和以前的故障码。使用检测仪时，将其与诊断接口相连，然后将点火开关转至ON挡，操作检测仪对汽车安全气囊系统进行诊断，从检测仪的显示屏上即可读取故障码。

(2)清除故障码。故障被排除后，且故障码清除的所有条件(断开蓄电池电缆或拆下汽车安全气囊系统熔断器)满足时故障码会自动清除。失效部件修复后，关闭点火开关1s以上，然后点火开关返回到ON挡，这样系统诊断模式返回到使用模式，自诊断结果被清除；使用检测仪进行清除，操作检测仪清除按键即可消除系统的故障码。

3. 原因分析

安全气囊(汽车安全气囊系统)系统如有故障，在打开点火开关后，警告灯会自动检查，若系统正常，警告灯亮6～7s后会自动熄灭；若系统不正常，警告灯亮7s后会以不同的间隔时间循环显示故障码，可根据故障码含义实施检测与维修，如打开点火开关后警告灯不亮，表明警告灯损坏或其线路短路或断路，应予以更换；若警告灯一直亮，说明气囊系统有故障，可按下述方法步骤对常见故障进行诊断与排除。

4. 安全气囊在未发生车辆碰撞前的常见故障及其诊断流程

(1)安全气囊警告灯一直不亮，其诊断流程如图6-12所示。

(2)安全气囊警告灯常亮，其诊断流程如图6-13所示。

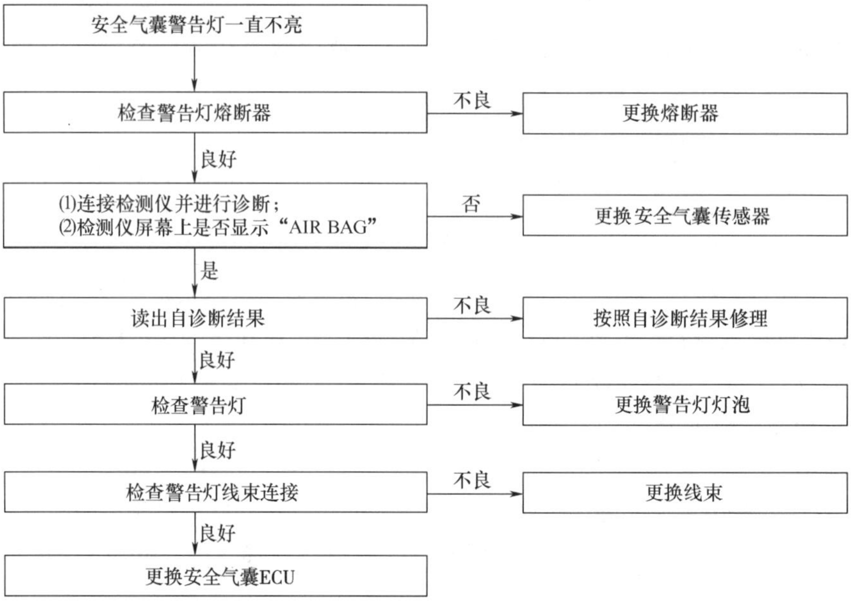

图6-12　安全气囊警告灯一直不亮时的故障诊断流程图

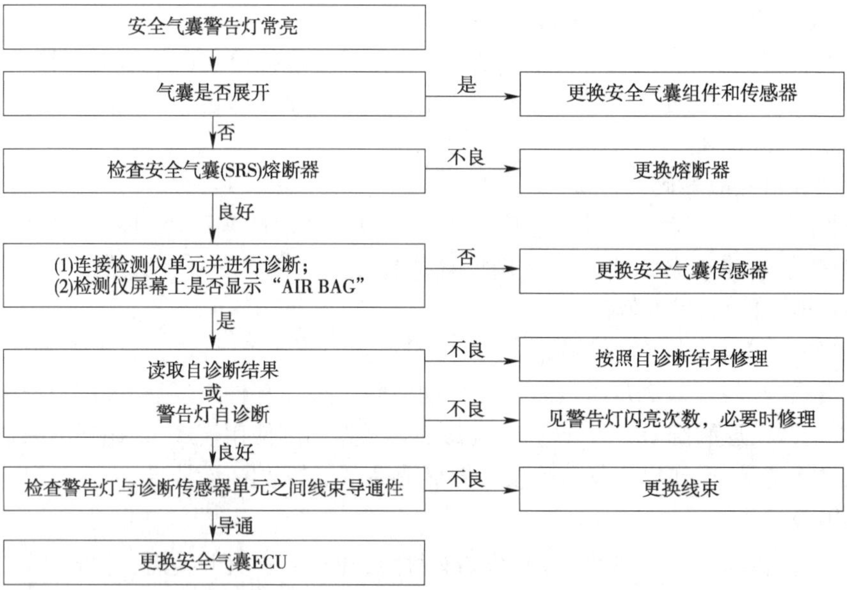

图6-13　安全气囊警告灯常亮时的故障诊断流程图

5. 安全气囊系统在车辆碰撞后的诊断与检测

(1)车上自诊断。用警告灯可读取自诊断结果,即可知故障部位,或用检测仪提取故障码进行检测与维修。

(2)安全气囊系统在车辆碰撞后的故障诊断与排除方法见表6-1。

气囊系统的故障诊断检测与排除 表 6-1

<table>
<tr><th>警告灯工作状况</th><th colspan="2">故障原因及部件</th><th>修理方法步骤</th></tr>
<tr><td rowspan="3">警告灯闪亮</td><td colspan="2">气囊已展开</td><td>更换新的气囊组件及转向盘总成,包括气囊传感器</td></tr>
<tr><td rowspan="2">气囊未展开</td><td>安全气囊线路断路或短路</td><td rowspan="2">(1)目视检查线束连接情况;
(2)更换气囊组件;
(3)更换转向盘总成,包括气囊传感器</td></tr>
<tr><td>安全气囊传感器</td></tr>
<tr><td rowspan="5">警告灯完全不亮</td><td colspan="2">安全气囊警告灯(LED)熔断器烧坏</td><td rowspan="5">(1)检查警告灯熔断器;
(2)目视检查线束连接情况;
(3)检查警告灯的 LED(发光二极管);
(4)更换转向盘总成,包括气囊传感器;
(5)更换组合仪表;
(6)更换气囊组件</td></tr>
<tr><td colspan="2">警告灯断路</td></tr>
<tr><td colspan="2">LED(发光二极管)有故障</td></tr>
<tr><td colspan="2">组合仪表有故障</td></tr>
<tr><td colspan="2">安全气囊 EUC 有故障</td></tr>
<tr><td rowspan="3">警告灯一直亮</td><td colspan="2">气囊系统熔断器烧坏</td><td rowspan="3">(1)检查气囊熔断器;
(2)目视检查组合仪表,诊断气囊单元和螺旋电缆的线束和插接件;
(3)更换螺旋电缆;
(4)更换转向盘总成,包括气囊传感器;
(5)更换气囊组件</td></tr>
<tr><td colspan="2">气囊线束或螺旋电缆断路或短路</td></tr>
<tr><td colspan="2">ECU 有故障</td></tr>
<tr><td>检测与修理要求</td><td colspan="3">修理前,关闭点火开关,拆下蓄电池电缆并等 10min 以上,按数字顺序步骤修理有故障部件。每次修理完后,用气囊警告灯(在用户模式)确定故障是否消除;如有故障,进行下一步的修理。当故障消除后,不需要做进一步的修理工作</td></tr>
</table>

(3)当安全气囊系统在碰撞中起作用的检查。

①检查安全气囊系统的元件(表 6-2),更换 ECU、传感器、气囊总成、安全带预紧器、螺旋电缆、线束和插接器;

②执行自诊断检查,确认安全气囊系统的剩余部分工作正常,否则必须更换;

③安装新的气囊模块;

④再次进行自诊断检测。

检查安全气囊系统的元件 表 6-2

检查部件	安全气囊系统起作用后的检修	安全气囊系统未起作用的检修
驾驶员侧和乘员侧的气囊组件	予以更换,安装新的螺栓	(1)拆下气囊组件,检查线束罩和插接件是否损坏,接头是否变形,线束是否被卡住; (2)将乘客侧气囊组件装入仪表板面板内,检查与仪表板内的配合状况; (3)未发现损坏,重新安装新螺栓,原螺栓不能继续用; (4)如有损坏,应更换,在报废原气囊之前必须将其展开
装气囊的仪表盘面板	予以更换,安装新的螺栓	(1)检查仪表板面板是否弯曲、变形或有裂纹; (2)如未发现损坏,重新用新螺栓装好; (3)如有损伤,必须更换
安全带预紧器总成	更换,安装新的螺栓	(1)拆下安全带预紧器,检查线束罩和插接件是否损坏,接头是否变形以及线束是否被卡住; (2)检查绷带是否损坏,绞臂固定是否松动; (3)检查退出器是否运作灵活; (4)如未发现损坏,重新用新螺栓装好; (5)如有任何损伤,必须予以更换
诊断传感器单元	更换,安装新的螺栓	(1)检查外壳和支架是否有变形、凹痕或裂纹; (2)检查插接件是否损坏,接头是否变形; (3)如未发现损坏,重新用新螺栓装好; (4)如有任何损伤,必须予以更换

续上表

检查部件	安全气囊系统起作用后的检修	安全气囊系统未起作用的检修
转向盘		(1)检查线束(装在转向盘中)和插接件是否损坏,接头是否变形; (2)安装气囊组件,检查使配合良好,并与转向盘校正准确; (3)检查转向盘自由间隙是否过大,否则应检调; (4)如未发现损坏,重新用新螺栓装好; (5)如有损坏,则更换
螺旋电缆		(1)目视检查锁(啮合)销和组合仪表是否损坏; (2)检查插接件、电缆和保护带是否损坏; (3)检查转向盘有无噪声、黏合或操作沉重; (4)如未发现损坏,重新用新螺栓装好; (5)如有损伤,则更换
线束和插接件		(1)检查插接件是否连接不牢靠或损坏,接头是否变形; (2)检查线束是否擦伤、黏合、切伤及变形; (3)如未发现损坏,重新用新螺栓装好; (4)如有损坏,则更换线束损坏部分,不要试图修理、拼接或更换任何气囊系统线束

(4)当气囊在碰撞中未起作用时的检查。

①用万用表检查安全气囊系统元件。更换所有显现损坏(变形、凹痕、裂纹)的安全气囊系统部件(表6-2)。

②用检测仪和警告灯进行自诊断检查,确认整个安全气囊系统工作正常。

三、常见故障诊断实训

项目1:车辆装饰后安全气囊警告灯常亮

1. 教学目标

(1)利用汽车安全气囊系统的自诊断系统诊断故障的大致原因。

(2)熟悉安全气囊系统诊断基本流程。

(3)检测仪的正确、规范使用。

2. 车型及故障资料、故障现象描述

一辆2005年款奥迪A6轿车,行驶了6万km,车辆在做过车内美容后安全气囊警告灯常亮。

3. 项目基础

(1)奥迪A6轿车汽车安全气囊ECU具有自诊断功能。

(2)当安全气囊警告灯点亮后,安全气囊系统不会工作。

(3)安全气囊系统只能用专用检测仪进行诊断。

4. 技术标准及要求

(1)当点火开关处于ON挡时,安全气囊警告灯应点亮几秒后再熄灭。

(2)使用检测仪时相关系统的供电及熔断丝应正常。

(3)连接好检测仪后打开点火开关,开启检测仪电源开关。

(4)故障检修后应对故障排除验证。

5. 教学组织

每辆车安排 8 名学生参与实训，学生每 4 人为一组，一组操作，一组观察学习；教师讲解操作步骤和注意事项，在工位间巡视、检查、指导和纠正错误。

6. 教学资源、实训器材

检测仪、数字式万用表、带安全气囊系统奥迪 A6 轿车一辆、维修手册、常用拆装工具、抹布等。

7. 诊断检测基本流程

安全气囊系统诊断检测基本流程如图 6-14所示。

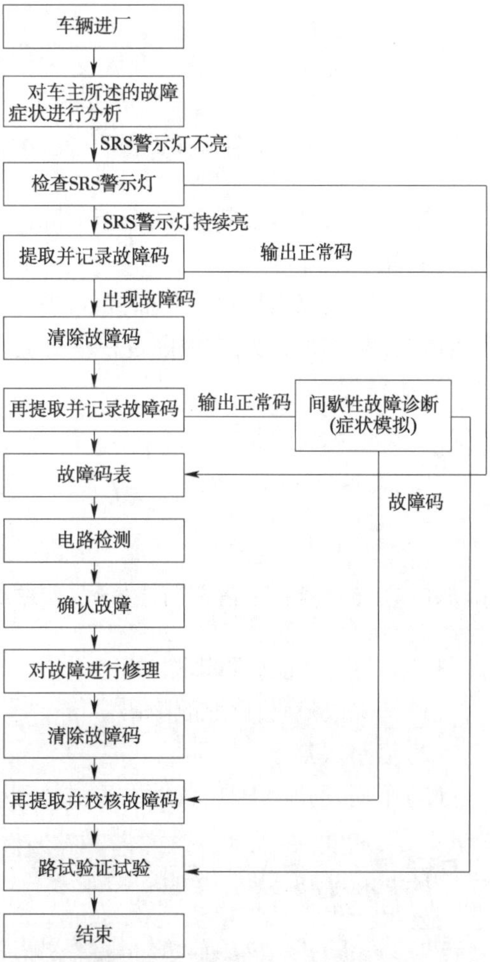

图 6-14　安全气囊系统诊断基本流程

8. 故障原因分析

(1)由于安全气囊系统属于重要的汽车安全装置，所有车型在警告灯点亮后，均没有备用模式支持，也就是说，所有车型的安全气囊系统和安全带张紧器都不会继续工作。由于本车是在进行车内美容后才产生的故障，因此初步诊断怀疑是车内美容过程中致使线束插接器松动。

(2)奥迪 A6 轿车安全气囊系统具有强大的自诊断测试功能，包括读取故障码、清除故障码、查询控制单元编号、给控制单元编码、读取测量数据流等功能。奥迪 A6 轿车的诊断接口在转向盘下方驾驶员右脚上方，接上检测仪(如V. A. G1552)通过它的自诊断系统诊断出故障的大致原因，再通过查阅具体的资料，就可以确定正确的维修方法。

9. 故障诊断与排除步骤

1)第一步：预检工作及基本检查

(1)清理车间障碍物，引导车辆进入车间。

(2)检查车辆停放位置，检查工具。

(3)安装车轮挡块，安装防护五件套，安装翼子板布及前格栅布。

(4)检查冷却液、机油、蓄电池电压、变速器油、制动液是否符合要求。

(5)关闭相关电气设备；变速器置于空挡或驻车挡，拉好驻车制动器操纵杆。

2)第二步：读取故障码

(1)正确连接检测仪。

小提示

先打开点火开关再开启检测仪电源。

(2)根据车辆信息读取故障码。

小提示

通过车辆铭牌或车辆识别代号(VIN)可以了解车辆信息。

(3)记录故障码及其含义,分析故障码。

(4)重读故障码。

(5)根据故障码目视及其插接件的安装检查(根据电路图检查其座椅下的线束插接器连接情况,发现其松动,未被固定在座椅上。正是这个原因造成座椅在移动过程中使线束插接器松动)。

小提示

严禁用万用表测量点火器的电阻,必要时可断开点火器线束插接器和汽车安全气囊 ECU 插接器测量线束的导通性、短路。

3)第三步:验证故障排除

(1)清除故障码,读取故障码。

(2)道路试验。

(3)车辆、场地、工具、仪器的清洁整理。

小提示

插接器松动或接触不良,导致安全气囊系统产生故障,须使用专用检测仪读取和清除故障码。

项目2:车辆碰撞后安全气囊警告灯常亮

1. 教学目标

(1)掌握对安全气囊系统进行编码。

(2)当安全气囊系统触发时,需更换安全气囊系统所有零部件。

2. 车型及故障资料、故障现象描述

一辆奥迪 A6 轿车,在一次交通事故中转向盘上的安全气囊被触发,在一家修理厂更换了安全气囊控制单元、安全气囊组件、碰撞传感器、螺旋电缆,修理之后发现安全气囊警告灯常亮。

3. 项目基础

(1)相同车型,安全气囊的不同配置,其编码也不同。

(2)CAN 总线系统通信错误也会影响安全气囊系统。

4. 技术标准及要求

(1)当点火开关置于点火挡时,安全气囊警告灯应点亮几秒后再熄灭。

(2)使用检测仪时相关系统的供电及熔断丝应正常。

(3)连接好检测仪后打开点火开关,打开检测仪电源。

5. 教学组织

每辆车安排8名学生参与实训,学生每4人为一组,一组操作,一组观察学习;教师讲解操作步骤和注意事项,在工位间巡视、检查、指导和纠正错误。

6. 教学资源、实训器材

检测仪、数字式万用表、带安全囊系统车辆一辆、维修手册、常用拆装工具、抹布等。

7. 诊断检测基本流程

诊断检测的基本流程如图6-12所示。

8. 故障原因分析

(1)由于车辆是事故车辆,发生交通事故时与安全气囊系统相关的其他电路或线束插接器受损而没有修复。

(2)安全气囊控制单元编码不正确。

(3)更换零部件型号不符合要求。

(4)动力CAN总线系统通信错误。

9. 故障诊断与排除步骤

1)第一步:预检工作及基本检查

(1)清理车间障碍物,引导车辆进入车间。

(2)检查车辆停放位置,检查工具。

(3)安装车轮挡块,安装五件套,安装翼子板布及前格栅布。

(4)检查冷却液、机油、蓄电池电压、变速器油、制动液是否符合要求。

(5)关闭相关电气设备;变速器置于空挡或驻车挡,拉好驻车制动器操纵杆。

2)第二步:读取故障码

(1)正确连接检测仪。

(2)根据车辆信息读取故障码。

(3)记录故障码及其含义,分析故障码(用故障检测仪V. A. G1552对安全气囊系统进行检测,显示故障码为01044,其故障码含义为控制单元编码错误,经清除故障码,发现无法清除,初步判定故障原因可能是控制单元编码与此车不匹配)。

(4)对照维修手册中的编码表重新对其编码(该车安全气囊系统的实际配置见表6-3)。

安全气囊控制单元编码表　　表6-3

安全气囊系统	编　码
车上装2个前座安全气囊,2个前座安全气带预紧装置,2个后座安全带预紧装置	00004
车上装2个前座安全气囊,2个前座侧面安全气囊,2个前座安全气带预紧装置,2个后座安全带预紧装置	00104
车上装2个前座安全气囊,2个前座侧面安全气囊,2个前座安全气带预紧装置,2个后座侧面安全气囊,2个后座安全带预紧装置	00204

3)第三步:验证故障排除

(1)清除故障码,读取故障码。

(2)道路试验。

(3)车辆、场地、工具、仪器的清洁整理。

小提示

1. 奥迪A6轿车上,由于车辆安全系统的配置不同,其控制单元的编码也不相同,所以在更换安全气囊系统控制单元时,必须重新对其进行编码设定;在维修安全气囊系统时,凡是在事故中使用过的零部件都不能再安装使用,以免发生事故后安全气囊系统不起作用。

2. 汽车上的汽车安全气囊系统都有故障自诊断功能,一旦其出现故障,可以通过自诊断系统进行故障诊断。奥迪A6轿车安装的安全气囊系统具有自诊断功能,在每一次着车时该系统都会进行自检,一旦检测到系统有故障,仪表上的安全气囊警告灯将会常亮。如果安全气囊警告灯在打开点火开关时不亮,或在行驶中亮起、闪烁,都说明安全气囊系统有故障,此时必须对该系统进行故障检测。

3. 修复后应验证故障排除效果。

单元小结

汽车安全气囊的作用是当汽车发生碰撞事故时保护驾乘人员;安全气囊触发与车辆碰撞时的相对车速、碰撞强度、碰撞角度、碰撞对象有关;安全气囊的故障主要表现为警告灯常亮,车辆行驶过程要观察安全气囊警告灯的工作情况,发现故障要及时修理;在修理时要遵循相应修理规程。

思考与练习

一、填空题

1. 汽车安全气囊系统由__________、__________、__________和__________组成。

2. 安全气囊系统的作用是______________________________。

3. 碰撞传感器安装在______________________________。

4. 安全传感器根据所承担的任务不同可分为__________、__________、__________。

5. 检查安全气囊系统时,即使只发生了轻微碰撞而__________并未膨开,也应对__________和汽车安全气囊系统__________其他部件进行检查。

6. 安全气囊系统对零部件的工作可靠性要求极高，所有__________均为一次性使用部件，决不要试图修复__________和汽车安全气囊系统__________，不允许使用不同型号车辆上的__________。

7. 安全气囊不能沾__________、__________及__________等。

8. 气体发生器由__________、__________、__________和__________等组成。

9. 碰撞传感器的作用是____。

10. 中央传感器的作用是____。

11. 安全传感器的作用是____。

12. 安全气囊组件由__________、__________和__________等组成。

二、简答题

1. 安装螺旋电缆时应注意什么事项？

2. 为什么存放拆下的安全气囊时，应使缓冲垫的一侧朝上？

3. 安全气囊部件能否打开及修理？为什么必须使用新件？

4. 车辆曾经发生强烈碰撞，安全气囊未打开，是否可以继续使用？为什么？

5. 安全气囊系统检修中要注意哪些事项？

6. 简述安全气囊系统警告灯不亮时的诊断流程。

7. 简述安全气囊系统警告灯常亮时的诊断流程。

单元七 噪声与排气污染物检测

学习目标

完成本单元学习后,你应该能:

1. 了解汽车噪声的概念;
2. 熟悉汽车噪声的检测方法;
3. 了解汽车排气的有害物质;
4. 熟悉汽车排气有害物的控制;
5. 掌握汽车排气有害物的检测方法。

建议学时:4 学时

一、噪声的检测

1. 噪声的概念

噪声是声音的一种。从物理角度看,噪声是由声源作无规则和非周期性振动产生的声音。从环境保护角度看,噪声是指那些人们不需要的、令人厌恶的或对人类生活和工作有妨碍的声音。

2. 汽车噪声检测标准

汽车加速行驶时,车外最大允许噪声级应符合表 7-1 的规定。

汽车加速行驶车外噪声限值　　表 7-1

汽车分类	2005 年 1 月后生产的汽车噪声限值 dB(A)
M1	74
M2($GVM \leq 3.5t$)或 N1($GVM \leq 3.5t$) $GVM < 2t$ $2t < GVM \leq 3.5t$	76 76 77
M2($3.5t < GVM \leq 5t$)或 M3($GVM > 5t$) $P < 150kW$ $P \geq 150kW$	80 80 83

续上表

汽车分类	2005 年 1 月后生产的汽车噪声限值 dB(A)
N2($3.5t < GVM \leqslant 12t$)或 N3($GVM > 12t$)	
$P < 75kW$	83
$75kW \leqslant P < 150kW$	86
$P \geqslant 150kW$	88

注:1. 参数含义:*GVM*——最大总质量(t);*P*——发动机额定功率(kW)。

2. 汽车类型与限值的补充说明:

①M1、M2($GVM \leqslant 3.5t$)和 N1 类汽车装用直喷式柴油机时,其限值增加 1 dB(A)。

②对于越野汽车,其 $GVM \leqslant 2t$ 时:

a. 如果 $P < 150kW$,其限值增加 1 dB(A);

b. 如果 $P \geqslant 150kW$,其限值增加 2 dB(A)。

③M1 类汽车,若变速器前进挡多于 4 个,$P > 140kW$,P/GVM 的值大于 75 kW/t,并且用第三挡测试时,其尾端出线的速度大于 61km/h,其限值增加 1 dB(A)。

3. 噪声检验仪(声级计)的结构和工作原理

声级计是用于测量汽车噪声级和喇叭声响的最常用的仪器,它由传声器、听觉修正线路(网络)、放大器、指示仪表和校准装置等组成。按声级计测量的精度不同分为普通声级计和精密声级计;按声级计所用电源类别,分为交流式声级计和直流式声级计两类。直流式声级计又称为便携式声级计。图 7-1 所示为 HY103A 型直流式声级计外形图。

4. 车外噪声的测量方法

(1)为了避免风噪声干扰,应在无风天气进行测量。

(2)测量场地应平坦空旷,在测试中心以 25m 为半径的范围内,不应有大的反射物,如建筑物、围墙。

(3)周围环境噪声至少要比所测车辆噪声低 10dB。

(4)被测车辆空载。测量时发动机应处于正常使用温度。

(5)测量场地及测点位置如图 7-2 所示,两个测试话筒位于 20m 跑道中心点 *O* 两侧,各距中心线 7.5m,距地面高度 1.2m,并用三脚架固定,话筒平行于路面,其轴线垂直于车辆行驶方向。

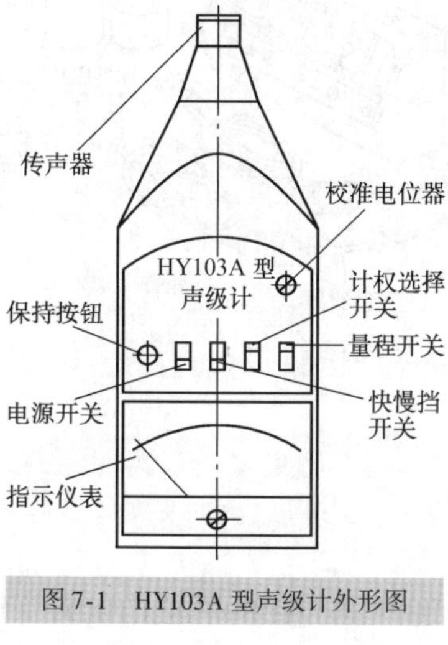

图 7-1　HY103A 型声级计外形图

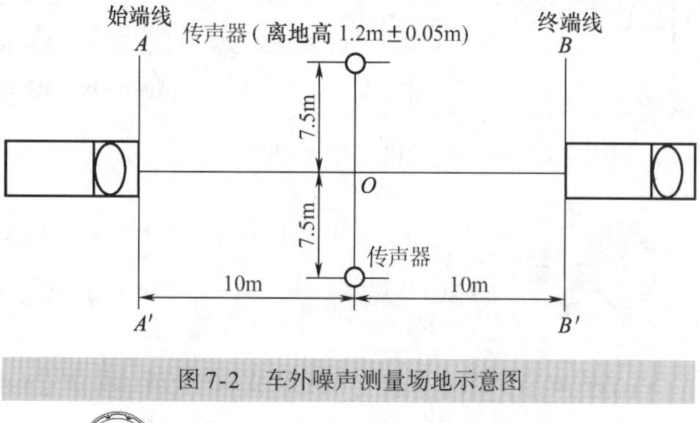

图 7-2　车外噪声测量场地示意图

5. 喇叭噪声的测量方法

汽车喇叭声级的检测点如图 7-3 所示,测量点在距车前 2m,离地高 1.2m 处,声级计话筒正对着车头方向测量。检测次数在两次以上,并监听喇叭声是否悦耳。

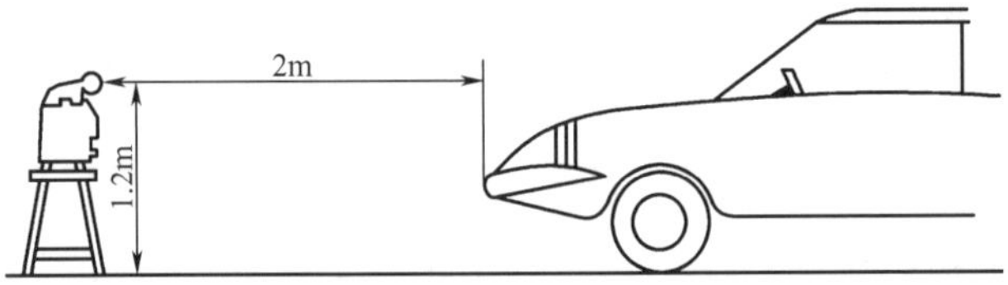

图 7-3　喇叭噪声的测量

二、排气污染物的检测

汽油车排气污染物的主要检测项目为汽油机怠速工况下排气中的 CO、HC 的浓度。汽油车排放废气中的 CO、HC 气体,具有能吸收一定波长范围红外线的性质,且红外线被吸收的程度与废气体积分数之间成正比的关系。不分光红外线 CO 和 HC 气体分析仪就是利用这一原理来检测废气中 CO 和 HC 的体积分数(图 7-4)。在各种气体混合在一起的情况下,这种检测方法具有测量值不受影响的特点。

不分光红外线 CO 和 HC 气体分析仪能够从汽车排气管中采集气体进行连续测量,其组成如图 7-5 所示。它由废气取样装置、废气分析装置、废气体积分数指示装置和校准装置等组成。

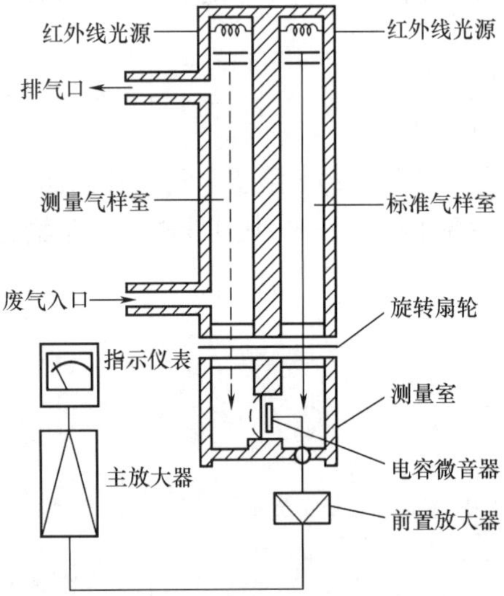

图 7-4　不分光红外线 CO 和 HC 气体分析仪原理

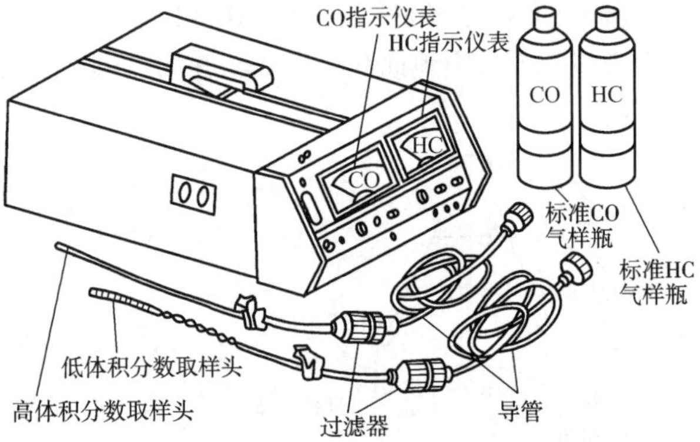

图 7-5　CO 和 HC 气体分析仪

单元小结

(1)噪声是声音的一种。从物理角度看,噪声是由声源作无规则和非周期性振动产生的声音。从环境保护角度看，噪声是指那些人们不需要的、令人厌恶的或对人类生活和工作有妨碍的声音。

（2）声级计是用于测量汽车噪声级和喇叭声响的最常用的仪器，它由传声器、听觉修正线路（网络）、放大器、指示仪表和校准装置等组成。

（3）不分光红外线 CO 和 HC 气体分析仪能够从汽车排气管中采集气体进行连续测量，它由废气取样装置、废气分析装置、废气体积分数指示装置和校准装置等组成。

思考与练习

一、填空题

1. 从环境保护角度看，噪声是指那些人们____________________的、令人厌恶的或对____________________有妨碍的声音。

2. 声级计是用于测量汽车____________的最常用的仪器。

3. 按声级计测量的精度不同分为____________和____________两种。

二、选择题

1. 汽车喇叭声级在检测时，测量点在距车前（　　）m。

A. 1　　B. 2　　C. 3　　D. 4

2. 下列不属于汽车公害的是（　　）。

A. 汽车尾气　　B. 汽车电气设备对无线电磁波的干扰

C. 汽车噪声　　D. 汽车油耗

单元八　汽车综合性能检测

学习目标

完成本单元学习后,你应该能:

1. 了解汽车综合性能检测的基本概念;
2. 熟悉汽车综合性能检测所需场地与功能布局;
3. 熟练汽车综合性能检测项目和记录报告。

建议学时:4 学时

一、概　　述

汽车综合性能检测是指对汽车动力性、安全性、燃料经济性、使用可靠性、污染物排放和噪声,以及整车装备完整性与状态等多种(组合)技术性能的检测。检测指标应符合《道路运输车辆综合性能要求和检验方法》(GB 18565—2016)的强制或推荐技术要求。

汽车综合性能检测一般由专门的汽车综合性能检验机构(公司或检测站)按照规定的程序和方法执行,检验机构的能力、条件应符合《汽车综合性能检测站能力的通用要求》(GB 17993—2017)的规定。

二、检测场地布局与功能

汽车综合性能检测场地应按《汽车综合性能检测站能力的通用要求》(GB 17993—2017)的规定合理规划和设置检测车间(含外部检测)、检测线、检测工位、停车场、试车道路和业务厅等设施,并与检验能力相适应。

汽车综合性能检测场地如图 8-1 所示。这种场地为普遍使用的双线综合性能检测站的布局,是一种接近全能的综合检测线,一般具有两条互相平等的汽车检测线。其中,一条相当于安全环保检测线,另一条则可以检测汽车的动力性、经济性、可靠性等综合性能项目。

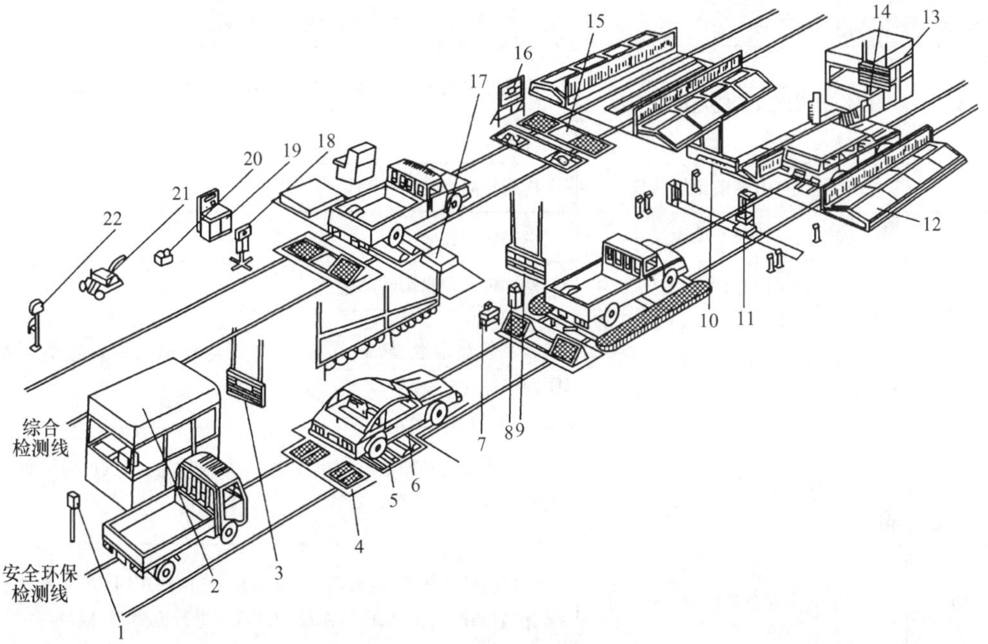

图 8-1 双线综合性能检测站布置图

1-进线指示灯;2-进线控制室;3-安全装置检查工位操作指示器;4、15-侧滑试验台;5-制动力试验台;6-车速表试验台;7-烟度计;8-废气分析仪;9-ABS 工位操作指示器;10-工位操作指示器;11-前照灯检测仪;12-地沟检查系统;13-主控制室;14-车底工位操作指示器;16-前轮定位检测仪;17-底盘测功试验台;18、19-发动机综合测试仪;20-机油洁净性分析仪;21-就车式车轮平衡机;22-轮胎自动充气机

三、检测仪器设备与项目

汽车综合性能检测按照《道路运输车辆综合性能要求和检验方法》(GB 18565—2016)中"从事道路运输车辆的技术要求"规定的项目或参数进行检测。检测仪器设备应符合《汽车综合性能检测站能力的通用要求》(GB 17993—2017)附录 A(A. 1—A. 13)中"需要的仪器设备与技术"要求。例如:钢卷尺、汽车故障电控单元诊断仪、机动车前照灯检测仪等等。学习时,仪器设备与项目参数,可以结合《道路运输车辆综合性能要求和检验方法》(GB 18565—2016)附录 C"道路运输车辆综合性能检验报告单"的项目或参数进行归纳,见表 8-1。

汽车综合检测线主要设备及检测项目 表 8-1

序号	设备名称	设备用途
1	地沟上举升器	举起车辆,使车轮离地
2	就车式车轮平衡机	就车检测车轮不平衡量,并通过配重使车轮平衡
3	声发射探伤仪	在不解体情况下探测零件的裂纹和损伤

续上表

序号	设备名称	设备用途
4	四轮定位仪或车轮定位检测仪	检测车轮前束值、车轮外倾角和主销后倾角、主销内倾角及前轮最大转向角度值
5	转向盘自由转动量检测仪	检测转向盘自由转动量
6	转向盘转向力检测仪	检测转向盘转向力
7	传动系游动角度检测仪	检测传动系自由转动量
8	底盘间隙检测仪	检测轮毂轴承、转向节主销、纵横拉杆和钢板弹簧销等处的间隙
9	底盘测功试验台	检测驱动车轮的输出功率或驱动力,模拟道路行驶,做各种性能试验,进行动态检测诊断等
10	发动机综合参数测试仪	对发动机的功率、汽缸压力、点火正时、供油正时、点火系技术状况、供油系技术状况、电控系统和异响等进行检测、分析和判断
11	电控系统检测仪	包括读码器、解码器、扫描器、专用诊断仪、示波器、分析仪、信号模拟器和综合测试仪等,用于对汽车电控系统的检测和诊断
12	电器综合测试仪	检测电器设备的技术状况
13	汽缸压力测试仪或汽缸压力表	检测汽缸压缩压力
14	汽缸漏气量(率)测试仪	检测汽缸的漏气量或漏气率
15	真空表或真空测试仪	检测进气管负压值,用于评价汽缸密封性
16	油耗计	检测燃油消耗量
17	五气体分析仪	检测排气中的 CO、HC、NO_X、CO_2、O_2
18	机油清净性分析仪	分析机油的清净性程度
19	发动机无负荷测功仪	对发动机进行无负荷加速测功
20	发动机异响分析仪	诊断发动机异响
21	传动系异响分析仪	诊断传动系异响
22	温度计或温度仪	检测各总成温度及发动机排气温度

四、汽车综合性能检测流程与记录报告

车辆进行综合性能检测,总体工艺流程如图 8-2 所示。

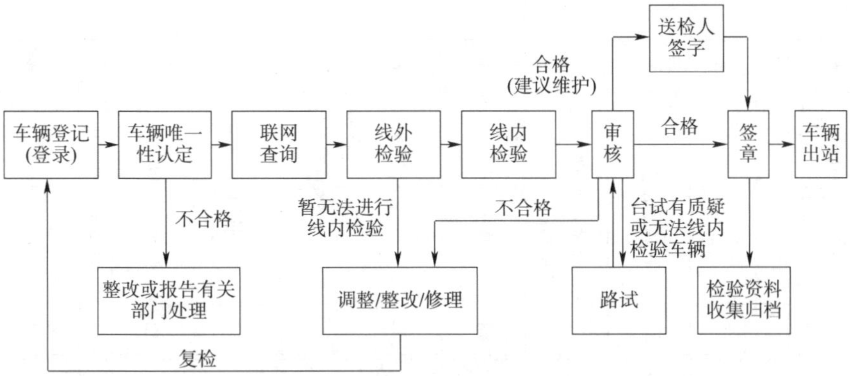

图 8-2　综合性能检验工艺流程

车辆在检测线上进行检测时,按工位顺序进行流水作业。检测线工艺路线如图 8-3 所示。

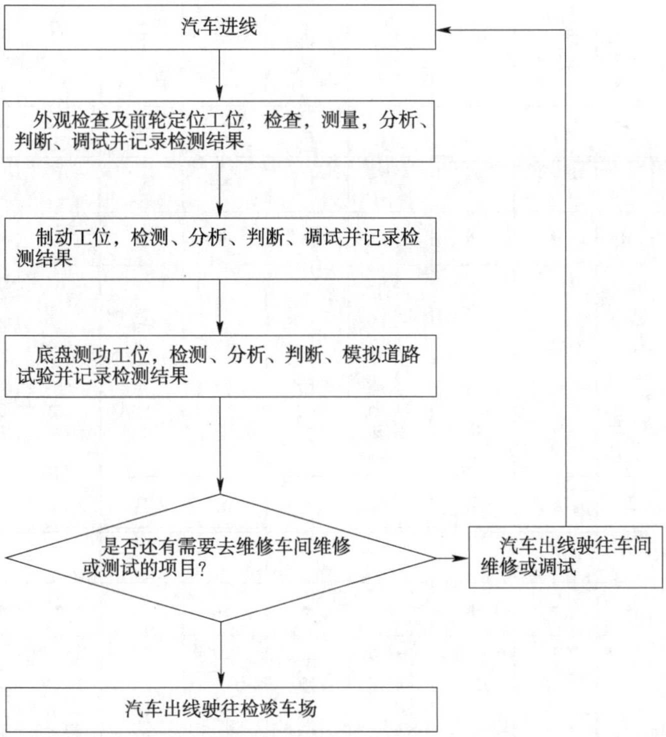

图 8-3　检测线工艺路线

在对车辆进行综合性能检测的过程中,需要随时记录相关检测项目的检查结果和测量数据。检测结束后,根据检测项目的有关国家标准,做出结论性意见,即为检验(结论)报告。表 8-2 为车辆综合性能检测人工检验记录单,表 8-3 为仪器或检测线的检测结果记录单,表 8-4 为综合性能检验(结论)报告单。

车辆综合性能检测人工检验记录单

表 8-2

委托人:________号牌号码:________号牌种类:________挂车号牌:________检验日期:____年___月___日　记录单编号:________

分类	编号	检验项目	属性	评定	编号	检验项目	属性	评定	编号	检验项目	属性	评定	编号	检验项目	属性	评定
唯一性认定	1	号牌号码	★		4	车身颜色	★		7	VIN 号	★		10	车厢栏板高度	★	
	2	车辆类型	★		5	发动机号	★		8	挂车架号	★		11	客车座(铺)位数	★	
	3	品牌型号	★		6	底盘号	★		9	外廓尺寸	★		/	/	/	/
故障信息诊断	12	发动机排放控制系统	★		13	制动防抱装置(ABS)	★		14	电动助力转向系统(EPS)	★		15	其他与行车安全相关的故障信息	★	
外观检查	16	助力转向传动带	★		26	子午线轮胎	★		36	电缆线及连接蓄电池接头、绝缘套	★		46	对称部位高度差	★	
	17	空气压缩机传动带/齿轮箱	★		27	备用轮胎	★		37	穿过金属孔时的绝缘护套	★		47	外部和内部尖锐凸起物	★	
	18	燃料供给管路与部件	★		28	前照灯与远、近光光束变换	★		38	车门应急控制器	★		48	车身表面涂装	■	
	19	车轮及螺栓、螺母	★		29	转向灯	★		39	应急门	★		49	货车货箱、车门、栏板、底板和栏板锁止	★	
	20	轮胎胎面状况	★		30	示廓灯	★		40	安全顶窗	★		50	驾驶室车窗玻璃附加物及镜面反光遮阳膜	★	
	21	轮胎花纹深度	★		31	危险报警闪光灯	★		41	应急窗开启	★		51	后视镜和下视镜	★	
	22	同轴轮胎规格和花纹	★		32	雾灯	★		42	玻璃破碎装置	★		52	防眩目装置	★	
	23	轮胎速度级别	★		33	反射器与侧标志灯	★		43	门、窗玻璃	■		53	安全带	★	
	24	轮胎气压	★		34	货车车身反光标识和尾部标志板	★		44	客车车厢灯和门灯	■		54	侧面防护装置	■	
	25	翻新轮胎的使用	★		35	导线绝缘层、线束固定	★		45	车身与驾驶室	■		55	后部防护装置	★	

续上表

分类	编号	检验项目	属性	评定	编号	检验项目	属性	评定	编号	检验项目	属性	评定	编号	检验项目	属性	评定
外观检查	56	保险杠	★		60	灭火器材	★		64	危货切断总电源和隔离电火花装置	★		68	气瓶、可移动罐（槽）紧固装置	★	
	57	汽车列车牵引装置和安全锁止机构	★		61	警示牌	★		65	危货导静电拖地带	★		/	/	/	/
	58	固定集装箱箱体的锁止机构	★		62	停车楔	★		66	危货运输车辆标志及标识	★		/	/	/	/
	59	安全架与隔离装置	★		63	危货排气管、隔热和熄灭火星装置	★		67	危货罐体检验合格证明或报告	★		/	/	/	/
运行检查	69	起动性能	■		74	制动踏板	★		79	传动件异响	■		84	除雾、除霜装置	★	
	70	柴油发动机停机装置	★		75	驻车制动装置	★		80	指示器与仪表	★		/	/		/
	71	发动机低、中、高速运转	■		76	转抽盘最大自由转动量	★		81	卫星定位系统车载终端	★		/	/		/
	72	制动报警装置	★		77	离合器	■		82	风窗刮水器	★		/	/		/
	73	气压制动弹簧储能装置	■		78	变速器	■		83	风窗洗涤器	■		/	/		/
底盘检查	85	发动机密封性	■		90	转向机构部件连接	★		95	车桥密封性	■		100	万向节与轴承	★	
	86	制动管路	★		91	转向机构部件技术状况	★		96	拉杆和导杆	★		101	排气管和消声器	■	
	87	制动泵（缸）及气（油）路	★		92	转向助力装置	★		97	悬架弹性元件	★		/	/	/	/
	88	缓速器	★		93	车架	★		98	悬架部件连接	★		/	/	/	/
	89	储气筒	★		94	车桥的可视裂纹及变形	★		99	减振器	■		/	/	/	/

续上表

数据记录	轮胎花纹深度（mm）	单车（记录不合格轮胎） 转向轮：______ 其他轮：______ 挂车：______	车身与驾驶室	1. 轻微开裂、锈蚀和明显变形____处 2. 缺陷部位□是□否影响安全性和密封性	车身表面涂装	1. □有□无明显破损； 2. 补漆颜色与原色□是□否一致	不合格项汇总	唯一性认定	
								故障信息诊断	
	门、窗玻璃	1. □齐全完好； 2. □有□无大于25mm且易破碎的裂纹和穿孔； 3. 密封□良好□不良	对称部位高度差（mm）	单车 前左：____前右：____ 后左：____后右：____ 半挂 左：____右：____ 全挂 前左：____前右：____ 后左：____后右：____	转向盘最大自由转动量（°）	______		外观检查	
								运行检查	
								底盘检查	
	外廓尺寸（单车）	长：　mm 宽：　mm 高：　mm	外廓尺寸（挂车）	长：　mm 宽：　mm 高：　mm	外廓尺寸（列车）	长：　mm 宽：　mm 高：　mm	车厢栏板高度（mm）	单车______ 挂车______	备注： 检验员（签字）　年　月　日

表 8-3

仪器或检测线的检测结果记录单

委托人：________ 道路运输证号：______ 检验类别：______ 业务类型：________ 检测线别：______ 检验日期：____ 检验记录单编号：________

号牌号码		号牌种类		挂车牌照号		挂车类型		车辆出厂日期	
注册登记日期		VIN 号		车辆型号		发动机号		车身颜色	
行驶总里程(km)		驱动型式		转向轴悬架形式		挂车轴数		压燃式发动机额定功(kW)	
点燃式额定扭矩/转速	Nm;r/min	燃料类别		驱动轮轮胎规格型号		总质量(kg)		车高(mm)	
前轮距(mm)		客车车长(mm)		客车类型等级		货车车身型式		驱动轴数	
驱动轴空载质量(kg)		牵引车满载总质量(kg)		并装轴形式		转向轴数		前照灯制式	
客车座位(铺)数		单车(主车)轴数		外廓尺寸(长×宽×高)(mm)	单车：________；挂车：________				
远光束能否单独调整		驻车轴		车厢栏板高度(mm)	单车：________；挂车：________				

项目	检验结果				判定
动力性	达标功率 kW	额定车速 km/h	加载力 N	稳定车速 km/h	/
燃料经济性	等速百公里油耗标准限值　L/100km；　实测值：　L/100km				

制动性 台架检验 原始数据 车轴	水平称重轮荷 daN		复合台称重轴荷 daN	动态轮荷 daN		行车制动力 daN		驻车制动力 daN		判定
	左轮	右轮		左轮	右轮	左轮	右轮	左轮	右轮	/
一轴										
二轴										
三轴										/
四轴										
五轴										
六轴										

制动性 台架检验 整车									
单车	水平称重　daN		整车制动率　%			驻车制动率　%			
汽车列车	水平称重　daN	整车制动率%	牵		驻车制动率%		制动协调时间 s		
			挂						
制动时序		1 轴	2 轴	3 轴	4 轴	5 轴	6 轴	/	
时间 s	轴制动力达到5%静态轴荷							/	
时序	轴制动力达到5%静态轴荷								
整车制动率比%（牵引车/列车）			整车制动率比%（挂车/列车）						

制动性 台架检验 单轴 车轴	轴制动率%	制动不平衡率%	过程差最大点　daN		车轮阻滞率　%		判定
			左轮	右轮	左轮	右轮	/
一轴							
二轴							
三轴							
四轴							
五轴							
六轴							

制动性 路试				
行车制动	初速度：　km/h	试车道宽度：　m	制动距离：　m	
	MFDD：　m/s^2	制动稳定性：	汽车列车制动协调时间：　s	
驻车制动	驻车坡度：　%	不少于 5min 坡道驻车情况：		

项目	检验结果															判定
排放性 汽油车	双怠速法					稳态工况						简易瞬态工况				
	高怠速			低怠速		5025			2540							
	CO %	HC 10^{-6}	λ	CO %	HC 10^{-6}	CO %	HC 10^{-6}	NO 10^{-6}	CO %	HC 10^{-6}	NO 10^{-6}	CO g/km	HC g/km	NO g/km	HC+NO g/km	

排放性 柴油车	自由加速法								加载减速工况				判定
	光吸收系数　m^{-1}				滤纸烟度　BSU				光吸收系数　m^{-1}			实测最大轮边功率/kW	
	1	2	3	平均	1	2	3	平均	100%	90%	80%		

悬架				
前轴	左吸收率：　%	右吸收率：　%	左右差：　%	
后轴	左吸收率：　%	右吸收率：　%	左右差：　%	

前照灯 项目	灯高　mm		远光光强 cd	远光偏移		近光偏移		判定
	近光	远光		垂直 H	水平 mm/10m	垂直 H	水平 mm/10m	/
左外								/
左内								
右内								
右外								

车速表	km/h	
侧滑量	第一转向轮　m/km	
	第二转向轮　m/km	
喇叭	声压级________dB(A)	
不合格项汇总		
检验工位照片	制动检验工位 / 灯光检验工位 / 动力性检验工位	

综合性能检验(结论)报告单

表 8-4

报告编号__________

一、单车(牵引车)基本信息					
号牌号码		委托人			
车辆类型		品牌/型号		营运证号	
注册登记日期		出厂年月		车身颜色	
车辆识别代号		发动机号码		行政区域	
二、挂车基本信息					
号牌号码		委托人			
车辆类型		品牌/型号		营运证号	
注册登记日期		出厂年月		车辆识别代号	
有效行驶证件					
三、检验业务信息					
检验类别		业务类型		检验日期	

四、人工检验结果

序号	检验项目	判定	不符合项目
1	唯一性认定		
2	故障信息诊断		
3	外观检查		
4	运行检查		
5	底盘检查		
6	核查评定		

五、性能检验结果

序号	检验项目	检验数据	标准限值	判定	序号	检验项目	检验数据	标准限值	判定
	动力性(km/h)	××.×	≥××.×			高怠速 HC(10^{-6})	××××	≤××××	
	经济性(L/100km)	××.×	≤××.×			高怠速 CO(%)	××.××	≤××.×	
	一轴制动率(%)	××.×	≥××			高怠速 λ	×.××	×.××~×.××	
	一轴不平衡率(%)	××.×	≤××			怠速 HC(10^{-6})	××××	≤××××	
	一轴左轮阻滞率(%)	××.×	≤×.×			怠速 CO(%)	××.××	≤××.×	
	一轴右轮阻滞率(%)	××.×	≤×.×			稳态 5025 工况 CO(%)	××.××	≤××.×	
	二轴制动率(%)	××.×	≥××			稳态 5025 工况 HC(10^{-6})	××××	≤×××	

续上表

序号	检验项目	检验数据	标准限值	判定	序号	检验项目	检验数据	标准限值	判定
	二轴不平衡率(%)	××.×	≤××			稳态 5025 工况 NO(10^{-6})	××××	≤××××	
	二轴左轮阻滞率(%)	××.×	≤×.×			稳态 2540 工况 CO(%)	××.××	≤××.×	
	二轴右轮阻滞率(%)	××.×	≤×.×			稳态 2540 工况 HC(10^{-6})	××××	≤×××	
	三轴制动率(%)	××.×	≥××			稳态 2540 工况 NO(10^{-6})	××××	≤××××	
	三轴不平衡率(%)	××.×	≤××			简易瞬态工况 CO(g/km)	××.××	≤××.×	
	三轴左轮阻滞率(%)	××.×	≤×.×			简易瞬态工况 HC(g/km)	××.××	≤××.×	
	三轴右轮阻滞率(%)	××.×	≤×.×			简易瞬态工况 NO(g/km)	××.××	≤××.×	
	四轴制动率(%)	××.×	≥××			简易瞬态工况 HC+NO(g/km)	××.××	≤××.×	
	四轴不平衡率(%)	××.×	≤××			光吸收系数(m^{-1})	××.××	≤×.×	
	四轴左轮阻滞率(%)	××.×	≤×.×			滤纸烟度(BSU)	××.××	≤×.×	
	四轴右轮阻滞率(%)	××.×	≤×.×			加载减速工况 100%(m^{-1})	××.××	≤×.××	
	五轴制动率(%)	××.×	≥××			加载减速工况 90%(m^{-1})	××.××	≤×.××	
	五轴不平衡率(%)	××.×	≤××			加载减速工况 80%(m^{-1})	××.××	≤×.××	
	五轴左轮阻滞率(%)	××.×	≤×.×			实测最大轮边功率(kW)	××.×	≥××.×	
	五轴右轮阻滞率(%)	××.×	≤×.×			左外灯远光光强(cd)	×××××	≥×××××	
	六轴制动率(%)	××.×	≥××			左外灯远光垂直偏移量(H)	×.×××	×.××~×.××	
	六轴不平衡率(%)	××.×	≤××			左外灯远光水平偏移量(mm/10m)	左(右)×××	左×××~右×××	

续上表

序号	检验项目	检验数据	标准限值	判定	序号	检验项目	检验数据	标准限值	判定
	六轴左轮阻滞率(%)	××.×	≤×.×			左外灯近光垂直偏移量(H)	×.×××	×.××~×.××	
	六轴右轮阻滞率(%)	××.×	≤×.×			左外灯近光水平偏移量(mm/10m)	左(右)×××	左×××~右×××	
	单车(牵引车)整车制动率(%)	××.×	≥××			左内灯远光光强(cd)	×××××	≥×××××	
	挂车整车制动率(%)	××.×	≥××			左内灯远光垂直偏移量(H)	×.×××	×.××~×.××	
	单车(牵引车)驻车制动率(%)	××.×	≥××			左内灯远光水平偏移量(mm/10m)	左(右)×××	左×××~右×××	
	列车整车驻车制动率(%)	××.×	≥××			右外灯远光光强(cd)	×××××	≥×××××	
	列车制动时序	挂先于等于牵挂后于牵	挂先于等于牵			右外灯远光垂直偏移量(H)	×.×××	×.××~×.××	
	列车制动协调时间/s	×.××	≤×.×			右外灯远光水平偏移量(mm/10m)	左(右)×××	左×××~右×××	
	牵引车/列车整车制动率比(%)	××.×	≥××			右外灯近光垂直偏移量(H)	×.×××	×.××~×.××	
	挂车/列车整车制动率比(%)	××.×	≥××			右外灯近光水平偏移量(mm/10m)	左(右)×××	左×××~右×××	
	路试 MFDD(m/s^2)	××.××	≥×.×			右内灯远光光强(cd)	×××××	≥×××××	
	路试制动稳定性	(不)稳定	稳定			右内灯远光垂直偏移量(H)	×.×××	×.××~×.××	
	路试坡道驻车情况	(不)溜坡	不溜坡			右内灯远光水平偏移量(mm/10m)	左(右)×××	左×××~右×××	
	路试制动距离/m	××.×	≤××.×			车速表(km/h)	××.×	××.×~××.×	

续上表

序号	检验项目	检验数据	标准限值	判定	序号	检验项目	检验数据	标准限值	判定
	第一转向轮侧滑量(m/km)	-(+)××.×	-×~+×			喇叭声压级(dB/(A))	×××.×	××~×××	
	第二转向轮侧滑量(m/km)	-(+)××.×	-×~+×						

六、备注
七、检验结论
授权签字人：　　　　检验机构名称(盖章) YYYY 年 MM 月 DD 日

参考文献

[1] 裴保纯.汽车维修图解速成[M].北京:人民邮电出版社,2009.

[2] 周建平.汽车电气设备构造与维修[M].3版.北京:人民交通出版社股份有限公司,2014.

[3] 王征.汽车维修案例分析[M].2版.北京:人民交通出版社股份有限公司,2018.

[4] 朱军.汽车故障诊断方法[M].北京:人民交通出版社,2008.

[5] 王囤.汽车故障诊断与检测技术[M].2版.北京:人民交通出版社股份有限公司,2016.

[6] 中国汽车维修行业协会.技术质量管理:模块B[M].北京:人民交通出版社,2008.

[7] 中华人民共和国标准.GB/T 18344—2016 汽车维护、检测、诊断技术规范[S].北京:中国标准出版社,2016.

[8] 刘艳莉.汽车故障诊断思路与排除方法[M].北京:人民邮电出版社,2013.

[9] 潘明明,徐峰.汽车故障诊断方法与案例[M].北京:化学工业出版社,2018.

[10] 蒋红梅,吴国强.汽车检测与诊断技术[M].北京:人民交通出版社股份有限公司,2017.

[11] 中华人民共和国标准.GB 18565—2016 道路运输车辆综合性能要求和检验方法[S].北京:中国标准出版社,2016.